明治大学人文科学研究所叢書

Citizenship of the high school student

高校生の市民性の諸相

キャリア意識・規範意識・社会参画意識を育む実践の検証

林 幸克

HAYASHI Yukiyoshi

学 文 社

はじめに

本書は，高校生の市民性について，キャリア意識，規範意識，社会参画意識の３つの側面から実証的に考察したものである。

「市民性」をどのように捉えるか，これがむずかしい。「市民性」を英訳するとcitizenshipで，当初は，「市民性＝citizenship」とすればよいと考えていたが，実はそれほど単純なものではない。citizenshipの辞書的な意味は，大きく２つある。ひとつは市民権，公民権といった権利に関する意味，もうひとつは市民性，市民的行動といった資質・能力に関する意味である。これに関して，「シティズンシップの概念は，市民権や市民としての資格・義務といった法的地位，さらに市民性や市民意識，市民としての資質など多様な意味を含む」(1)や「シティズンシップという語は，市民権という法的地位をさすとともに，それを行使する人間に求められる資質や技能としての市民性を意味する」(2)「シティズンシップという言葉には，政治共同体の成員としての市民が平等に享受すべき諸権利という側面（通常「市民権」と訳されてきた側面）と，権利主体である市民に対して一定の義務の履行や公的な市民社会への貢献を要請する側面（通常「市民性」や「市民的資質」と訳されてきた側面）が同時に含まれている」(3)，シティズンシップを「多様な価値観や文化で構成される社会において，個人が自己を守り，自己実現を図るとともに，よりよい社会の実現に寄与するという目的のために，社会の意思決定や運営の過程において，個人としての権利と義務を行使し，多様な関係者と積極的に（アクティブに）関わろうとする資質」と定義した論考(4)があり，２つの側面に即した解釈であるといえる。

昨今，シティズンシップ教育の重要性が認識され，さまざまな教育的意義が提示されている。シティズンシップ教育を「社会の構成員として市民が備えるべき市民性を育成するために行われる教育であり，集団への所属意識，権利の享受や責任・義務の履行，公的な事柄への関心や関与などを開発し，社会参加に必要な知識，技能，価値観を習得させる教育」(5)と捉えたり，子ども・若者の社会形成・社会参加支援について，「社会の一員として自立し，権利と義務の行使により，社会に積極的に関わろうとする態度等を身に付けるため，社会形成・社会参加に関する教育（シティズンシップ教育）を推進します。具体的には，民主政治や政治参加，法律や経済の仕組み，労働者の権利や義務，消費に関する問題など，政治的教養を豊かにし勤労観・職業観を形成する教育に取り組みます」とした見解[(6)]，「シティズンシップ教育とは，そのような権利と義務を担った市民としての自覚を養い，権利の行使の仕方や公的な市民社会にコミットする際のスキルを学ぶことを通じて，他者との共生の作法を子どもたちのなかに培っていく教育」[(7)]としたものは，シティズンシップの有する２つの側面からその在り方を示したものである。

本書での議論は，狭義のシティズンシップ，すなわち市民性，市民的行動といった資質・能力に焦点を当てる。そのため，基本的には市民性，あるいは市民性教育という概念表記を用いる。ただ，厳密に市民権・公民権といった権利に関する意味を切り離して論じることが困難であることも事実である。市民性・市民的行動の資質・能力の育成の中に市民権・公民権といった市民としての権利・資格に関する内容が包含されて論じられているケースが散見されることはその証左である。そのため，「市民性とは，ある社会における望ましい『成員らしさ』を意味するが，その『望ましさ』が今日不明確になり，国内外で多様な『望ましさ』が主張されるようになってきている」[(8)]という指摘や「『市民性』『シティズンシップ』は頻繁に耳にするようになったものの，その内実についてはいまひとつ定かになっていない」[(9)]といった声があるように，市民性の概念規定が非常に不明確・曖昧になっている。

見方を変えれば，それだけ概念規定が困難であるということである。その困難の背景には，多文化社会の中で民主主義社会を形成・維持する資質・能力が求められていること[(10)]，今日が「古典的」ボランティア観（見返りを求めず，人のために，自発的に活動する人）から「市民的」ボランティア観（新しい地域社会づくりの担い手となる市民）へのパラダイム転換期にあり，その移行の要として市民（主体的に地域社会づくりに参画する人）意識の涵養があること[(11)]が挙げられる。だからこそ，今日における市民性を議論し，共通理解を得る必要がある[12]。

それでは，市民性について示されている知見を確認してみよう。シティズンシップではなく，市民性について論じている主要な研究として，長沼[13]は，市民教育の実践は民主主義を体現することであり，その過程で獲得する能力のひとつに市民性を指摘し，「市民性とは，当事者意識と参画意識を基盤にしている。自分たちの社会の，自分たちの課題としてとらえ，解決の方向へ導いていこうとする強い意志と連帯性が必要である」とした。また，二宮[14]は，個人的次元（一人ひとりが各社会の伝統を重んじながら市民的倫理的コミットメントをする資質・能力）・社会的次元（グローバルにもローカルにもよく考えながら活動するネットワーク型の国際的市民社会へ積極的参画する資質・能力）・空間的次元（対立を有する国際社会の中で相互に複雑に絡み合う生活へコミットメントして人びとと協働できる資質・能力）・時間的次元（現在・過去・未来の問題に関心を持ち，考え，行動する世界の歴史的知識を獲得する資質・能力）から構成される「多次元的市民性」概念を示した。さらに，津田ら[15]は，今日的市民性の特徴として，４点（第一に類的課題や地球規模の課題を背景にした市民性であること，第二に自発的な関心と行動を伴う市民性は問題解決の手段として位置づけられること，第三に限りなく幅広い課題に取り囲まれそれらに対する自発的な解決が期待されていること，第四に社会的・政治的要請と私たち個々人の自発的な活動との予定調和が前提とされ，めざされていること）を指摘している。それから，小玉[16]は，「民主主義社会の構成員として自立した思考と判断を行い，政治や社会の公的な意思決定に能動的に参加する資質を指す概念である」とした。

これらの研究を概観すると，「国内外の諸問題の解決のために自発的に社会参加・参画する資質・能力」として市民性を捉えることができそうである。続けて，日本の政策動向との関連から，どのような資質・能力の育成が目指されようとしているのか確認する。

中央教育審議会教育課程企画特別部会論点整理（2015）では，育成すべき資質・能力について，「適切な判断・意思決定や公正な世論の形成，政治参加や社会参画，一層多様性が高まる社会における自立と共生に向けた行動を取っていくことが求められる」「職業に従事するために必要な知識・技能，能力や態度の獲得も求められており，社会的要請を踏まえた職業教育の充実も重要である」「情意面や態度面について，自己の感情や行動を統制する能力や，よりよい生活や人間関係を自主的に形成する態度等を育むことが重要である」としている。また，国立教育政策研究所のプロジェクト研究(17)は，「思考力」「基礎力」「実践力」から構成される「21世紀型能力」（21世紀を生き抜く力）を提案した。その中の「実践力」（自律的活動力，人間関係形成力，社会参画力の三領域構成）を，「日常生活や社会，環境の中に問題を見つけ出し，自分の知識を総動員して，自分やコミュニティ，社会にとって価値のある解を導くことができる力，さらに解を社会に発信し協調的に吟味することを通して他者や社会の重要性を感得できる力」とした。そして，「自分の行動を調整し，生き方を主体的に選択できるキャリア設計力，他者と効果的なコミュニケーションをとる力，協力して社会づくりに参画する力，倫理や市民的責任を自覚して行動する力などが含まれる」とした。

先ほどの研究知見と重ね合わせると，社会参画に関する資質・能力の育成を共通して重視していることがわかる。また，その社会参画のためには，自身が参画するための具体的な術を有する必要がある，すなわち，勤労観・職業観の涵養も含めたキャリア意識を持つことが不可欠である。さらに，自分の信念を持って社会に参画することは重要であるが，それが独り善がりな思考・判断や感情に左右されるものであることは避けなければならない。そのためには，社会を構成する他者との関係性を維持するための規範意識が求められる。

以上のことから，本書では，市民性を「国内外の諸問題の解決のために積極的・能動的に社会に関わる資質・能力とする。その資質・能力は，社会参画意識，キャリア意識，規範意識を基盤とする」と捉えるものとする。

2017年８月

著　者

注

(1) 矢吹芳洋「高校生の政治参加能力形成とシティズンシップ教育—神奈川県立高校におけるシチズンシップ教育を事例に—」『専修大学人文科学研究所月報』269, 2014, p. 19.

(2) 岡崎宏樹「中等教育の中の社会学」『社会学評論』61(3), 2010, pp. 266-267.

(3) シティズンシップ教育研究会編『シティズンシップの教育学』晃洋書房, 2006, p. i.

(4) 経済産業省「シティズンシップ教育と経済社会での人々の活躍についての研究会報告書」2006.

(5) 常時啓発事業のあり方等研究会「最終報告書　社会に参加し，自ら考え，自ら判断する主権者を目指して～新たなステージ『主権者教育』～」2011.

(6) 子ども・若者ビジョン（2010, 子ども・若者育成支援推進本部決定).

(7) 前掲 (3).

(8) 若槻健『未来を切り拓く市民性教育』関西大学出版部, 2014.

(9) 山本孝司・久保田治助「『総合的な学習の時間』における『市民性』教育の可能性—＜子ども—大人＞・＜個—公＞の二項対立図式を超えて—」『九州看護福祉大学紀要』Vol. 12, No. 1, 2012, p. 80.

(10) 坪田益美「『深い多様性』の尊重を促進するシティズンシップ教育」谷川彰英監修，江口勇治・井田仁康・伊藤純郎・唐木清志編『市民教育への改革』東京書籍, 2010, p. 214.

(11) 千葉たか子「パラダイム転換は可能か—青少年の意識にみるボランティア観—」『青森県立保健大学雑誌』10(2), 2009, pp. 205-219.

(12) 小玉は「家族，学校，企業社会のトライアングルの動揺によって子どもから成人への移行のシステムが揺らぎつつあるなかで，大人になることがいったいどういうことなのかについての関心が，日本でもようやく高まりつつある。その意味では，日本にもようやく，成人期への移行を画する概念としてのシティズンシップを議論する条件が整いつつあるということができる。」(小玉重夫『シティズンシップの教育思想』白澤社, 2003, pp. 103-104) としており，時代の不易と流行を勘案する必要はあるものの，その時々で議論すべき概念であるといえる。

(13) 長沼豊『市民教育とは何か　ボランティア学習がひらく』ひつじ書房, 2003, p. 223.

(14) 二宮晧「提言：21世紀の市民性形成論を問う—『多次元的市民性』論を中心として—」二宮晧編『市民性形成論』放送大学教育振興会, 2007, pp. 219-224.

(15) 津田英二・久井英輔「今日的市民性の要件と課題に関する基礎的考察—ESDの観点からみた多様な社会問題への関心・行動の付置連関と誘因—」『神戸大学大学院人間発達環境学研究科研究紀要』4(1), 2010, p. 178.

(16) 小玉重夫「政治的リテラシーとシティズンシップ教育」日本シティズンシップ教

育フォーラム編『シティズンシップ教育で創る学校の未来』東洋館出版社，2015，p. 8.

(17) 勝野頼彦「社会の変化に対応する資質や能力を育成する教育課程編成の基本原理（教育課程編成に関する基礎的研究報告書５）」国立教育政策研究所，2013.

目　次

第Ⅲ部　高校生の規範意識の育成

第Ⅳ部　高校生の社会参画意識の育成

第Ⅰ部

青少年の現況

第1章 青少年の健全育成

「青少年育成施策大綱」(2008) を引き継ぐ形で,「子ども・若者育成支援推進法」(2009) の施行を受けて,「子ども・若者ビジョン～子ども・若者の成長を応援し,一人ひとりを包摂する社会を目指して～」(2010) が策定された。そこには,施策の基本的方向として,体験活動の充実等日常生活能力の習得,読書活動の推進等多様な活動機会の提供,ニート,ひきこもり,不登校,非行・犯罪に陥った子ども・若者への支援,子ども・若者を取り巻く有害環境等への対応などが明示されている。また,中央教育審議会答申「第2期教育振興基本計画について」(2013) では,豊かな心の育成について,「子どもたちの豊かな情操や規範意識,自他の生命の尊重,自尊感情,他者への思いやり,人間関係を築く力,社会性,公共の精神,主体的に判断し,適切に行動する力などを育むため,道徳教育や人権教育を推進するとともに,体験活動や読書活動,生徒指導,青少年を取り巻く有害情報対策等の充実を図る」ことが示された。本章では,そこで挙げられた体験活動,読書活動,有害情報対策に着目し,現状と課題を整理する。

第1節　体験活動

1. 体験活動の重視

体験活動について,法令等でどのように言及されているのか確認することから始める。学校教育法第21条では,目標として,「学校内外における社会的活動を促進し,自主,自律及び協同の精神,規範意識,公正な判断力並びに公共の精神に基づき主体的に社会の形成に参画し，その発展に寄与する態度を養うこと」「学校内外における自然体験活動を促進し，生命及び自然を尊重する精神並びに環境の保全に寄与する態度を養うこと」が示されており，学校内外での体験活動への取り組みを念頭に置いていることがわかる。

また，学習指導要領をみると，小学校学習指導要領総則（2017）には，「集団宿泊活動やボランティア活動，自然体験活動，地域の行事への参加などの豊かな体験を充実すること」と明記されている。中学校学習指導要領総則（2017）には，「職場体験活動やボランティア活動，自然体験活動，地域の行事への参加などの豊かな体験を充実すること」，高等学校学習指導要領総則（2009）には，「就業やボランティアにかかわる体験的な学習の指導を適切に行うようにし，勤労の尊さや創造することの喜びを体得させ，望ましい勤労観，職業観の育成や社会奉仕の精神の涵養に資するものとする」ことが明文化されている。小学校・中学校・高等学校に共通して，ボランティア活動について触れられており，中学校・高等学校で，職場体験や就業体験が列挙されていることから，キャリア意識の涵養につながる体験を視野に入れていることがうかがえる。

さらに，社会教育法第５条には，市町村の教育委員会の事務として，「青少年に対しボランティア活動など社会奉仕体験活動，自然体験活動その他の体験活動の機会を提供する事業の実施及びその奨励に関すること」が挙げられている。

このように学校教育法・社会教育法で，自然体験活動等を促進することが示され，学習指導要領では，ボランティア活動等に取り組むことの必要性が謳われている。とりわけ，学習指導要領の総則で言及されていることから，教育活動の基盤として，その必要性が認識されていることは看過できない。

この認識は，中央教育審議会等での議論にも引き継がれている。たとえば，教育再生実行会議「高等学校教育と大学教育との接続・大学入学者選抜の在り方について（第四次提言）」（2013）では，「生徒の多様な状況や学習ニーズに対応して，高等学校教育の特色化を進めるとともに，体験活動を充実し，能力や意欲に応じて様々な進路に挑戦できるようにする必要」があるとした。そして，すべての生徒が共通に身に付けるべき資質・能力の育成に関して,「インターンシップ，ボランティア活動等の多様な体験活動の充実，海外留学の促進，文化・芸術活動やスポーツ活動，大学や地域と連携した教育機会等の充実を図る。学校は，生徒がこれらの能動的・主体的な活動に少なくとも一つは深く取り組むよう指導・支援する」ことが明文化された。

また，中央教育審議会答申「今後の青少年の体験活動の推進について」(2013）では，青少年の体験活動の意義・効果について,「体験活動は教育的効果が高く，幼少期から青年期まで多くの人とかかわりながら体験を積み重ねることにより,『社会を生き抜く力』として必要となる基礎的な能力を養うという効果があり，社会で求められるコミュニケーション能力や自立心，主体性，協調性，チャレンジ精神，責任感，創造力，変化に対応する力，異なる他者と協働したりする能力等を育むためには，様々な体験活動が不可欠である」とされ，その重要性が指摘されている。

こうした重要性が指摘されている体験活動の促進について，文部科学省が，青少年の体験活動の推進に関して，次のような取り組みを提示・報告した[(1)]。体験活動推進プロジェクト等の充実について,「家庭や企業などへ理解を求める普及啓発に取り組むとともに，企業の社会貢献活動を通じた青少年の体験活動を推進する教育CSRシンポジウム等を実施し，青少年の体験活動の機会の充実と普及啓発」を図ることとしている。また，実践報告として，被災地の子供たちに自然体験活動等の機会を提供する取り組みに関わり，福島県の子供たちを対象としたリフレッシュキャンプについての報告，青少年教育施設を活用した交流事業に関して,「東アジアを中心とした海外の青少年を日本に招き，各地域の特性を活かした国際交流体験の機会を提供する」事業についての報告をしている。

それでは次に，青少年の体験活動の実態について，最近公表された各種調査結果等から明らかにする。

2．体験活動の現況

国立青少年教育振興機構[(2)]は，日本の高校生の体験活動で，最も多かったものが「家事を手伝ったこと」で，以下，「家族や親族のお墓参りしたこと」「体の不自由な人，お年寄りなどの手助けをしたこと」「虫を採ったりペットを育てたりしたこと」「道路や公園などに捨てられているゴミを拾ったりしたこと」であることを示した。これらは，半数以上の高校生が体験している活動であるが，その一方で，「弱い者いじめやケンカをやめさせたり，注意したこと」は最も少なかった。

国際比較をすると，日本の高校生は，「家族や親族のお墓参りしたこと」が，4ヵ国中，最も多かった。他方，「弱い者いじめやケンカをやめさせたり，注意したこと」「体の不自由な人，お年寄りなどの手助けをしたこと」「家事を手伝ったこと」は，最も少ないという結果が得られた（表１－１）。

「体の不自由な人，お年寄りなどの手助けをしたこと」や「家事を手伝ったこと」などの日常生活の中で取り組みやすい内容は，日本の高校生だけみると比較的体験できているように思われるが，国際的にみると低調であることがわかった。また，「弱い者いじめやケンカをやめさせたり，注意したこと」は，日本国内外どちらの視点からとらえても少なく，仲裁体験が貧弱であることが浮き彫りになった。その一方で，文化的な背景・影響を加味する必要があると思われるが，「家族や親族のお墓参りしたこと」の体験が比較的多かったことから，年中行事への参加体験が豊富であることが推察される。

また，同じく国立青少年教育振興機構[(3)]は，小学生・中学生・高校生対象の調査結果から，子どもが，現在「できる」と回答した体験活動で，全体として多かった内容は，「ふだんから地域の行事に参加すること」で，以下，「ふだんから山や森，川や海など，自然の中で遊ぶこと」「ふだんから外国の子どもや大人と話したり，一緒に遊んだりすること」であることを明らかにした。発達段階に着目すると，３項目とも，学校・学年進行に伴い「できる」割合が減少していることがわかった。

保護者対象の調査結果も含めてみると，保護者が10歳のとき「できていた」

表１－１　高校生の体験活動に関する国際比較（「何度もある」と「少しある」の合計）

（単位：%）

	日本	米国	中国	韓国
家事を手伝ったこと	91.7	95.6	95.0	94.2
家族や親族のお墓参りしたこと	77.0	46.6	71.3	62.2
体の不自由な人，お年寄りなどの手助けをしたこと	53.5	78.7	78.8	60.8
虫を採ったりペットを育てたりしたこと	52.8	73.0	50.5	34.2
道路や公園などに捨てられているゴミを拾ったりしたこと	51.1	37.5	62.5	52.9
キャンプ，山登りやハイキングなどアウトドア活動をしたこと	47.1	62.8	70.7	46.0
野菜や果実の栽培や収穫などの農作業を体験したこと	40.1	29.0	45.2	26.6
弱い者いじめやケンカをやめさせたり，注意したこと	27.2	63.2	54.2	50.5

割合について，10歳に相当する小学校４年生と比較すると，「ふだんから山や森，川や海など，自然の中で遊ぶこと」は，保護者が20.3ポイント高いこと，「ふだんから外国の子どもや大人と話したり，一緒に遊んだりすること」は，小学校４年生が21.7ポイント高いことが明らかになった。10歳（小学校４年生）の時点で比較すると，保護者は自然体験，子どもは外国人との交流体験が豊富であることがわかった（表１－２）。

それに呼応するかのように，保護者の子どもへの思い（「とても思う」と「少し思う」の合計）をみると，「自然の中で様々な体験をしてほしい」90.3%で最も多かった。「ボランティア体験をしてほしい」81.8%や「地域の行事に積極的に参加してほしい」77.3%も決して少なくなかった。

さて，ここまでは，一般的な青少年の体験活動に着目してきたが，青少年の自立・立ち直り支援の側面から体験活動を捉えても，その有効性が明らかである。国立青少年教育振興機構(4)は，不登校の子どもが合宿を通して学校復帰をするに至った開善塾教育相談研究所の取り組み，発達障害の子どもがキャンプ体験を通して耐性を高めていった国立曽爾少年自然の家の実践や自然体験の効

表1－2　子どもと保護者の体験活動の比較（子ども：現在「できる」，保護者：10歳のとき「できていた」）

（単位：%）

	小学校4年生	小学校5年生	小学校6年生	中学校2年生	高　校2年生	全　体	保護者10歳時
ふだんから山や森，川や海など，自然の中で遊ぶこと	44.3	43.1	40.6	33.7	23.1	38.1	64.6
ふだんから地域の行事に参加すること	62.1	58.5	56.8	40.7	20.2	49.9	66.4
ふだんから外国の子どもや大人と話したり，一緒に遊んだりすること	28.9	30.4	29.1	21.8	14.2	25.8	7.2

果を示した国立磐梯青少年交流の家のプログラム等を紹介しており，自然体験活動に教育的効果が認められることを明らかにした。

また，特定の青少年を対象にするという意味で，保護観察に関わる取り組みに着目しても，その効果を垣間見ることができる。保護観察とは，「犯罪をした人または非行のある少年が，社会の中で更生するように，保護観察官及び保護司による指導と支援を行うもの」(5)である。保護観察対象者に対しては，指導・支援が行われるが，対象者が自立した生活を送るための援助・助言のなかに「教養訓練の援助」がある。そこでは，ボランティア活動への参加を促すことや健全な余暇の過ごし方の助言などがある。

ボランティア活動に関連して，更生保護法第51条に，「善良な社会の一員としての意識の涵養及び規範意識の向上に資する地域社会の利益の増進に寄与する社会的活動を一定の時間行うこと」が示されているように，保護観察では社会貢献活動の推進に力を入れている。社会貢献活動は，「福祉施設での介護補助活動や公共の場所での清掃活動など社会に役立つ活動を行い，他人から感謝されることや周囲と協力しつつ任された役割をやり遂げることにより，自由有用感や社会性，規範意識の向上を図る」(6)ことを目的に企図されている。そして，その活動を通して，「自分の新たな一面を見出したり，人の役に立つことのうれしさや他者に配慮することの大切さに気付いたりした」という効果があったことが報告されている[(7)]。家庭裁判所では非行少年に対して，「高齢者施設での介護補助や地域の清掃活動などのボランティア活動に参加させて，地域社会とのつながりや自尊感情の大切さを体験的に学ぶことができる場を設け」ており[(8)]，ボランティア活動への参加が遵法意識や対人関係能力の醸成につながり，それが少年非行の低減に結実することも期待されている[(9)]。

第2節　生徒指導

1．生徒指導の重視

生徒指導提要（2010）では，「生徒指導とは，一人一人の児童生徒の人格を尊重し，個性の伸長を図りながら，社会的資質や行動力を高めることを目指して行われる教育活動のことです。すなわち，生徒指導は，すべての児童生徒のそれぞれの人格のよりよい発達を目指すとともに，学校生活がすべての児童生徒にとって有意義で興味深く，充実したものになることを目指しています。（中略）各学校においては，生徒指導が，教育課程の内外において一人一人の児童生徒の健全な成長を促し，児童生徒自ら現在及び将来における自己実現を図っていくための自己指導能力の育成を目指すという生徒指導の積極的な意義を踏まえ，学校の教育活動全体を通じ，その一層の充実を図っていくことが必要です」とされている。

すべての児童生徒の自己指導能力を育成するための開発的生徒指導が本来であるが，文部科学省「児童生徒の問題行動等生徒指導上の諸問題に関する調査」結果を概観すると，一部あるいは特定の児童生徒に対する予防的生徒指導・治療的生徒指導にも着目せざるを得ない。昨今の政策動向に目を向けたときに，看過できないもののひとつが「いじめ防止対策推進法」（2013）である。そこでは，いじめの定義について，「児童生徒に対して，当該児童生徒が在籍する学校に在籍している等当該児童生徒と一定の人的関係にある他の児童生徒が行う心理的又は物理的な影響を与える行為（インターネットを通じて行われるものを含む。）であって，当該行為の対象となった児童生徒が心身の苦痛を感じているもの」（第２条）とされた。さらに，「学校は，いじめ防止基本方針又は地方いじめ防止基本方針を参酌し，その学校の実情に応じ，当該学校におけるいじめの防止等のための対策に関する基本的な方針を定めるものとする。」（第13条），また，「学校は，当該学校におけるいじめの防止等に関する措置を実効的に行うため，当該学校の複数の教職員，心理，福祉等に関する専門的な知識を有する者その他の関係者により構成されるいじめの防止等の対策のための組織を置くものとする。」（第22条）とされた。

また，体罰等防止に関して明確な指針が示されたことも重要である。教育再生実行会議「いじめ問題等への対応について（第一次提言）」（2013）は，「子どもの意欲を引き出し，その自発的行動から成長を促す部活動指導のガイドラインを国において策定し，全国の教職員や指導に携わる関係者の全てが適切に実践していくべきです。」とした。それを受けて，文部科学省通知「体罰の禁止及び児童生徒理解に基づく指導の徹底について」（2013），別紙「学校教育法第11条に規定する児童生徒の懲戒・体罰等に関する参考事例」（2013）が出され，体罰等に関する捉え方が明示された。また，運動部活動の在り方に関する調査研究協力者会議「運動部活動の在り方に関する調査研究報告書～一人一人の生徒が輝く運動部活動を目指して～」（2013）では，運動部活動での指導のガイドラインが提示され，体罰等の根絶に向けた基本的な考え方が示された。

さらに，不登校についての動きも見逃すことはできない。文部科学省は，「一億総活躍社会」の実現のための一助として，不登校などさまざまな困難を抱える子どもを支援することを検討するために，「文部科学省一億総活躍社会推進本部」を設置した（2015）。それと関連して，不登校やひきこもりの子どものために，フリースクールの在り方を見直す動きがあり，「義務教育の段階における普通教育に相当する教育の機会の確保等に関する法律」（2016）が成立した。本節では，これらの動きを勘案して，いじめと不登校に焦点を当てて現状を確認することとする。

2．生徒指導の現況

いじめの実態を概観すると，文部科学省調査[(10)]では，全体で62.0％の学校でいじめが認知されており（小学校62.0％，中学校71.9％，高等学校50.5％，特別支援学校27.7％）1,000人当たりの認知件数は全体で16.4人（同23.1人，17.1人，3.6人，9.4人）であった。いじめの態様としては，全体では，「冷やかしやからかい，悪口や脅し文句，嫌なことを言われる」63.5％（同62.2％，67.3％，61.4％，57.5％）が最も多く，以下，「軽くぶつかられたり，遊ぶふりをして叩かれたり，蹴られたりする」22.6％（同25.6％，16.8％，14.1％，25.0％），「仲間はずれ，集団による無視をされる」17.6％（同18.8％，15.3％，15.5％，10.4％）であった。また，高等学校で「パソコンや携帯電話等で，誹謗中傷や嫌なことをされる」が18.7％あり，他校種と比較してやや多かった（小学校1.4％，中学校7.8％，特別支援学校8.1％）。

警察庁調査[(11)]から，いじめに起因する事件の原因・動機をみると，「からかい面白半分」59.6％（「力が弱い・無抵抗」36.0％，「態度動作が鈍い」12.1％など），「はらいせ」43.8％（「いい子ぶる・なまいき」21.5％，「よく嘘をつく」5.7％など），「違和感」1.5％（「交わろうとしない」1.5％など）であった。

これらの結果から，身体に重大な危害を加えられることや金品を搾取されることは比較的少なく，精神的ダメージを被る内容が多いことが示された。また，面白半分でからかっていることがいじめにつながっていることがわかった。さらに，両調査に共通している質問項目である「相談状況」についてみてみよう。「保護者に相談した」割合は，文部科学省調査26.1％・警察庁調査70.2％で44.1ポイント差，「教師に相談した」割合は，同88.2％・44.2％で44.0ポイント差，「警察等の相談機関に相談した」割合は，同0.8％・25.4％で24.6ポイント差であった。学校側は学級担任等教職員への相談が多いという認識であるが，被害少年はそれほど相談していないこと，他方，学校が思っている以上に，被害少年は保護者や相談機関に相談していることが明らかになった。学校と被害少年の認識に齟齬があることが示された（表1－3）。

続いて，文部科学省調査[(12)]から不登校の現状をみると，不登校児童生徒の在

表1－3　いじめられた児童生徒の相談状況

（単位：%）

<table>
<tr><th colspan="2">文部科学省調査</th><th colspan="2">警察庁調査</th></tr>
<tr><td>保護者や家族等に相談</td><td>26.1</td><td>70.2</td><td>保護者に相談した</td></tr>
<tr><td>学級担任に相談</td><td>74.7</td><td rowspan="3">44.2</td><td rowspan="3">教師に相談した</td></tr>
<tr><td>学級担任以外の教職員に相談（養護教諭，スクールカウンセラー等の相談員を除く）</td><td>9.7</td></tr>
<tr><td>養護教諭に相談</td><td>3.8</td></tr>
<tr><td>友人に相談</td><td>8.1</td><td>8.8</td><td>友人に相談した</td></tr>
<tr><td>学校以外の相談機関に相談（電話相談やメール等も含む）</td><td>0.8</td><td>25.4</td><td>警察等の相談機関に相談した</td></tr>
<tr><td>スクールカウンセラー等の相談員に相談</td><td>2.8</td><td rowspan="2">0.6</td><td rowspan="2">その他に相談した</td></tr>
<tr><td>その他（地域の人など）</td><td>0.7</td></tr>
<tr><td>誰にも相談していない</td><td>7.3</td><td>11.6</td><td>相談しなかった</td></tr>
</table>

籍学校は，小学校43.7%，中学校74.7%，高等学校62.6%であった。また，不登校児童生徒の割合は，小学校0.42%（約238人に1人），中学校2.83%（約35人に1人），高等学校1.49%（約67人に1人）であった。学年別人数を見ると，小学校1年生から中学校3年生までは学年進行に伴って人数が増加しているが，高校生になると，学年進行に伴って減少していることが示された。不登校の「きっかけ」に関しては，文部科学省調査と不登校生徒に関する追跡調査研究会調査[13]（以下，追跡調査）で共通して聞いているので比較検討してみよう。

追跡調査は平成18年度に公立中学校3年生で不登校だった生徒の追跡調査であるので，文部科学省調査もそれに合わせて平成18年度調査の公立中学校の結果を用いる。開きが大きかった項目は，「友人との関係」34.0ポイント差（文部科学省調査19.7%，追跡調査53.7%），「先生との関係」25.0ポイント差（同1.6%，26.6%），「勉強がわからない」21.8ポイント差（同9.8%，31.6%），「ク

表１－４　不登校のきっかけ

（単位：％）

文部科学省調査		平成27年度（中学校）	平成18年度（中学校）	不登校生徒に関する追跡調査研究会調査	
学校に係る状況	いじめ	0.5	3.8		
	いじめを除く友人関係をめぐる問題	28.0	19.7	53.7	友人との関係
	教職員との関係をめぐる問題	2.2	1.6	26.6	先生との関係
	学業の不振	21.4	9.8	31.6	勉強がわからない
	進路にかかる不安	4.8	—		
	クラブ活動，部活動等への不適応	2.9	2.4	23.1	クラブや部活動の友人・先輩との関係
	学校のきまり等をめぐる問題	5.0	3.4	10.2	学校のきまりなどの問題
	入学，転編入学，進級時の不適応	7.4	3.6	17.3	入学，転校，進級して学校や学級になじめなかった
家庭に係る状況	家庭の生活環境の急激な変化	32.0	5.3	9.8	家族の生活環境の急激な変化
	親子関係をめぐる問題		9.2	14.4	親との関係
	家庭内の不和		4.6	10.1	家族の不和
本人に係る状況	病気による欠席	—	7.2	14.9	病気
	その他本人に関わる問題	—	36.5		
	あそび・非行	7.6	—	34.7	生活リズムの乱れ
	無気力	30.6	—		
	不安など情緒的混乱	29.7	—		
	意図的な拒否	—	—		
	上記「病気による欠席」から「意図的な拒否」までのいずれにも該当しない，本人に関わる問題	—	—		
その他		—	4.5	16.3	その他
不明		—	4.0		
				15.6	インターネットやメール，ゲームなどの影響
				5.6	とくに思いあたることはことはない

ラブや部活動の友人・先輩との関係」20.7ポイント差（同2.4%，23.1%）であった（表1－4）。

不登校のきっかけとして，本人に係る状況を挙げる割合は両調査に大きな開きはなく，学校と不登校生徒の認識は一致していることがわかった。しかし，学校側がきっかけとしてあまり認識していない友人・先輩や先生との人間関係，学業不振は，不登校生徒にとってみれば大きなきっかけであったことが示され，両者の認識に齟齬があることが明白になった。

いじめに関わる相談状況も不登校に至ったきっかけも，学校側の認識と生徒自身の認識が必ずしも一致するわけではないことが明らかになった。両者の認識のズレを矯正することで，より適切な生徒指導が可能になるのではないかと考えられる。

第3節　読書活動

1．読書活動の重視

読書活動について，子どもの読書活動の推進に関する法律第2条で，「子どもの読書活動は，子どもが，言葉を学び，感性を磨き，表現力を高め，創造力を豊かなものにし，人生をより深く生きる力を身に付けていく上で欠くことのできないものであることにかんがみ，すべての子どもがあらゆる機会とあらゆる場所において自主的に読書活動を行うことができるよう，積極的にそのための環境の整備が推進されなければならない」とされ，読書活動を促進する環境整備の必要性が謳われている。

また，「子どもの読書活動の推進に関する基本的な計画」（2013）をみると，「読書は，子どもが自ら考え，自ら行動し，主体的に社会の形成に参画していくために必要な知識や教養を身に付ける重要な契機となる。特に，社会が急激に変化し，複雑化していく中で，個人が読書活動などを通じて，生涯にわたって絶えず自発的に学ぼうとする習慣を身に付けていくことは大変重要である」として，読書活動の重要性が明示されている。

読書活動と学校教育との関連に着目すると，学校教育法第21条に，「読書に親しませ，生活に必要な国語を正しく理解し，使用する基礎的な能力を養うこと」が目的として示されている。それに関わって，学校図書館法第５条では，「学校には，学校図書館の専門的職務を掌らせるため，司書教諭を置かなければならない」こと，さらに，学校司書に関して，学校図書館法第６条で，「学校図書館の運営の改善及び向上を図り，児童又は生徒及び教員による学校図書館の利用の一層の促進に資するため，専ら学校図書館の職務に従事する職員を置くよう努めなければならない」とされており，人的資源の側面から環境整備を充実させようとしていることがうかがえる。

それでは，そうした状況下で，子どもの読書活動はどのような実態であるのか確認する。

２．読書活動の現況

国立青少年教育振興機構(14)は，「あなたは読書が好きですか」に対して，「とても好き」と「わりと好き」の合計が，中学生67.0%，高校生59.7%であること，「この１ヵ月で本を読みましたか」に対して，「読んだ」割合が，中学生82.0%，高校生56.2%であることを示した。毎日新聞社(15)が，「１ヵ月間に１冊も本を読まなかった児童・生徒の割合」について，中学生13.4%，高校生51.9%という結果を示しているが，何らかの形で読んだ割合を，中学生86.6%，高校生48.1%とみれば，ほぼ合致している。これらの結果から，中学生・高校生の約６割から７割が読書を肯定的に捉えて，その比率と同程度かそれ以上に読書をしていることがわかった。「朝の読書の時間が１週間当たりどの程度ありますか」に対して，「実施していない」割合が中学生11.4%，高校生58.9%という実態（中学生の88.6%，高校生の41.1%が何らかの形態・頻度で朝の読書をしていること）が背景にあるのかもしれない。

本を読まなかった理由（複数回答）では，中学生・高校生とも「普段から本を読まないから」（中学生42.9%，高校生42.0%），「読みたい本がなかったから」（同41.0%，32.2%）が上位であった。また，高校生では「勉強で時間がなかったから」（25.3%）が多いこと，中学生では「本を読むのが嫌いだから」

表1－5　学校での取り組み（「とてもよくあった」と「よくあった」の合計）

（単位：%）

	中学生	高校生
担任の先生による本の紹介	11.5	10.5
司書の先生による本の紹介	16.3	21.0
授業で気に入った本の発表をしたり，紹介するポスターを作って掲示	14.1	9.5
学級文庫の設置	54.8	26.4
ブックマラソンなど読書量を競う記録	17.8	10.1
図書室での手作りの新聞やポスターなどを使った本の紹介	39.1	36.1
PTA・ボランティアなどによる本の読み聞かせ会	14.9	6.0
授業で，本や辞書・辞典などで調べたことを発表	26.3	11.8
朝の読書とは別に授業時間に，学校の図書館や教室で好きな本を選んだり読書すること	20.7	9.8

(23.8%）や「TVやビデオを見ていて時間がなかったから」(29.6%）で高校生と比較して10ポイント以上高いことがわかった。こうした結果から，中学生の方が，読書に対して消極的であることが推察される。

学校での取り組みに着目すると，中学生・高校生ともに「学級文庫の設置」（中学生54.8%，高校生26.4%）や「図書室での手作りの新聞やポスターなどを使った本の紹介」(同39.1%，36.1%）が多かった。他方，担任や司書，PTA・ボランティアを媒介とした取り組みは比較的少ないことが明らかになった（表1－5）。

また，文部科学省[16]は，「全校一斉の読書活動を実施している」割合が，小学校97.1%，中学校88.5%，高等学校42.7%であることを明らかにした。また，地域との連携に関する取り組みについて，ボランティアを活用している割合が同81.4%・30.0%・2.8%，公共図書館との連携をしている割合が同82.2%・57.5%・51.1%であった。

全校一斉の読書活動は，学校段階の進行に伴って活動が低調になっていること，地域との連携についても，小学校と比較すると，中学校・高等学校の取り組みが少ないことがわかった。ただ，その中でも，ボランティアの活用に関して，「読み聞かせ，ブックトーク等，読書活動の支援」については，高等学校段階の取り組みが最も多くなっている（同93.4%，54.8%，55.0%）。発達段階を加味する必要はあると思われるが，高校生に対しても，小学生・中学生同様に，本と触れ合う機会を提供することは肝要であるのかもしれない。

学校での取り組み状況をみると，司書等による働きかけに改善の余地があるように思われる。これに関連して，実際の司書教諭の発令状況はどのようになっているのかを確認すると，小学校68.0%，中学校65.0%，高等学校84.5%であった。学校司書の状況について，配置している学校は，小学校59.2%，中学校58.2%，高等学校66.4%であった。

司書教諭は，高等学校において発令されている割合が最も多く，比較的規模の大きい学校では9割を超える発令率であった（12学級以上の学校での発令　小学校99.3%，中学校98.3%，高等学校96.1%）。他方，学校司書は60%～65%程度の配置状況であるが，常勤となると，小中学校では15%前後であった（常勤の配置　同12.4%，16.7%，55.0%）。

こうした結果から，比較的規模の小さい学校における司書教諭の発令及び学校司書の配置，とりわけ常勤配置が，学校における読書活動推進のポイントになるものと思われる。また，司書教諭・学校司書といった人的資源について，高等学校は比較的整備が進んでいる状況であり，高等学校からの読書活動推進の先進的な取り組みの開発・提案が期待される。

第4節　有害情報対策

1．有害情報対策の重視

文部科学省は，青少年を取り巻く有害環境対策の推進に関して，ケータイ・スマホの正しい利用を喚起するリーフレットを作成・配布したり，家庭でのルール作りの重要性を示すなど，さまざまな取り組みを行っている。

文部科学省「学校における携帯電話の取扱等について（通知）」（2009）では，

学校における情報モラル教育の取り組みについて,「学校への携帯電話の持込みの禁止や,使用禁止を行うことだけでは,児童生徒を「ネット上のいじめ」やインターネット上の違法・有害情報から守ることはできないことから,このような情報化の影の部分への対応として,他人への影響を考えて行動することや有害情報への対応などの情報モラルをしっかりと教えることが重要である」こと,家庭や地域に対する働きかけについて,「保護者を始めとする関係者に対し,効果的な説明の機会を捉えて携帯電話等を通じた有害情報の危険性や対応策についての啓発活動を積極的に行い,家庭における携帯電話利用に関するルールづくりやフィルタリングの利用促進に努めること」が明示された。また,「青少年が安全に安心してインターネットを利用できる環境の整備等に関する法律」(2008) 第3条2では,「青少年が安全に安心してインターネットを利用できる環境の整備に関する施策の推進は,青少年有害情報フィルタリングソフトウェアの性能の向上及び利用の普及,青少年のインターネットの利用に関係する事業を行う者による青少年が青少年有害情報の閲覧をすることを防止するための措置等により,青少年がインターネットを利用して青少年有害情報の閲覧をする機会をできるだけ少なくすることを旨として行われなければならない」とされた。

さらに,「青少年が安全に安心してインターネットを利用できるようにするための施策に関する基本的な計画(第2次)」(2012) において,「保護者のニーズに応じて青少年が青少年有害情報に触れないようにすることを可能とするため,事業者等における,青少年に対するフィルタリングの提供などの義務の履行,フィルタリング普及啓発,保護者のニーズに応じたフィルタリングの高度化推進,青少年有害情報の閲覧防止措置などを促進する」ことが謳われた。関連して,社会教育法第5条の市町村の教育委員会の事務では,「情報化の進展に対応して情報の収集及び利用を円滑かつ適正に行うために必要な知識又は技能に関する学習の機会を提供するための講座の開設及び集会の開催並びにこれらの奨励に関すること」が挙げられている。

総じて,学校と家庭,地域社会が有害情報対策に対して共通理解を持ち,そのうえで，連携して対策に取り組む必要性が示されていると捉えることができる。

それでは，有害情報対策に関する考え方や実践が広がりつつある中で，それについての青少年の実態はどのようになっているのかを確認する。

2．有害情報対策の現況

内閣府[17]は，スマートフォン所有者でインターネット利用している割合について，小学生93.5%，中学生93.2%，高校生98.3%であることを明らかにした。また，平日（土日を除いて）1日に平均して，どのくらいの時間，スマートフォンでインターネットを利用しているか聞いたところ，「2時間以上」が小学生24.8%（平均約70分），中学生52.1%（同124分），高校生72.1%（同170分）であることがわかった。また，毎日新聞社[18]は，「分からないことを調べるとき何で調べますか」に対して，「スマホやタブレットで調べる」という回答が小学生46.3%，中学生69.4%，高校生89.3%，「パソコンで調べる」という回答が小学生29.5%，中学生33.2%，高校生24.5%であるとした。

スマートフォンでのインターネット利用時間は，学校段階の進行に伴って増加する傾向にあり，情報収集ツールとして，パソコンよりも重用されていることがわかった。こうした状況下で，どの程度インターネット上のトラブルに遭遇しているのかをみてみる。前述の内閣府調査では，「あてはまるものはない」が，小学生80.8%，中学生66.5%，高校生46.9%であった。これは，見方を変えれば，小学生の約2割，中学生の3割強，高校生の5割強は何らかのトラブル体験を有していることになる。具体的には，「迷惑メッセージやメールが送られてきたことがある」（中学生14.2%，高校生30.8%），「自分が知らいない人や，お店などからメッセージやメールが来たことがある」（同9.9%，21.4%）など，メールを起因としたトラブル体験が比較的多いことが明らかになった。また，総務省[19]が，ソーシャルメディアを利用する際の悩み・負担について複数回答で聞いた結果，「自分が書いてしまった内容について，後から『あれで良かったか』などと悩む」27.7%，「メッセージを読んだことがわかる機能があること」22.4%が多かった。「あてはまるものはない」が40.9%で，高校生の約6割は何らかの悩み・負担を抱えていることがわかった。それから，直接的なトラブル体験ではないが，「インターネットにのめりこんで勉強に集中できなかったり，睡眠不足になったりしたことがある」（小学生5.8%，中学生12.2%，高校生16.7%）も決して少なくなく，利用時間も含めて看過できない問題である。

これに関連して，総務省[20]が，ネット依存傾向に関して，設問「気がつくと，思っていたより長い時間ネットをしていることがありますか」に対して，小学4～6年生17.3%，中学生35.5%，高校生50.8%（「いつもある」と「よくある」の合計）であることを示した。学校段階の進行に伴って依存傾向が大きくなり，高校生の半数以上が依存傾向にあることも明らかにされた。

それでは，インターネットの危険性について，どのように知るに至ったかをみると，前述の内閣府調査では，「学校で教えてもらった」（小学生73.3%，中学生93.0%，高校生93.8%）で最も多く，「親（保護者）から教えてもらった」（同42.2%，41.7%，29.8%）が続いた。この結果から，学校・保護者は，子どもがインターネットの危険性を学ぶうえで重要な役割を担っていることがわかった。特に，小学生は「特に教えてもらったり学んだりしたことはない」が15.6%となっており，インターネット利用状況・時間を加味すると，適切な対応が求められる。

この危険性について，高校生がどのように捉えているのか，国際比較からみてみる。国立青少年教育振興機構[21]によると，日本の高校生は，「インターネット上のつきあいは危険やトラブルに巻き込まれる可能性がある」（90.4%）が最も多く，他国（米国86.7%，中国56.6%，韓国58.9%）と比較しても多かった。他方，「インターネット上では，自分の言いたいことを何でも言ってよいと思う」（日本15.2%，米国38.6%，中国31.9%，韓国44.4%），「インターネット上の書き込みは信用できると思う」（同7.9%，9.5%，13.8%，11.7%）で，日本の高校生で肯定的な回答をする比率は比較的少なかった（表1－6）。別の調査[22]では，最も必要な安全教育について，日本の高校生は，「インターネットによ

表１－６　高校生のインターネット利用に関する国際比較（「とてもそう思う」と「まあそう思う」の合計）

（単位：％）

	日本	米国	中国	韓国
インターネット上では，自分の言いたいことを何でも言ってよいと思う	15.2	38.6	31.9	44.4
インターネット上の書き込みは信用できると思う	7.9	9.5	13.8	11.7
私はインターネットから離れられない	36.9	76.0	33.5	18.6
インターネット上の自分と現実の自分は違う	20.5	18.5	28.7	11.1
インターネット上で友達といろいろなものを共有できて楽しい	73.8	72.5	74.2	54.9
インターネット上でのつきあいは危険やトラブルに巻き込まれる可能性がある	90.4	86.7	56.6	58.9

る被害の予防」を挙げている割合が19.7％（米国6.6％，中国3.9％，韓国6.7％）である一方で，「青少年にふさわしくない有害情報から身を守ること」を挙げる割合は2.1％（米国3.1％，中国10.9％，韓国4.9％）であった。

こうした結果から，日本の高校生は，トラブル回避も含めて，インターネット利用に対して慎重であるものの，有害情報から身を守ることに関しては意識が低調であることが示された。

最後に，その有害情報対策に対する家庭における取り組みを確認しておく。(23)

インターネット接続機器の使い方の家庭のルールで，「ルールを決めている」について，保護者調査では，小学生の保護者89.6％，中学生の保護者85.6％，高校生の保護者70.8％であるのに対して，青少年調査では，小学生77.9％，中学生69.5％，高校生51.8％で，保護者と青少年の認識に齟齬があった。また，「子供がインターネットの利用について嫌がらせやトラブルなど困ったことがあった際に，どなたに相談しましたか（複数回答）」に対して，「子供に，嫌がらせやトラブルなど困ったことがなかった」が小学生の保護者82.2％，中学生の保護者が75.4％，高校生の保護者が76.8％で，子どもの実態，特に中学生・高校生の実態と合致していないことがわかった。なお，保護者は，

「子供のインターネット利用について，どのような取組が必要だと思いますか（複数回答）」で，「有害サイトへの規制を強化する」（小学生の保護者64.5%，中学生の保護者63.0%，高校生の保護者59.8%）を比較的強く希望していた。ただ，現状を鑑みると，保護者と子どもの認識等の齟齬をなくすなど，子どもとの直接的な関わりの中で認識を改めることも重要ではないかと思われる。

本章のまとめ

ここでは，高校生に焦点を当てて，健全育成に関わる現状と課題を整理する。

まず，体験活動についてみると，家事やお墓参りなどの日常生活に関わりの強い活動や，特別な知識・技術や準備などがそれほど求められない活動は，比較的多くなされていることがわかった。その一方で，いじめや喧嘩の仲裁はあまり体験していないことも明らかになった。

また，小学生・中学生と比較して，自然体験・地域行事参加体験・国際交流体験が少ないこともみえてきた。そのため，非日常性が強い体験が必要であるといえる。それから，いじめ仲裁体験のような能動的な働きかけが強く求められる体験（脱受動的体験）が肝要である。

次に，生徒指導では，いじめの態様として，身体に重大な危害を加えられることや金品を搾取されることは比較的少なく，精神的ダメージを被る内容が多いことが示された。また，面白半分でからかっていることがいじめにつながっていることがわかった。いじめに関する相談状況では，学校側は学級担任等教職員への相談が多いという認識であるが，被害少年はそれほど相談していないこと，他方，学校が思っている以上に，被害少年は保護者や相談機関に相談していることが明らかになった。

不登校に関しては，そのきっかけとして，本人に係る状況を挙げることについては学校と不登校生徒の認識は一致しているが，学校側がきっかけとしてあまり認識していない友人・先輩や先生との人間関係，学業不振は，不登校生徒にとってみれば大きなきっかけであったことが示された。いじめの相談状況と不登校のきっかけに関して，学校と生徒間の認識に齟齬があることが明らかになり，その是正がより適切な生徒指導の可能性を拓くという示唆が得られた。

また，読書活動では，学校内における本の紹介などの取り組みが定着しているにもかかわらず，1ヵ月の間に本を読まなかったという不読率が約5割であった。2016年に公表された国立青少年教育振興機構の調査結果(24)でもほぼ同様であった。その理由としては，読書習慣がないことや勉強・部活動等に多忙なことが挙げられていた。しかしながら，小学校・中学校と比べると，司書教諭や学校司書といった人的資源には恵まれているので，そうした専門家からの効果的な働きかけで読書活動が推進される可能性があるのではないかと考えられる。

読書時間の確保の面では，小学校・中学校と比較して実施率が低い朝の読書のような全校的な取り組みが，読書のきっかけづくりとして求められている。読書活動が豊富なほど市民性（生徒会の委員会活動や学級活動などで立候補する，政治・社会的論争に関して自分の意見を持ち議論する，新聞やテレビ，インターネットで政治に関する報道を閲覧・視聴する）が高いことが実証されている(25)ことからも，その充実が必要である。

最後に，有害情報対策に関して，小学生・中学生と比較して，スマートフォンのインターネット利用・時間が多く，約5割弱が，メールに起因するものを中心にトラブル体験をしていることがわかった。ただ，その危険性についての意識が高く，トラブル回避も含めてインターネット利用に慎重であることも明らかになった。

また，ネット依存傾向にあり，睡眠不足を自覚している生徒が多いことも示された。危険性に対する意識が高いことはよいが，危険性が低いと思われる内容（ラインによる友だちとのやりとりなど）については，安心感があるが故に歯止めが効かない状況になることが危惧される。具体的なトラブル・失敗事例から，健康被害なども含めて学ぶ機会を確保することが肝要である。

【注】

(1) 文部科学省HP　http://www.mext.go.jp/a_menu/sports/ikusei/main4_a7.html （最終閲覧日　2017年6月12日）
(2) 国立青少年教育振興機構「高校生の生活と意識に関する調査報告書―日本・米国・中国・韓国の比較―」2015.
(3) 国立青少年教育振興機構「『子供の生活力に関する実態調査』報告書～子供に必要なスキルとは～」2015.
(4) 国立青少年教育振興機構「課題を抱える子どもの体験活動に関する調査研究〔報告書〕 外遊び・体験・親子キャンプから広がる新たなステージ～子どもが変わる！　親も変わる！～」2013.
(5) 法務省HP　http://www.moj.go.jp/hisho/seisakuhyouka/hisho04_00040.html （最終閲覧日　2017年6月12日）
(6) 内閣府『平成27年度子供・若者白書』2015, p. 162.
(7) 前掲 (6), p. 163.
(8) 藤川浩「家庭裁判所における対応」小林寿一編著『少年非行の行動科学』北大路書房, 2008, pp. 161-162.
(9) 小林寿一「地域社会における非行防止活動」前掲 (8), pp. 117-118.
(10) 文部科学省「平成27年度『児童生徒の問題行動等生徒指導上の諸問題に関する調査』（確定値）について」2017.
(11) 警察庁生活安全局少年課「平成27年中における少年の補導及び保護の概況」.
(12) 前掲 (10).
(13) 不登校に関する追跡調査研究会「不登校に関する実態調査　平成18年度不登校生徒に関する追跡調査報告書」2014.
(14) 国立青少年教育振興機構「『子どもの読書活動の実態とその影響・効果に関する調査研究』報告書」2013.
(15) 毎日新聞社編『読書世論調査2016年版』毎日新聞社, 2016.
(16) 文部科学省「平成28年度『学校図書館の現状に関する調査』結果について」2016.
(17) 内閣府政策統括官（共生社会政策担当）「平成28年度青少年のインターネット利用環境実態調査報告書」2017.
(18) 前掲 (15).
(19) 総務省情報通信政策研究所「高校生のスマートフォン・アプリ利用とネット依存傾向に関する調査報告書」2014.
(20) 総務省情報通信政策研究所「青少年のインターネット利用と依存傾向に関する調査　調査結果報告書」2013.
(21) 前掲 (2).
(22) 国立青少年教育振興機構「高校生の安全に関する意識調査報告書―日本・米国・中国・韓国の比較―」2016.

⑶ 前掲 ⒄.
⒁ 国立青少年教育振興機構「青少年の体験活動等に関する実態調査（平成26年度調査）」2016.
⒂ 田中壮一郎編著『体験の風をおこそう３　数字でみる体験活動と「生きる力」―体験活動の成果を検証する―』悠光堂，2015，pp. 48-56.

＊本章は，林幸克「健全育成」日本学校教育学会編『これからの学校教育を担う教師を目指す』学事出版，2016，pp. 160-161を大幅に加筆・修正したものである。

第2章 日本の青少年の特徴

「日本再興戦略」(2013年閣議決定)の中で，グローバル化等に対応する人材力の強化に関して，2020年までに日本人留学生を2010年の6万人から12万人へ倍増させる目標が掲げられた。また，グローバル化に対応した教育を牽引する学校群の形成について，スーパーグローバルハイスクール(1)の創設や国際バカロレア(2)認定校等の大幅な増加を目指すことが示された。合わせて，初等中等教育段階からの英語教育を強化することも明示された。

中央教育審議会教育課程企画特別部会論点整理(2015)では，外国語について，「児童生徒が将来の進路や職業などと結び付け主体的に学習に取り組む態度等を含めて育まれるよう，学習・指導方法，評価方法の改善・充実を図っていくことが求められる」とした。そして，中学校の英語教育について，「小学校での学びの連続性を図りつつ，高等学校の目標・内容の高度化に向けた基礎を培う観点から，発達段階に応じた，より具体的で身近な話題についての理解や表現，簡単な情報交換ができるコミュニケーション能力を養うための一層の改善を行う」とされた。また，高等学校では，「日常生活から社会問題・時事問題など幅広い話題について，生徒の英語力等の状況に応じた発表，討論・議論，交渉等を行う言語活動を豊富に体験し，情報や考えなどを的確に理解したり適切に伝えたりするコミュニケーション能力を養う」ことが示された。子ども・若者育成支援推進本部「子供・若者育成支援推進大綱～全ての子供・若者が健やかに成長し，自立・活躍できる社会を目指して～」(2016)では，「普段の生活の場を超えた多様な価値観と社会の様子を学ぶとともに，情報機器を用いて世界の人々と継続的なコミュニケーションがとれるようになるための支援を充実させる」ことが基本的な施策として示された。

中学校でも高等学校でも重視されているこのコミュニケーション能力の涵養に関連して，海外留学を重視する方針が示されている。内閣官房・内閣府・外務省・文部科学省・厚生労働省・経済産業省・観光庁「若者の海外留学促進実行計画」(2014）では，海外留学の必要性について，「外国人との交流を発展させ，また，力を合わせて，我が国の成長を支え，発展させていく日本人を育成することが必要であり，そのための素養を培う海外留学を促進する必要がある」とした。そして，学校の体制整備の具体的な取り組みとして，前記のスーパーグローバルハイスクールの指定を示した。また，留学機運の醸成について，「外国人留学生等の協力を得て小学校といった早期から異文化体験活動に参加する機会や高校生の時期に短期でも海外交流する機会の提供など，初等中等教育段階からグローバル人材の基盤を形成する取組を推進するとともに，異文化理解を増進するための青少年交流等の機会を充実させる必要がある」として，高校生の海外留学の促進を具体的な取り組みとして挙げた。具体的な動きとして，京都府など，自治体レベルでの海外留学支援の取り組みも見られるようになっている(3)。

こうした状況下で，青少年の国際理解・国際交流に関する意識・実態はどのようになっているのかを整理する。また，近年の国際比較調査の結果から，日本の青少年の特徴を明確にすることを試みる。

第１節　国際理解・国際交流に関する現況

１．学習環境

国際理解・国際交流に対して，青少年がどのような意識・実態であるのかをみてみる。

学習環境に着目すると，文部科学省(4)は，公立学校に在籍している外国人児童生徒数が86,502人（小学校49,622人，中学校21,532人，義務教育学校185人，全日制・定時制高等学校13,893人，中等教育学校213人，特別支援学校1,057人）で，

8.5万人を超えていることを明らかにした。全児童生徒数に占める割合を算出すると，全体で0.65%（同0.77%，0.63%，1.46%，0.42%，0.66%，0.76%）となり，決して高い比率ではないが，児童生徒の内，約150人に1人は外国人児童生徒であるということになる。

次に，学習状況について，学習指導要領の中に，学習活動として「国際理解」が例示されている総合的な学習の時間の実施状況をみてみる。文部科学省(5)(6)は，「国際理解」に着目すると，いずれかの学年で実施する学校の割合が，小学校59.4%（第3学年30.6%，第4学年30.4%，第5学年26.2%，第6学年40.7%），中学校29.5%（第1学年14.4%，第2学年15.6%，第3学年22.6%），高等学校普通科39.7%・専門学科27.4%・総合学科42.4%であることを示した。小学校ではおよそ6割の学校，中学校では3割の学校で「国際理解」をテーマに学習活動を展開していることがわかった。高等学校は学科による違いはあるが，約30%～40%の学校で取り組まれていることが明らかになった。

経年変化でみると，小学校では，平成16年度から平成19年度は80%前後で推移していたが，平成21年度から平成23年度にかけて約10ポイントずつ減少し，平成27年度では約6割となっていることがわかった。中学校は，平成16年度から平成19年度は40%前後で推移していたが，平成21年度以降は，約30%～35%となっていたが，平成27年度では3割に満たないことが示された。高等学校をみると，平成16年度から平成19年度まで，普通科・総合学科では25%前後，専門学科では7%強で推移していたものが，平成25年度では大幅に増えたが，平成27年度にはやや減少していることがわかった（表2-1）。

全体として，総合的な学習の時間が段階的に始められた2000年以降，当初は「国際理解」も含めて，多種多様な学習内容に取り組まれていたものが，学習指導要領改訂に伴う配当時間数の減少などを背景に，年度進行に伴って精査されていったという大きな流れがあるものと思われる。小学校で実施されている学校の割合が減少傾向にあるのは，学習指導要領改訂（2008）で，小学校5・6年生に外国語活動が導入され，それまで総合的な学習の時間で行っていた内容が，そちらに移行していることが推察される。高等学校で大幅に増加した背

表2-1　総合的な学習の時間における「国際理解」の実施学校・学科

（単位：%）

		平成16年度	平成17年度	平成18年度	平成19年度	平成21年度	平成22年度	平成23年度	平成25年度	平成27年度
小学校		79.2	80.7	80.7	85.4	72.7	—	61.4	65.8	59.4
中学校		39.4	40.4	39.0	39.6	34.7	—	31.1	33.1	29.5
高等学校	普通科	27.5	24.0	24.2	24.9	—	32.0	—	44.2	39.7
	専門学科	7.8	7.6	7.4	7.4	—	—	—	36.1	27.4
	総合学科	28.5	27.2	26.4	25.1	—	—	—	46.6	42.4

（出所）　以下の調査結果より筆者が作成

- 文部科学省「公立小・中学校における教育課程の編成・実施状況調査の結果について」（平成16〜19・21・23・25・27年度）
- 文部科学省「公立高等学校における教育課程の編成・実施状況調査の結果について」（平成16〜19・22・25・27年度）

景には，小学校同様，学習指導要領改訂（2009）で外国語教育の充実が掲げられ，授業は英語で指導することが基本とされるなど，教科「外国語」以外にも学習機会を求めるようになったことがあるのではないかと考えられる。

2．海外留学・海外生活

文部科学省(7)は，ユネスコ統計局，OECD，IIE等における統計から，2014年の日本人の海外留学者数が53,197人で，前年比3.9%減であることを明らかにした。海外留学者数は，2004年（82,945人）をピークに減少傾向にあり，2012年に8年ぶりに増加に転じたが，再び減少に転じた。また，独立行政法人日本学生支援機構(8)によると，2016年5月1日現在の留学生数は239,287人で，前年比14.8%増であり，日本への留学者数は増加傾向にあることが示された。先述の学習環境の結果も含めて考えると，総合的な学習の時間等の学校教育の諸領域で，日本人の集団の中で外国人と触れ合う機会や国際理解について学習することは一定程度確保されている。それに，海外留学者数が増加に転じようとしている昨今の状況を考えると，従来からいわれてきた日本の青少年の「内向き志向」が変わりつつあるのではないかと思われる。

もう少し詳しくみてみよう。文部科学省(9)は，設問「いつか留学したいと思うか」に対して，「留学したい」44%であること，設問「外国に留学するとしたらやってみたいこと」で「語学力を向上させたい」62%が最も多いこと，設問「留学したいと思わない理由」で「言葉の壁」54%が最も多いことを明らかにした。留学に対する肯定的見解・否定的見解とも，語学・言葉が共通して上位であることがわかった。

また，内閣府[10]の調査で，15～19歳の回答を抽出すると，設問「これまでに海外に行ったことがありますか」に対して，「ある」35.2%，「ない」64.8%であった。「ある」場合に「主にどのような目的で行きましたか」と聞いたところ，「旅行や観光をした」86.6%，「留学など教育を受けた」24.9%，「家族とともに居住した」5.0%，「海外勤務になった」2.2%という結果であった。さらに，同じく，「ある」場合に「海外に行ったことが仕事や就職，進学等に役立ちましたか」と聞いたところ，「とても役に立った」23.1%，「まあ役に立った」36.4%，「あまり役に立たなかった」25.2%，「ほとんど役に立たなかった」15.3%であった。設問「将来，海外に出て働きたいと考えますか」では，「とても出たい」12.9%，「少しは出たい」30.2%，「あまり出たくない」26.0%，「全く出たくない」24.1%であった。

3分の1強が海外に行った経験があること，そのうちの約6割は，それが役に立ったと捉えていること，また，4割以上が将来，海外に出て働きたい考えであることが示された。海外志向に関して，独立行政法人国立青少年教育振興機構[11]は，自分の将来について，設問「将来，海外で暮らしてみたい」に対して，「とても思う」と「少し思う」の合計をみると33.3%（小学校4年生33.1%，小学校5年生32.6%，小学校6年生31.7%，中学校2年生34.5%，高校2年生35.6%）であることを明らかにした。この結果から，小学生・中学生・高校生の3分の1が海外生活を志向しており，小学校段階では学年進行に伴って減少傾向にあったものが，中学校・高等学校と進むにつれて増加傾向にあることがわかった。

また，Benesse教育研究開発センター[12]の調査では，高校2年生とその保護者に対して「あなたは，将来，〔お子さまを〕海外に留学したい〔させたい〕

と思っていますか」という設問で,「必ず留学したい〔させたい〕」と「できれば留学したい〔させたい〕」の合計が,高校生34.0%,保護者36.4%であることを明らかにした。

これらの結果を概観すると,海外留学・海外生活に対して30%～45%が肯定的に捉えていることがわかる。「日本再興戦略」等の政策動向を勘案すると,従来指摘されていた若者の“内向き志向”は減衰し,海外を意識した“外向き志向”が強まっていくのではないかと考えられる。

3．修学旅行

学校教育に着目すると,総合的な学習の時間において「国際理解」に取り組むだけではなく,さまざまな活動が展開されている。その中でも,国際理解・国際交流を促進する一助となる修学旅行に焦点を当ててみる。

公益財団法人全国修学旅行研究協会[(13)]の調査から2016年度実績をみると,高等学校の海外修学旅行は790校（公立350校,私立440校),研修旅行（学校が主催する3ヵ月未満の語学研修,ホームステイ,教科の特性を生かした実習・研修,姉妹校交流等）を1,192校（同609校,583校）が実施していた。中学校では,海外修学旅行を119校（同12校,107校),研修旅行を725校（同443校,282校）が実施していた。高等学校・中学校ともに,研修旅行の実施状況が高いことが明らかになった。

この海外修学旅行に関連して,文部科学省[(14)]は,隔年で高等学校等における国際交流等の状況について調査結果を報告している。本項では,平成16年度・18年度・20年度・23年度・25年度調査結果から現況を確認する。なお,平成23年度調査結果は,東日本大震災の影響があるものと思われることを付記しておく。また,割合は,各年度の学校基本調査から筆者が算出したものである。

「外国への修学旅行」「学校訪問を伴う外国からの教育旅行の受け入れ」「姉妹校提携」「生徒の留学（3ヵ月以上)」,いずれもおおむね20%前後で推移していることがわかった。その中でも,「学校訪問を伴う外国からの教育旅行の受け入れ」と「姉妹校提携」は近年増加傾向にあること,「生徒の留学（3ヵ月

表2－2　高等学校等における国際交流等の状況

（上段：学校数（実数）　下段：％）

	平成16年度	平成18年度	平成20年度	平成23年度	平成25年度
外国への修学旅行について	870 16.0	1,005 18.7	943 18.0	871 17.2	899 18.0
学校訪問を伴う外国からの教育旅行の受け入れについて	618 11.4	894 16.6	958 18.3	640 12.6	909 18.2
姉妹校提携について	876 16.1	943 17.5	890 17.0	965 19.1	1,043 20.9
生徒の留学（3ヵ月以上）について	1,410 26.0	1,270 23.6	1,007 19.2	1,030 20.4	1,120 22.5
生徒の外国への研修旅行（3ヵ月未満）について	1,765 32.5	1,795 33.3	1,505 28.7	1,695 33.5	1,959 39.3
外国人留学生（3ヵ月以上）の受入れについて	736 13.6	782 14.5	748 14.3	520 10.3	642 12.9
外国からの研修旅行生（3ヵ月未満）の受入れについて	597 11.0	684 12.7	544 10.4	437 8.6	572 11.5
英語以外の外国語の科目を開設している学校の状況について	748 13.8	788 14.6	729 13.9	713 14.1	708 14.2

（出所）以下の調査結果より筆者が作成
- 文部科学省「高等学校等における国際交流等の状況について」（平成16・18・20・23・25年度）

以上)」は減少から増加へ転じようとしている兆しがうかがえた。「生徒の外国への研修旅行（3ヵ月未満)」は，約4割で，減少傾向にあったものが，近年，増加傾向に転じようとしていることが示された。また，「外国人留学生（3ヵ月以上）の受入れ」「外国からの研修旅行生（3ヵ月未満)」「英語以外の外国語の科目を開設している状況」は，いずれも10％強で微増微減を繰り返していることがわかった（表2－2）。

これらの結果から，海外への修学旅行等は，公立学校よりも私立学校で実施されることが多いこと，中学校よりも高等学校で実施されることが多いことが明示された。ただ，修学旅行を始めとした姉妹校提携や研修旅行，外国人留学生の受け入れなどは大きな変化なく推移しており，スーパーグローバルハイスクールの創設や国際バカロレア認定校増加の推進が進められる中で，今後の動向が注目される。

第2節　青少年の意識・実態の国際比較

第1節で概観してきた国際理解・国際交流に関する現況を踏まえたうえで，他国の青少年と比較して日本の青少年の意識・実態はどうなのか，その差異を国際比較調査から確認する。

1．国際交流活動

まず，前節で確認してきた国際理解・国際交流に関する実態を比べてみよう。

内閣府[15]は，7ヵ国の国際比較調査から，国際交流活動の経験について，「自分の本来の仕事や学業とは別に，海外の人々と交流する『国際交流活動』（留学を除く）を現在していますか。あるいは以前，したことがありますか」と聞いた。その結果，日本の若者は，「現在，活動している」日本2.6%（韓国8.9%，アメリカ39.1%，英国52.0%，ドイツ53.0%，フランス39.7%，スウェーデン62.9%）で7位であった。また，「以前，したことがある」7.1%（同25.4%，32.1%，26.9%，22.0%，29.2%，23.1%）で，これも7位であった。「したことがない」85.7%（同57.9%，22.7%，14.6%，18.7%，26.0%，7.4%）は1位で，他国と約30〜80ポイント差があった。

この結果から，日本の青少年の国際交流活動の体験状況は低調であることが示された。

2．自尊感情

同じく内閣府調査では，自分についてのイメージについて，「そう思う」と「どちらかといえばそう思う」の合計をみると，日本の若者は，「私は，自分自身に満足している」45.8%（韓国71.5%，アメリカ86.0%，英国83.1%，ドイツ80.9%，フランス82.7%，スウェーデン74.5%），「自分には長所があると感じている」68.9%（同75.0%，93.0%，89.7%，92.2%，91.4%，73.5%）で，日本が

７ヵ国中７位で，各々25～40ポイント，５～25ポイントの開きがあった。また，「自分は役に立たないと強く感じる」47.1%（同50.3%，46.7%，53.4%，20.9%，29.5%，22.7%）で，日本は３位であることが明らかになった。

加藤[16]が，「日本の青年の『自分への満足感』は，他国と比べて際立って低い値であり，日本の青年が，自分に対する満足感が非常に低いことが示された。しかし，その一方で，同様に自尊感情を測定している自己有用感では，ほぼ中間に位置し，他国の青年に比べ，特段低い値ではなかった」と指摘しているように，日本の若者は，自尊感情は低いものの，自己有用感は他国とそれほど変わらないことがわかった。

他方，自己有用感の低さを示した調査結果もある。独立行政法人国立青少年教育振興機構[17]は，４ヵ国の国際比較調査から，自分自身に対する満足に関して，「とても満足」と「まあ満足」の合計を見ると，日本52.5%，米国82.0%，中国76.4%，韓国72.1%で，日本が最も低いことを示した。それに関連して，自身のことについて「とてもそう思う」と「まあそう思う」の合計をみると，日本の高校生は，「自分には友だちがたくさんいる」75.0%（米国84.4%，中国92.2%，韓国86.7%）「自分は，体力には自信がある」43.5%（同76.9%，76.1%，52.6%），「自分は，勉強が得意な方だ」23.4%（同65.6%，65.1%，31.6%），「私は人並みの能力がある」55.7%（同88.5%，90.6%，67.8%），「自分はダメな人間だと思うことがある」72.5%（同45.1%，56.4%，35.2%），「他人に負けないように頑張る方だ」67.7%（同87.9%，73.3%，73.5%）であった（各項目とも他国との開きが約10～40ポイント）。

これらの結果から，体力や学業等に対する自己評価が低いこと，将来に対して悲観的であること，自己有用感が低いことが顕著であることがわかった。内閣府調査と比較して，自己有用感に関する解釈が異なるのは，対象が，内閣府調査が満13歳から19歳で，国立青少年教育振興機構調査が高校生であること，比較対象国が６ヵ国と３ヵ国で異なることなどが背景にあると考えられるが，自尊感情が低いことは共通して示された結果であった。

同じく前記の内閣府調査は，この自尊感情に関連して，「自分についての誇

表２－３　国際比較１（誇りと社会規範）

（単位：％）

	誇りを持っている割合（「誇りを持っている」と「どちらかといえば誇りを持っている」の合計）									
	明るさ	やさしさ	忍耐力，努力家	慎み深い	賢さ，頭の良さ	まじめ	正義感	決断力，意志力	体力，運動能力	容姿
日本	55.4	71.5	61.2	51.8	46.0	69.2	57.6	43.3	36.3	33.4
韓国	69.5	79.6	66.1	76.5	65.6	76.8	68.0	57.7	46.3	57.7
アメリカ	82.9	91.9	86.9	86.1	86.8	87.0	91.8	84.7	66.7	76.1
英国	85.4	91.1	86.7	85.8	85.5	88.0	89.9	80.3	67.3	72.6
ドイツ	88.4	88.5	76.3	76.7	85.6	82.3	91.7	76.7	73.5	69.7
フランス	85.8	94.0	79.4	86.4	84.1	85.0	92.0	79.1	59.2	69.4
スウェーデン	86.7	94.7	80.7	61.2	84.2	88.5	93.4	81.1	60.4	68.2

	社会規範（「そう思う」と「どちらかといえばそう思う」の合計）			
	いかなる理由があっても，いじめをしてはいけない	いかなる理由があっても，約束は守るべきだ	困っている人を見たら，頼まれなくても助けてあげるべきだ	他人に迷惑をかけなければ，何をしようと個人の自由だ
日本	85.6	76.2	74.0	41.7
韓国	92.0	87.2	66.9	78.6
アメリカ	90.2	85.6	83.2	75.5
英国	90.7	85.6	80.1	81.0
ドイツ	89.9	88.8	82.3	74.3
フランス	57.9	82.9	71.6	87.3
スウェーデン	94.1	85.8	70.0	77.2

り」をみている。「誇りを持っている」と「どちらかといえば誇りを持っている」の合計をみると，日本の若者は，「明るさ」55.4%，「やさしさ」71.5%，「忍耐力，努力家」61.2%，「慎み深い」51.8%，「賢さ，頭の良さ」46.0%，「まじめ」69.2%，「正義感」57.6%，「決断力，意志力」43.3%，「体力，運動能力」36.3%，「容姿」33.4%がいずれも７位であった。とりわけ，「容姿」「賢さ，頭の良さ」「決断力，意志力」「明るさ」は，６番目の国と15～25ポイント近く開きがあり，際立って低く，誇りが持てていないことがわかった。

日本の回答状況に着目すると，「やさしさ」と「まじめ」が約７割で比較的高く，情操面に誇りを持っていることが推察された。他方，「容姿」や「体力，運動能力」は４割に満たず，外見・身体能力に対する誇りを持ちにくいことが示された。

この「やさしさ」と「まじめさ」が顕著に示されたものが，社会規範に関することであろう。「他人に迷惑をかけなければ，何をしようと個人の自由だ」に着目すると，「そう思う」と「どちらかといえばそう思う」の合計が，日本41.7％で，他国と比較して約35～45ポイント低い肯定率であった。他の「いかなる理由があっても，いじめをしてはいけない」「いかなる理由があっても，約束は守るべきだ」「困っている人を見たら，頼まれなくても助けてあげるべきだ」は，約５～10ポイントに差にとどまっており，他国とそれほど大きな開きはなかった（表２-３）。

これまでの結果を概観すると，自尊感情は他国と比較して全般的に低調であるが，他者に迷惑をかけてまで自分の自由を貫こうという姿勢はなく，他者との関わりを重視する規範意識の高さが特徴的であるといえる。

３．社会参加

次に，社会参加に関する意識・実態を確認する。社会参加といってもさまざまなことが想起されるが，本項ではボランティア活動と政策決定に着目する。

ボランティア活動に関して，前記の内閣府調査は，ボランティア活動の経験について，「自分の本来の仕事や学業とは別に，他人や社会のために，自分の時間や労力を自発的に提供する『ボランティア活動』（有償・無償どちらも含む）についてお聞きします。あなたは，このような『ボランティア活動』を現在していますか。あるいは以前，したことがありますか」と聞いた。その結果，日本の若者は，「現在活動している」5.4％（韓国14.3％，アメリカ32.0％，英国24.5％，ドイツ27.5％，フランス12.7％，スウェーデン17.0％），「ボランティア活動に興味がありますか」で「ある」とした割合は35.1％（同56.9％，61.1％，50.6％，50.4％，42.6％，42.8％）で，両設問ともに他国と約７～26ポイントの差があり，７ヵ国中最下位であった。

ボランティア活動に興味がなく，活動状況も低調な若者像が浮かび上がってきた。その中でもボランティア活動に興味がある若者は，その理由として，「いろいろな人と出会いたい」49.6%，「自分のやりたいことを発見したい」34.6%の割合が比較的多かった（7ヵ国中おのおの1位・2位)。自己実現や自分探しにつながる側面をボランティア活動に見出しており，内発的動機から興味を抱いているものと思われる。他方，「新しい技術や技能を身につけたり経験を積んだりしたい」37.3%や「進学，就職などで有利になるようにしたい」14.8%などは少なかった（7ヵ国中おのおの6位・7位)。

このことから，スキル獲得やキャリア形成につながるような具体的な成果を期待するような外発的要因による側面は弱いのではないかと考えられる。

政治に対する関心度では，設問「今の自国の政治にどのくらい関心がありますか」(「非常に関心がある」と「どちらかといえば関心がある」の合計）に対して，日本の若者は50.1%（韓国61.5%，アメリカ59.4%，英国55.9%，ドイツ68.9%，フランス51.8%，スウェーデン46.3%）で，決して高い状態ではないことが示された（7ヵ国中6位)。

また，政策決定過程への関与に関する設問では，「社会をよりよくするため，私は社会における問題に関与したい」「将来の国や地域の担い手として積極的に政策決定に参加したい」「私の参加により，変えてほしい社会現象が少し変えられるかもしれない」は，他国と比較して約10～30ポイント低く，政策決定への参加意欲が少なく，消極的な姿勢が示された。その一方で，「政策や制度については専門家の間で議論して決定するのが良い」は，他国より約20～30ポイント低かった。また，日本の回答状況に着目すると，「子どもや若者が対象となる政策や制度については子どもや若者の意見を聴くようにすべき」がもっとも多かった（表2-4)。

これらの結果を勘案すると，自分自身の直接的・顕在的な関わりには消極的であるが，第三者的な立場から，民意を尊重することが重要であると捉えていることがうかがえ，間接的・潜在的には，政策決定への関与・参加意欲があるのではないかと考えられる。

表２-４　国際比較２（ボランティア活動への興味と政策決定過程への関与）

（単位：%）

	ボランティア活動に興味がある理由（複数回答）									
	地域や社会をよりよくしたい	困っている人の手助けをしたい	新しい技術や能力を身につけたり経験を積んだりしたい	自分のやりたいことを発見したい	いろいろな人と出会いたい	進学，就職などで有利になるようにしたい	自由時間を有効に使いたいから	周りの人がやっているから	その他	わからない
日本	48.4	65.4	37.3	34.6	49.6	14.8	12.6	2.7	2.2	1.7
韓国	35.4	70.9	31.8	31.2	38.2	21.4	25.9	3.8	2.4	1.9
アメリカ	62.9	75.8	48.0	34.6	40.9	31.9	39.3	4.9	3.0	1.6
英国	48.5	66.3	51.5	31.3	39.2	36.6	34.6	4.8	1.5	2.0
ドイツ	38.6	50.3	56.6	31.3	37.2	28.6	35.7	8.1	3.3	1.3
フランス	38.2	70.6	52.4	15.4	34.3	14.9	40.1	7.0	1.4	1.9
スウェーデン	51.0	60.5	64.6	38.0	44.0	42.3	34.7	2.4	5.0	4.1

	政策決定過程への関与（「そう思う」と「どちらかといえばそう思う」の合計）						
	社会をよりよくするため，私は社会における問題に関与したい	将来の国や地域の担い手として積極的に政策決定に参加したい	政策や制度については専門家の間で議論して決定するのが良い	子どもや若者が対象となる政策や制度については子どもや若者の意見を聴くようにすべき	私の参加により，変えてほしい社会現象が少し変えられるかもしれない	社会のことは複雑で，私は関与したくない*	私個人の力では政府の決定に影響を与えられない*
日本	44.4	35.4	36.8	67.7	30.2	50.6	24.3
韓国	60.4	53.9	65.8	77.1	39.2	57.6	32.7
アメリカ	64.2	60.4	62.0	72.7	52.9	51.2	40.3
英国	57.0	53.3	62.2	73.3	45.0	44.5	27.4
ドイツ	76.2	62.9	63.3	79.2	52.6	59.3	30.9
フランス	50.9	54.3	60.8	70.8	44.4	55.1	29.1
スウェーデン	52.9	46.0	57.7	77.0	43.4	58.7	48.9

*は，「そう思わない」と「どちらかといえばそう思わない」の合計

４．学　　力

ここからは学力に関する意識・実態をみていくが，前記の内閣府調査に合わせて，基本的には，日本を含めた７ヵ国のデータを抽出して比較・検討を試み

る。

PISA2015年調査における平均得点をみると[18]，日本の高校１年生は，数学的リテラシー532点は５位（比較７ヵ国中１位，韓国524点，アメリカ470点，英国492点，ドイツ506点，フランス493点，スウェーデン494点），読解力516点は８位（比較７ヵ国中２位，同517点，497点，498点，509点，499点，500点），科学的リテラシー538点は２位（比較７ヵ国中１位，同516点，496点，509点，509点，495点，493点）で，比較的上位であった。

2015年調査分析資料集[19]では，「科学の楽しさ」に関して，「科学についての知識を得ることは楽しい」が，比較７ヵ国中６位，他の４項目は，すべて比較７ヵ国中７位であった。また，「理科学習に関する道具的な動機付け」について，「理科の授業で学んだ多くのことは就職に役立つ」が，比較７ヵ国中５位，他の３項目は，すべて比較７ヵ国中６位であった（表２−５）。

これらの結果から，科学的リテラシーの得点は上位であるにもかかわらず，科学を楽しいと捉える意識は低調であることが示された。また，理科学習が将来有用であるという意識も乏しいことが明らかになった。換言すれば，科学の点数を取ることはできるが，自分から楽しみながら将来のために主体的にやろうとする姿勢はないという実態があるのではないかと推察される。

独立行政法人国立青少年教育振興機構[20]は，科学について，４ヵ国の高校生の意識・実態を明らかにしている。設問「自然や科学について興味や関心がありますか」に対して，「とてもある」と「ある」の合計を見ると，日本の高校生は59.5％（米国63.6％，中国79.3％，韓国63.1％）であった。また，設問「あなたの考えに近いですか」に対して，「とても思う」と「まあ思う」の合計を見ると，「社会に出たら理科は必要なくなる」「将来，科学的なことにかかわる仕事に就きたい」「将来，自分が望む仕事につくために，理科の勉強がとても重要である」の各項目に該当する割合が少なくなっており，自分のキャリア形成・進路選択に関して理科の関わりが弱いという認識であることが示された。

さらに，「学校で学習する理科の内容よりも，もっとくわしい内容を勉強したい」「理科について興味があることを自分で調べたり学習したりしている」

表2－5　PISA2015年調査における科学・理科学習に関する国際比較（抜粋）

（単位：%）

	科学の楽しさ				
	科学の話題について学んでいる時は，たいてい楽しい	科学についての本を読むのが好きだ	科学についての問題を解いている時は楽しい	科学についての知識を得ることは楽しい	科学についてを学ぶことに興味がある
日本	49.9	34.9	35.0	54.7	47.7
韓国	59.0	43.4	48.2	59.9	53.7
アメリカ	71.7	56.7	68.9	75.8	72.7
英国	66.9	51.8	72.2	71.5	69.3
ドイツ	58.6	40.4	42.9	50.2	56.1
フランス	68.5	44.8	44.7	68.0	71.9
スウェーデン	64.5	57.0	46.3	65.7	62.9

	理科学習に対する道具的な動機付け			
	将来自分の就きたい仕事で役に立つから，努力して理科の科目を勉強することは大切だ	将来やりたいことに必要となるので，理科を勉強することは重要だ	理科の科目を勉強することは，将来の仕事の可能性を広げてくれるので，私にとってやりがいがある	理科の授業で学んだ多くのことは就職に役立つ
日本	61 4	56.4	56.7	52.1
韓国	66 1	56.9	62.7	63.8
アメリカ	80.6	72.2	74.1	70.2
英国	79.7	67.6	77.0	71.3
ドイツ	54.4	45.7	49.1	43.8
フランス	63.4	56.8	64.0	50.1
スウェーデン	74.0	67.4	74.1	64.8

「自分で調べたり，学習したいと思うような興味のあることがない」「実験の結果が予想と異なったとき，その原因を調べようとする」についても，当てはまる割合が少なくなっており，自主的・主体的に学習を進めようとする考えが弱いことも明らかになった（表2－6）。

表２-６　科学に対する考え方（「とても思う」と「まあ思う」の合計）

（単位：%）

	日本	米国	中国	韓国
理科を学ぶことは受験に関係なくても重要だ	72.8	76.2	80.4	68.4
社会に出たら理科は必要なくなる	44.3	22.4	19.2	30.2
理科でわざわざ実験をしなくても，結果を教えてくれればよい	20.1	20.9	12.3	20.8
将来，科学的なことにかかわる仕事に就きたい	27.6	48.0	31.8	44.0
理科の学習は面白い	63.2	63.3	75.1	60.7
学校で学習する理科の内容よりも，もっとくわしい内容を勉強したい	30.7	50.1	53.6	41.1
理科について興味があることを自分で調べたり学習したりしている	20.2	44.0	44.2	31.9
自分で調べたり，学習したりするための時間がない	60.6	54.2	51.8	65.2
自分で調べたり，学習したいと思うような興味にあることがない	51.1	31.6	35.0	47.5
実験の結果が予想と異なったとき，その原因を調べようとする	46.5	57.3	69.2	53.1
将来，自分が望む仕事につくために，理科の勉強がとても重要である	42.8	52.8	59.0	49.6
自分が行きたい大学に入るために，理科で良い成績をとることはとても重要である	60.3	74.9	59.0	58.3

本章のまとめ

スーパーグローバルハイスクールの創設や国際バカロレア認定校の拡大を推進しようとしている政策動向下，高校生等の国際理解・国際交流に関する現況を概観した。

学習環境に関して，学習指導要領改訂の影響を加味する必要があるものの，総合的な学習の時間で「国際理解」に取り組む学校はおおむね３割以上であること，児童生徒の150人に１人は外国籍であることなどから，比較的身近で国際性を体感できる環境にあることがわかった。また，海外留学・海外生活について，4割程度は肯定的に捉えて，留学意欲が決して低調ではないことが示され，従来から指摘されてきた“内向き志向”が変わりつつあることがみえてきた。

次に，他国との比較から日本の高校生等の特徴を明らかにすることを試みた。国際交流活動では，日本だけでみると活発になりつつあるように思われたが，国際比較をすると体験状況等は低調であった。また，しばしば日本の青少年の自尊感情の低さを危惧する声を耳にするが，その実態はどうであったのか確認すると，やはりまだ国際的にみて自尊感情は低いことが示された。特に，容姿や運動能力・体力といった外見・身体能力に対して自己評価が低いことがわかった。ただ，調査にもよるが，自尊感情の低さを明示しつつも，他者に役に立つことができるという認識である自己有用感は他国と同等であることを明らかにしたものもあった。

社会参加について，ボランティア活動と政策決定に関する意識・実態の比較を行った。ボランティア活動に関して，興味がなく，活動状況も低調であることが明らかになった。ただ，自己実現や自分探しにつながる側面をボランティア活動に見出していること，スキル獲得やキャリア形成につながる具体的な成果は期待していないことが示され，ボランティア活動に関心がある場合は，内発的な要因によるものが比較的大きいことがわかった。政策決定について，政治に関する関心も政策決定への参加意欲も低く，消極的な若者像がみえてきた。しかしながら，自分自身の直接的な関わりには消極的であるものの，民意を尊重する重要性は認識しており，間接的・潜在的な政策決定への関与・参加意識は少なからずあることが示唆された。

最後に学力についてみると，科学的リテラシーの得点は比較的上位であるにもかかわらず，科学を楽しむ意識は低く，将来のために学ぼうとする意欲も乏しいことが明らかになった。成績は良いものの，自律的な学習とはなっていないことが示唆された。

【注】

(1) スーパーグローバルハイスクール構想の趣旨は,「グローバル・リーダー育成に資する教育を通して,生徒の社会課題に対する関心と深い教養,コミュニケーション能力,問題解決力等の国際的素養を身に付け,もって,将来,国際的に活躍できるグローバル・リーダーの育成を図ることとする。」とされ,大学との連携を必須としながら,国際機関・企業等との連携,課題研究(探究型の学習,海外フィールドワーク)などに取り組んでいる。指定校数は,2014年度56校,2015年度56校,2016年度11校である。
http://www.sghc.jp/(最終閲覧日　2017年6月13日)

(2) 国際バカロレアとは,「1968年,チャレンジに満ちた総合的な教育プログラムとして,世界の複雑さを理解して,そのことに対処できる生徒を育成し,生徒に対し,未来へ責任ある行動をとるための態度とスキルを身に付けさせるとともに,国際的に通用する大学入学資格(国際バカロレア資格)を与え,大学進学へのルートを確保することを目的として設置」されたものである。生徒の発達段階に応じて,3～12歳対象のプライマリー・イヤーズ・プログラム,11～16歳対象のミドル・イヤーズ・プログラム,16～19歳対象のディプロマ・プログラム・キャリア関連プログラムがある。2017年5月1日現在,日本国内では46校においてプログラムが実施されている。なお,2018年までに200校にすることが目指されている。
http://www.mext.go.jp/a_menu/kokusai/ib/(最終閲覧日　2017年6月13日)

(3) 京都府教育委員会「海外留学する府立高校生を応援!　～グローバル人材育成を目指す二つの海外留学支援プログラム～」,文部科学省『教育委員会月報』12月号(第67巻第9号),第一法規,2015,pp. 52-55.

(4) 文部科学省「平成28年度学校基本調査」2017.

(5) 文部科学省「平成27年度公立小・中学校における教育課程の編成・実施状況調査の結果について」2016.

(6) 文部科学省「平成27年度公立高等学校における教育課程の編成・実施状況調査の結果について」2016.

(7) 文部科学省「日本人の海外留学状況」2017.

(8) 日本学生支援機構「平成28年度外国人留学生在籍状況調査等について」2017.

(9) 文部科学省「平成25年度高等学校等における国際交流等の状況について」

(10) 内閣府政策統括官(共生社会政策担当)「若者の考え方についての調査報告書」2012.

(11) 国立青少年教育振興機構「『子供の生活力に関する実態調査』報告書～子供に必要な生活スキルとは～」2015.

(12) Benesse教育研究開発センター「子どもの生活・学習実態基礎調査」2012.

(13) 全国修学旅行研究協会「平成27年度(2015)全国公私立高等学校海外修学旅行・海外研修(修学旅行外)実施状況調査報告」2016.

⒁　前掲（9）.

⒂　内閣府政策統括官（共生社会政策担当）「我が国と諸外国の若者の意識に関する調査（平成25年度）」

⒃　加藤弘通「自尊感情とその関連要因の比較：日本の青年は自尊感情が低いのか？」前掲⒂, pp. 131-132.

⒄　国立青少年教育振興機構「高校生の生活と意識に関する調査報告書―日本・米国・中国・韓国の比較―」2015.

⒅　文部科学省・国立教育政策研究所「OECD生徒の学習到達度調査～2015年調査国際結果の要約～」2016.

⒆　文部科学省・国立教育政策研究所「OECD生徒の学習到達度調査～2015年調査補足資料集～」2016.

⒇　国立青少年教育振興機構「高校生の科学等に関する意識調査報告書―日本・米国・中国・韓国の比較―」2014.

＊本章は，林幸克「子ども・若者意識―国際比較から見えてくるもの」多田孝志編集代表『教育の今とこれからを読み解く57の視点』教育出版，2016，pp. 40-41を大幅に加筆・修正したものである。

第Ⅱ部
高校生のキャリア意識の育成

第3章 キャリア教育に関する政策・研究基盤

キャリア教育は発達段階に応じて体系的・系統的に行うものである。その中で人間関係形成能力を育成することは，どの発達段階にも共通して求められる。人間関係形成能力は，多様で幅広い他者と交流することによって身につくため，そうした交流の場や機会を設けることが不可欠である。その際，交流する他者が身近に感じられる存在であれば，相互に影響し合い，そこからの学びも深まりやすくなる。すなわち，学校での仲間関係（「ヨコ」の関係）や教師や親，習い事の指導者等との関係（「タテ」の関係）でもない「ナナメ」の関係にある他者との交流が重要となる。少子化に伴いきょうだい数が減っていること，同年代の仲間が少なくなっていることなどを勘案すると，学校生活で仲間と交流すること，あるいは教育活動として，日常生活で関わる機会の少ない異年齢の他者と関わることも貴重な体験である。本研究では，それを小学生と高校生の関係として着目する。小学生にとっては身近な高校生を自分の近い将来のモデルとして認識することができる。高校生にしてみれば，自分自身の言動の省察の場，等身大の自分自身を受け入れる機会となり，卒業後に大学生や社会人になるにあたり求められる社会性の大切さを実感することにつながる。そうした学びの機会としてキャリア教育に着目する。

キャリア教育に関わる教育政策動向を鑑みると，とりわけ高等学校においてキャリア教育の充実化を図ろうとしていることがうかがえる。

第1節　キャリア教育の必要性

中央教育審議会答申「初等中等教育と高等教育との接続の改善について」(1999) の中で,「学校と社会及び学校間の円滑な接続を図るためのキャリア教育（望ましい職業観・勤労観及び職業に関する知識や技能を身に付けさせるとともに,自己の個性を理解し, 主体的に進路を選択する能力・態度を育てる教育）を小学校段階から発達段階に応じて実施する必要がある。キャリア教育の実施に当たっては家庭・地域と連携し, 体験的な学習を重視するとともに, 各学校ごとに目標を設定し, 教育課程に位置付けて計画的に行う必要がある」とされ, 答申等に初めて「キャリア教育」の文言が入った。また, キャリア教育の推進に関する総合的調査研究者会議報告書「児童生徒一人一人の勤労観, 職業観を育てるために」(2004) では,「キャリア教育」を,「キャリア」概念に基づき「児童生徒一人一人のキャリア発達を支援し, それぞれにふさわしいキャリアを形成していくために必要な意欲・態度や能力を育てる教育」と捉え, 端的には,「児童生徒一人一人の勤労観, 職業観を育てる教育」とした。そして,「体験活動等には, 職業や仕事の世界についての具体的・現実的理解の促進, 勤労観, 職業観の形成, 自己の可能性や適性の理解, 自己有用感等の獲得, 学ぶことの意義の理解と学習意欲の向上等, 様々な教育効果が期待され, 事実, 実施したほとんどの学校から, こうした面での大きな成果が報告されている」ことを示した。

その後, 教育基本法 (2006) に,「個人の価値を尊重して, その能力を伸ばし, 創造性を培い, 自主及び自立の精神を養うとともに, 職業及び生活との関連を重視し, 勤労を重んずる態度を養うこと」(第2条) が明示され, 文部科学省「小学校・中学校・高等学校　キャリア教育推進の手引き　―児童生徒一人一人の勤労観, 職業観を育てるために―」(2006) の中では,「高等学校におけるキャリア教育は, 生徒のキャリア発達を支援し, 望ましい勤労観, 職業観を育成しながら, 多様な選択肢から自己の意志と責任において進路を主体的に選択することができるよう援助していくことが最大の目標となる」ことが示された。

さらに，高等学校におけるキャリア教育の推進に関する調査研究協力者会議報告書「普通科におけるキャリア教育の推進」(2006) では，「普通科にあっても，生徒が進学希望であるか就職希望であるかを問わず，将来の生き方にかかわる問題として，生徒が将来への夢や希望をはぐくみ，その実現に努力する指導・援助として，キャリア教育に取り組むことが大切」であること，「大学進学希望者が多い高等学校にあっては，生徒が将来における社会参加を視野に入れて，何のために学び続けるのか，何を目指して，何を学ぶのかというように，大学進学の意義を理解し，目的を持って勉学や諸活動に取り組むことができるよう，キャリア教育に取り組む必要がある」こと，「高等学校は，生徒が働くことの意義や大切さを理解するとともに，積極的に仕事に就き，働く意欲，態度を身に付けるなど，将来の社会的・職業的な自立に必要な意欲・態度や資質，能力を養うためにもキャリア教育に取り組む必要がある」こと，「小・中・高等学校を通じた組織的・系統的なキャリア教育を行うという視点から，学校種間の円滑な接続を図ることが求められる」ことが明示された。

教育振興基本計画 (2008) に，「子どもたちの勤労観や社会性を養い，将来の職業や生き方についての自覚に資するよう，経済団体，PTA，NPOなどの協力を得て，関係府省の連携により，キャリア教育を推進する。特に，中学校を中心とした職場体験活動や，普通科高等学校におけるキャリア教育を推進する」と明記されるなど，ここでもキャリア教育の重要性が示されている。高等学校学習指導要領 (2009) には初めて「キャリア教育」の文言が明記され，総則の中で，「学校においては，キャリア教育を推進するために，地域や学校の実態，生徒の特性，進路等を考慮し，地域や産業界等との連携を図り，産業現場等における長期間の実習を取り入れるなどの就業体験の機会を積極的に設けるとともに，地域や産業界等の人々の協力を積極的に得るよう配慮する」ことや「生徒が自己の在り方生き方を考え，主体的に進路を選択することができるよう，学校の教育活動全体を通じ，計画的，組織的な進路指導を行い，キャリア教育を推進すること」が示された。

中央教育審議会答申「今後の学校におけるキャリア教育・職業教育の在り方

について」(2011) では，「高等学校の段階においては，自らの将来のキャリア形成を自ら考えさせ，選択させることが重要である。このため，学習指導要領を着実に実施するとともに，キャリア教育の視点からは，学科や卒業後の進路を問わず，現実的に社会・職業の理解を深めることや，自分が将来どのように社会に参画していくかを考える教育活動等を指導計画に位置付けて実施することが必要である」とされた。あるいは，キャリア教育における外部人材活用等に関する調査研究協力者会議最終報告「学校が社会と協働して一日も早くすべての児童生徒に充実したキャリア教育を行うために」(2011) においては，「高等学校普通科におけるキャリア教育を，これから関係者が一丸となって，どのように作り上げていくかということが大きな課題となる」ことや「体験活動のねらいを定めて，そのねらいを達成していくためには，これらの体験活動を一過性のイベントとして終わらせるのではなく，体験活動とそのための事前指導・事後指導を，その学校におけるキャリア教育全体の中に位置付け，入学から卒業までを見通したキャリア教育のねらいに即した体系的・系統的な指導が可能となるよう工夫し，体験活動が子どもたちの発達過程において真に効果を発揮できるものにしていくことが重要である」とされた。

また，文部科学省「高等学校　キャリア教育の手引き」(2011) において，「普通科においては，将来を展望させ，そのために必要な能力や態度を身に付けさせる指導，とりわけ，進学する意義を明確にすることや将来の職業生活に向けた基礎的な知識・技能に関する学習の機会の設定・充実が課題である」こと，「高等教育機関への進学を希望する者が多い普通科においても，現実的に社会・職業の理解を深めることや，自分が将来どのように社会に参画していくかを考える教育活動等を指導計画に位置付けて実施するなど，キャリア教育を充実していくことが必要である」と示された。

中央教育審議会初等中等教育分科会高等学校教育部会第5回 (2012年2月16日) においては，「国際比較で日本の子供たちが，もう小学校の高学年の段階で，自分が役に立っていない，自己効力感が薄いというふうにも言われております。つまり，自分は何らかの役に立つのだというような，そういう自立の基礎になる部分を育てておかないと，高校生になって役に立つ貢献というような方向に価値観を高めていくことができないのではないか。そういう意味では高校だけの問題ではなくて，キャリア教育は小中高一貫してやっていくべきだと思います。ただし，学校が生徒たちにとっては社会ですので，その中でできる活動は，イベントだけではなくて，部活動であったり，あるいは生徒会活動であったり，そういう中で社会性というのは学べるのであって，そういうものをこのキャリア教育の方面から見直していくことが大事なのではないかと思います」（長塚委員のコメント）という発言があるなど，キャリア教育の重要性が指摘されている。

中央教育審議会答申「今後の青少年の体験活動の推進について」(2013）をみても，社会的・職業的自立に必要な力の育成について，「子どもたちに自らの将来を考えさせるためには，多様な年齢・立場の人や社会や職業にかかわる様々な現場を通して，自己と社会についての多様な気づきや発見を経験させることが効果的である」と記された。さらに，中央教育審議会初等中等教育分科会高等学校教育部会「初等中等教育分科会高等学校部会の審議の経過について」(2013）をみると，高等学校教育に期待されるものとして，「生徒の適性や進路等に応じた課題を踏まえた教育を行うにあたっては，これからの時代が将来予測困難になっていることを見据えて，各学校が地域の実情や生徒の希望実態等を踏まえ，目標とする人間像を明確にした上で，それぞれの生徒の個性や能力を伸長させる教育を行うこと」が示されている。また，すべての生徒に共通に身に付けさせる資質・能力について，「社会・職業への円滑な移行に必要な力」「市民性（市民社会に関する知識理解，社会の一員として参画し貢献する意識など)」が重要な柱とされている。

中央教育審議会答申「第2期教育振興基本計画について」(2013）では，基本施策のひとつにキャリア教育の充実が示され，「幼児期の教育から高等教育まで各学校段階を通じた体系的・系統的なキャリア教育を充実し，特に，高等学校普通科におけるキャリア教育を推進する」とされていることを加味すると，普通科におけるキャリア教育が重視されていることがわかる。中央教育審議会初等中等教育分科会高等学校教育部会「初等中等教育分科会高等学校教育部会審議まとめ～高校教育の質の確保・向上に向けて～」(2014) では，すべての高校生が共通に身に付けるべき資質・能力「コア」を構成する重要な柱として「社会・職業への円滑な移行に必要な力」を挙げた。キャリア教育・職業教育の推進に関して，「若者の社会的・職業的自立や，生涯にわたるキャリア形成を支援するため，キャリア教育や職業教育を充実していくことが強く求められる」とした。

そして，中央教育審議会教育課程企画特別部会論点整理 (2015) には，「子供たちに社会や職業で必要となる資質・能力を育むためには，学校と社会との接続を意識し，一人一人の社会的・職業的自立に向けて必要な基盤となる能力や態度を育み，キャリア発達を促す『キャリア教育』の視点も重要である。学校教育に『外の風』，すなわち，変化する社会の動きを取り込み，世の中と結び付いた授業等を通じて子供たちにこれからの人生を前向きに考えさせることが，主体的な学びの鍵となる」とした。

中央教育審議会初等中等教育分科会教育課程部会「次期学習指導要領等に向けたこれまでの審議のまとめ」(2016) では，学校段階別の改善の方向性に関して，一人ひとりの学びを，学校段階を越えてつなぐために，小学校・中学校・高等学校を通じて特別活動に「一人一人のキャリア形成と実現」を位置づけるとされた。それを受けて，中央教育審議会答申「幼稚園，小学校，中学校，高等学校及び特別支援学校の学習指導要領等の改善及び必要な方策等について」(2016) の中で，「高等学校においても，小・中学校におけるキャリア教育の成果を受け継ぎながら，特別活動のホームルーム活動を中核とし，総合的な探求の時間や学校行事，公民科に新設される科目『公共』をはじめ各教科・科目等における学習，個別指導としての進路相談等の機会を生かしつつ，学校の教育活動全体を通じて行うことが求められる」とされた。

こうした学びを着実に促すためには，各学校が意図的にそうした場や機会を設けることが必要である。本研究に即して捉えれば，小学生と高校生との交流活動を中核としたキャリア教育を基軸に，小学校と高等学校が連携することが求められる。本研究では，活動の当事者である高校生の意識・実態の掌握を中心に，その実践効果を具体的に検証することを目的とする。

第２節　研究意義

１．小学校と高等学校の連携の視点

学校種間の連携に関して，義務教育の在り方を再考する意味での小学校と中学校の連携や小中一貫教育，中等教育や中等教育学校の実情に着目した中学校と高等学校の連携や中高一貫教育，高等教育機関への進学率が上昇する中での高等学校と大学の接続・連携への着目など，小学校と中学校，中学校と高等学校，高等学校と大学の連携については研究蓄積が比較的多く見られる。

しかしその一方で，連続して接続していない学校間の連携（たとえば小学校と大学，中学校と大学など）に着目した実践や研究はきわめて少ない状況にある。本研究で着目する小学校と高等学校の連携もその中に含まれる。小学校と高等学校の連携については，高校生による小学生への図画工作指導の実践をまとめたもの[(1)]，図書館を活用した授業の在り方を提案した報告[(2)]，小・高連携による理科教育の提唱[(3)(4)]などがある。

これらは，その対象が教科という領域や図書館という特定の施設に限定されており，学校の教育活動全体を視野に入れた考察が十分であるとはいい難い。その点，本研究で着目するキャリア教育は，教育課程の諸領域において実践され，教育活動のさまざまな場面で機能するものであることから，学校教育全体を意識した，より実現可能な連携の在り方を明示することができる。

２．キャリア教育を基軸とした視点

キャリア教育に関する研究動向を概観すると，小学校に関する研究が比較的多い。子どもたちの職業自体への関心を奪わないようにするために「子どもに職業の多元性や多元的価値の存在を知らせ教えることを初等教育段階からのキャリア教育に求め，そのために学校ができることは何かを検討する必要があろう」[(5)]と提言するもの，「中学校や高等学校もしくは幼稚園との連携や，地

域・社会・保護者との連携の必要性を報告する学校が多くみられ，小学校単独では効果的なキャリア教育の実施が難しい現状」[6]を明らかにした論考，「小学校におけるキャリア教育の必要性や目標，カリキュラム，実践やその成果等を家庭や保護者に発信することで，児童のキャリア発達への関心が高まり，家庭や地域等において児童が主体的に自分なりの役割を果たしていくことを促すような，実践的なキャリア教育が展開されていく」[7]とした研究がある。あるいは，「キャリア教育として，小学校低学年から系統的に実施してきた人間関係形成能力育成プログラムによる本実践研究は，中学年の自己概念ができつつある時期を適切に捉え，自己受容を高めるような介入を計画的に行ってきた。このことから，３～６年生までの自尊感情得点が有意に上昇するような教育効果になった可能性が示唆された」[8]とするもの，調査結果から「小学校の段階から働くことにおける意味や自分の生き方を考えていくことが必要である。また，職業そのものより，まずは働くことの意味や生き方について考えさせていくことが必要であることが考えられる」[9]ことを示した論考がある。中学校のキャリア教育については，「職場体験そのものはイベント的な活動であるが，事前・事後活動を含む日常的な活動は職場体験の教育効果を確かなものとする。そのためには各教科，道徳，総合的な学習の時間，特別活動などにおけるバランスよいキャリア教育の展開を考えなくてはならない」[10]ことを示した研究などがある。

これらの研究成果を概観すると，小学校教員が，勤務校の取り組みについて事例報告するケースが比較的多く，キャリア教育による学習効果を実証的に検証した学術的な研究は少ない。

高等学校のキャリア教育に関しては，キャリア教育における体験活動について，「自己への気付き，自己の存在感，そして何よりも自信をもたせる機会として体験活動は有効である」として，「実践的な活動を通して，自己へ気付かせ，自己の存在を感じさせ，自信をもたせる取り組みが，学校全体で組織的に行われることが重要である」[11]とした研究，「ボランティアなど学校や地域で行う様々な体験活動は，望ましい勤労観，職業観を育成していくための有効な手段の一つであることをもっと広めていくことが，『わからない』と答える生徒を減らす手段の一つであると考える」[12]とした論考がある。あるいは，教科との関連から，「自分自身に対する肯定感が低いため，将来の職業の可能性や社会への貢献に自信を持てない実態が認められた。様々な意思決定は自らで行わなくてはいけないという意識を強く持っているが，自らの意見を主張することは不得意である日本の高校生の様相も明らかとなった」[13]としたもの，学校における教科指導では，「学ぶことと働くことの意味と繋がりを実感させ，将来の自分に必要な教養や技能はなにかに気づかせて学習意欲を刺激することが重要なことはもちろんであるが，同時に『コミュニケーション能力』についても，広く扱って行くことが求められると考える」として，その中核を担う国語科が果たす役割の大きさを示した研究がある[14]。

この他にも，進路指導に焦点化した知見は散見するが，キャリア教育の視点から成果を実証的に提示した論考は管見のかぎり少ない。こうした状況下で，キャリア教育を基軸にして，小学校と高等学校の連携による学習効果を実証的に検証しようとする本研究のアプローチは，未着手の研究・実践の領域・分野を開拓する先駆的な位置づけになる。

第３節　研究方法・内容

１．質問紙調査

2012年８月から９月にかけて，岡山県内の高等学校普通科２校（共学校）を対象に，2013年２月には群馬県内の高等学校普通科１校（女子校）を対象に，郵送法による質問紙調査を行った（表３-１）。

岡山県の２校は，高校生社会貢献活動推進事業としてさまざまな活動に取り組んでいる。その中に小学生との交流活動が含まれている。なお，本研究で取り上げる交流活動は，放課後に行われる教育課程外の活動という位置づけである。２校のうち，１校が短期交流，１校が長期交流を行っている。短期交流は，夏期休業中に学童保育を利用する小学１・２年生約80名と高校生７・８名が午後２時から約２時間にわたって遊びを中心に交流活動を行っている。なお，高校生の参加は１回のみで，参加する高校生は毎日入れ替わる。長期交流は，学童保育を利用する小学１・２年生約30名と高校生約50名が年間を通して活動するものである。高校生は，基本的に週に１回放課後に学童保育に行き，遊びを中心に小学生と交流する。なお，前期・後期に区切って活動登録する方式を採用しており，継続する生徒もいれば，どちらかの学期のみ活動する生徒もいる。群馬県の１校は，「ようこそ先輩！」（高校生ボランティア・チューター小学校派遣事業）で，出身の小学校で小学生と交流している。平日９日間（１日約８時間）の交流活動を行っている。本研究では，中期交流と位置づける。

質問項目は，新見ら[15]の作成したキャリア意識尺度を用いた。キャリア意識尺度は42項目で，「とてもそう思わない」（１点）～「とてもそう思う」（６点）の６件法で質問した。このほかに，高校生になってから取り組んだことがある活動８項目（複数回答），小学生との交流に関する７項目（２件法），学年・性別等を聞いた。回答者の内訳は次のとおりである。

短期交流に関しては，全校生徒478名のうち，462名から回答を得た（回収率96.7%）。回答者の内訳は，男子47.0%・女子53.0%，１年生34.2%・２年生32.7%・３年生33.1%である。

長期交流は，全校生徒465名のうち，416名から回答を得た（回収率89.5%）。回答者の内訳は，男子33.7%・女子66.3%，１年生36.3%・２年生33.7%・３年生30.0%である。

短期交流と長期交流の２校合わせて943名のうち878名から回答を得た（回収率93.1%）。回答者の内訳は，（男子40.7%・女子59.3%），１年生35.2%・２年生38.8%・３年生26.0%である。短期交流群は100名（男子35.0%・女子65.0%，１年生28.0%・２年生60.0%・３年生12.0%），長期交流群は69名（男子36.2%・女子63.8%，１年生23.2%・２年生42.0%・３年生34.8%）が小学生と交流活動を行っていた。

中期交流については，３年生163名から回答を得た。その内訳として，「ようこそ先輩！」に参加した生徒は17名，参加していない生徒は146名であった。

２．聞き取り調査

短期交流では，2012年８月27日に学童保育指導員１名，2012年９月20日に高等学校教員１名に対して，約60分間の半構造化インタビューを実施した。内容は，学童保育指導員に対して，小学生と高校生が交流する意義や留意点，双方に与える影響，交流を円滑に進めるために必要なこと，交流のための事前指導・事後指導の在り方などを聞いた。教員に対しては，学童保育指導員に対する質問に加えて，交流活動をキャリア教育として位置づける際の課題，キャリア教育に関わる学校独自の取り組みを聞いた。

中期交流では，2013年２月に高校生を受け入れた小学校の教員に対して，2013年３月には高校生を派遣した高等学校の教員に対して，約60分間の半構造化インタビューを実施した。内容は，小学生と高校生が交流する意義や留意点，双方に与える影響，交流を円滑に進めるために必要なこと，交流のための事前指導・事後指導の在り方などである。

長期交流では，2012年９月20日に学童保育指導員１名，教員１名，高校生４名（Ａ：３年生女子／生徒会役員・学童保育ボランティアのリーダー，Ｂ：３年生女子，Ｃ：２年生男子，Ｄ：３年生女子／生徒会役員）に対して，学童保育指導員と教員は個別，高校生は集団で，約60分間の半構造化インタビューを実施した。内容は，学童保育指導員に対して，小学生と高校生が交流する意義や留意点，双方に与える影響，交流を円滑に進めるために必要なこと，交流のための事前指導・事後指導の在り方などを聞いた。教員に対しては，学童保育指導員に対する質問に加えて，交流活動をキャリア教育として位置づける際の課題，キャリア教育に関わる学校独自の取り組みを聞いた。高校生に対しては，活動を始めたきっかけ，活動中の苦楽，学年進行による役割の変化，活動に対する希望などを聞いた。

３．参与観察

短期交流は４日間（2012年７月26日，７月27日，８月２日，８月３日），１施設の学童保育を訪問し，活動中の高校生（各日８名前後）の様子を参観した（１

表３－１　研究概略

タイプ		Ⅰ	Ⅱ	Ⅲ
交流内容		高校生と学童保育の小学生との交流	高校生と小学校の小学生との交流	高校生と学童保育の小学生との交流
交流期間		短期	中期	長期
交流時間		１日２時間を１回	１日８時間を９日間	週１日２～３時間を半年間（長期休業中は１日７～８時間）
交流時期		７～８月	２月	１年中
活動の位置づけ		岡山県：高校生社会貢献活動推進事業の一環	群馬県：「ようこそ先輩！」（高校生ボランティア・チューター小学校派遣事業）の一環	岡山県：高校生社会貢献活動推進事業の一環
学校の概略		公立普通科高等学校	公立普通科高等学校	公立普通科高等学校
質問紙調査	高校生	2012年８月	2013年２月	2012年８月
	人数等	462/478（回収率96.7%）	163/163（回収率100.0%）	416/465（回収率89.5%）
	交流生徒数	100	17	69
聞き取り調査	高校生			2012年９月
	人数			4
	高等学校教員	2012年９月	2013年３月	2012年９月
	人数	1	1	1
	小学校教員		2013年２月	
	人数		2	
	学童保育指導員	2012年８月		2012年９月
	人数	1		1
参与観察		2012年７～８月（４日間）	2013年２月（４日間）	2012年８月（１日間）

日約７～８時間）。

中期交流では，４日間（2013年２月14日，２月15日，２月21日，２月22日），小学校２校を訪問し，活動中の高校生４名（各小学校２名）の様子を参観した（１日約７～８時間）。

長期交流は１日（2012年８月27日），１施設の学童保育を訪問し，活動中の高校生（８名前後）の様子を参観した（約７～８時間）。

本章のまとめ

キャリア教育に関する政策動向を概観すると，中央教育審議会答申「初等中等教育と高等教育との接続の改善について」（1999）でキャリア教育に言及されて以降，教育基本法（2006）や教育振興基本計画（2008）でもその重要性が示され，高等学校学習指導要領（2009）にはキャリア教育の文言が明示されるに至った。中央教育審議会答申「今後の学校におけるキャリア教育・職業教育の在り方について」（2011）では，高等学校段階におけるキャリア形成の重要性が謳われ，中央教育審議会答申「第２期教育振興基本計画について」（2013）にも引き継がれた。高等学校教育に特化すると，中央教育審議会初等中等教育分科会高等学校教育部会「初等中等教育分科会高等学校教育部会　審議まとめ～高校教育の質の確保・向上に向けて～」（2014）では，すべての高校生が共通に身に付けるべき資質・能力「コア」を構成する重要な柱として「社会・職業への円滑な移行に必要な力」が挙げられた。さらに，次期学習指導要領改訂に向けての基本的な姿勢が示された中央教育審議会教育課程企画特別部会論点整理（2015）においても，社会的・職業的自立に向けてキャリア教育が重要であることが示された。その後の中央教育審議会初等中等教育分科会教育課程部会「次期学習指導要領等に向けたこれまでの審議のまとめ」（2016）や中央教育審議会答申「幼稚園，小学校，中学校，高等学校及び特別支援学校の学習指導要領等の改善及び必要な方策等について」（2016）の中でもキャリア教育の重要性が明示され，その充実化を図ろうとしている。その成果の一端として，日本の高校生は米国・中国・韓国の高校生と比較して，キャリア教育の授業や職場体験活動が進路選択に役立ったという認識が高いことが示されている[16]。

キャリア教育に関する研究動向では，高等学校における質問紙調査から，進学を中心とした進路選択や勤労観・職業観に関する高校生の一般的な意識を明らかにしたものが散見され，キャリア教育の進め方の諸指針が得られている。他方，体験活動による学びに焦点化した研究知見の蓄積は，進路選択や職業観・勤労観の意識調査と比較して，十分に進んでいるとはいいがたい。また，インターンシップや体験活動の内容が多岐にわたっており，具体的にどのような体験活動による成果なのかを正確に把握することが困難であるという一面も推察された。また，進路指導に焦点化した知見は散見するが，キャリア教育の視点から成果を実証的に提示した論考は管見のかぎり少ない。こうした状況下で，キャリア教育を基軸にして，小学校と高等学校の連携による学習効果を実証的に検証しようとする本研究のアプローチは，未着手の研究・実践の領域・分野を開拓する先駆的な位置づけになる。

注

(1) 清田哲男「小・高連携事業における社会参画への可能性についての一考察」『美術教育学』32，2011，pp. 135-147.

(2) 山中規子「小・高連携で行う図書館活用授業」『学校図書館』670，2006，pp. 40-42.

(3) 一木博「小学生・高校生が生き生きする理科の授業」『日本理科教育学会全国大会要項』58，2008.

(4) 一木博「探究活動を通したエネルギー環境学習の指導法の開発と実践」『日本理科教育学会全国大会要項』60，2010.

(5) 千葉聡子「小学生のキャリア教育推進再考―小学生に夢をたずねることに問題はあるのか―」『人間研究』43（日本女子大学），2007，pp. 15-23.

(6) 児玉真樹子・深田博己「小学校におけるキャリア教育の実践―平成16年度，17年度，18年度キャリア教育を推進するための指導者の養成を目的とした研修の資料の分析―」『広島大学心理学研究』８，2008，pp. 209-225.

(7) 白田克幸「小学校キャリア教育カリキュラムの策定と実践化のためのマネージメントの方策―地域社会の教育力を生かした取り組みを通して―」『山形大学大学院教育実践研究科年報』２，2011，pp. 186-193.

(8) 古角好美「小学校期におけるキャリア教育が自尊感情におよぼす影響―人間関係形成能力育成プログラムの開発とその実践から―」『大阪女子短期大学紀要』36，2012，pp. 1-15.

(9) 中越敏文「小学校におけるキャリア教育の必要性に関わる研究」『愛知教育大学研究報告　教育科学編』58，2009，pp. 179-187.

(10) 三村隆男「社会的・職業的自立を促進する特別活動―特別活動とキャリア教育との関連から―」『日本特別活動学会紀要』20，2012，pp. 13-17.

(11) 山本進「高等学校のキャリア教育に求められる『社会規範』と『基礎知識』―体

験活動を通した『自己を生かす能力』の育成―」『日本特別活動学会紀要』17, 2009, pp. 19-23.

⑿　伊藤利巳「高校生のボランティア活動の経験からみるキャリア形成に関する研究―普通科進学校における事例研究を通して―」『岐阜大学教育学部　教師教育研究』6, 2010, pp. 255-266.

⒀　志村結美「家庭科におけるキャリア教育の追究―日本とカナダの高校生の比較―」『山梨大学教育人間科学部紀要』9, 2007, pp. 172-179.

⒁　林一・野村泰朗「高校生のキャリア形成支援に資する国語教育のあり方に関する研究―キャリア教育に求められるコミュニケーション能力の国語科での育成方法の検討」『埼玉大学紀要　教育学部』57⑴, 2008, pp. 109-123.

⒂　新見直子・前田健一「小中高校生を対象にしたキャリア意識尺度の作成」『キャリア教育研究』27⑵（日本キャリア教育学会）, 2009, pp. 43-55.

⒃　日本青少年研究所「高校生の進路と職業意識に関する調査報告書―日本・米国・中国・韓国の比較―」2013.

第4章 小学生との短期交流

第1節　調査対象事業の概略

本章及び第6章の短期交流・長期交流で小学生と交流した高校生は，岡山県における「高校生社会貢献活動推進事業」に参加した生徒である。

「高校生社会貢献活動推進事業」とは，「岡山県教育振興基本計画―未来を拓く　人づくりプラン―」（2010年2月策定）の人づくりにおいて踏まえるべき観点のひとつに，「確かな学力，豊かな心，健やかな体」があり，子どもたちが生きていくうえで基本となる資質能力をはぐくむために「豊かな心の育成」が掲げられた。施策の方向性として，高校生の道徳性や社会性を高めていくため，全生徒による社会貢献活動を推進することが明示され，具体的な取り組みとして「高等学校における社会貢献活動の推進」が示された。青少年の規範意識や公共の精神が低下していることが指摘されている中，高校生がさまざまな地域貢献活動を実践することを通して，社会貢献の意識を高めるとともに，豊かな人間性・社会性を育んでいけるよう，支援を行うこととされている。なお，2010年度から試行的に行われ，2013年度から全県立高校で，1週間程度の社会貢献活動として実施されている。

高校生になってから取り組んだことがある活動を複数回答で具体的に聞いたところ，「4．幼児との交流活動」が116人（25.1％）で最も多く，以下，「5．小学生との交流活動」（100人・21.7％），「1．土嚢（どのう）作り」（95人・20.6％）となった(1)。以下では，「5．小学生との交流活動」に取り組んだ100人に着目して分

表4-1　高校生のキャリア意識

（上段：平均点（6点満点），下段：標準偏差）

	全体											小学生交流群						
	全体	男子	女子	t値	1年生	2年生	3年生	Tukey法による多重比較	小学生交流群	小学生非交流群	t値	男子	女子	t値	1年生	2年生	3年生	Tukey法による多重比較
1．大学や専門学校ではどんな勉強するのかを知りたいと思う	5.23 (1.00)	5.07 (1.07)	5.41 (0.90)	3.71^{**}	5.20 (1.02)	5.31 (0.89)	5.24 (1.08)	n.s.	5.26 (1.04)	5.24 (0.99)	n.s.	4.94 (1.26)	5.43 (0.87)	2.28^{*}	4.89 (1.34)	5.37 (0.88)	5.58 (0.79)	n.s.
2．人から頼まれたことでも，うまくできないと，やめてしまうと思う	2.82 (1.23)	2.88 (1.29)	2.80 (1.17)	n.s.	2.90 (1.23)	2.89 (1.19)	2.72 (1.26)	n.s.	2.88 (1.21)	2.83 (1.24)	n.s.	3.06 (1.16)	2.79 (1.23)	n.s.	2.89 (1.40)	2.88 (1.08)	2.83 (1.47)	n.s.
3．友だちのよいところをもっと知りたいと思う	4.86 (1.15)	4.61 (1.25)	5.15 (0.97)	5.19^{**}	5.04 (1.04)	4.81 (1.20)	4.82 (1.18)	n.s.	5.04 (1.00)	4.85 (1.18)	n.s.	4.74 (1.17)	5.20 (0.86)	2.24^{*}	5.21 (1.03)	4.90 (1.01)	5.33 (0.78)	n.s.
4．そうじや係の仕事は自分がしなくても他の人がしてくれると思う	2.70 (1.26)	2.87 (1.38)	2.59 (1.14)	2.38^{*}	2.62 (1.17)	2.94 (1.33)	2.60 (1.27)	$2>3^{*}$	2.68 (1.22)	2.73 (1.28)	n.s.	2.94 (1.31)	2.53 (1.15)	n.s.	2.29 (1.12)	3.02 (1.20)	1.92 (1.00)	$1<2^{*}$, $2>3^{**}$
5．何でも最後は自分で決めたいと思う	4.26 (1.36)	4.24 (1.39)	4.34 (1.34)	n.s.	4.18 (1.35)	4.27 (1.39)	4.40 (1.36)	n.s.	4.29 (1.28)	4.28 (1.39)	n.s.	4.03 (1.25)	4.43 (1.29)	n.s.	4.07 (1.33)	4.38 (1.28)	4.33 (1.23)	n.s.
6．友だちが困ったときには，助けることができると思う	4.52 (1.02)	4.40 (1.07)	4.64 (0.95)	2.55^{*}	4.58 (0.99)	4.57 (1.00)	4.41 (1.07)	n.s.	4.74 (0.94)	4.46 (1.03)	2.60^{*}	4.69 (1.08)	4.77 (0.86)	n.s.	4.82 (0.91)	4.70 (0.96)	4.75 (0.97)	n.s.
7．調べようと思ったら，インターネットなどを使って自分で調べることができると思う	4.83 (1.16)	4.81 (1.20)	4.86 (1.11)	n.s.	4.84 (1.18)	4.82 (1.21)	4.84 (1.11)	n.s.	4.81 (1.20)	4.83 (1.16)	n.s.	4.57 (1.34)	4.94 (1.10)	n.s.	4.54 (1.43)	4.93 (1.12)	4.83 (0.94)	n.s.
8．みんなで決めた係や仕事は，きちんとやりたいと思う	5.09 (0.94)	4.95 (1.01)	5.26 (0.86)	3.50^{**}	5.24 (0.75)	4.97 (1.07)	5.12 (0.97)	$1>2^{*}$	5.11 (0.97)	5.11 (0.94)	n.s.	4.89 (0.90)	5.23 (4.05)	n.s.	5.07 (0.81)	5.10 (1.07)	5.25 (0.87)	n.s.
9．みんなと意見が違っても，自分の意見を言うことができると思う	3.91 (1.21)	4.09 (1.23)	3.80 (1.18)	2.53^{*}	3.90 (1.13)	3.89 (1.26)	4.02 (1.23)	n.s.	4.06 (1.16)	3.91 (1.22)	n.s.	4.09 (1.15)	4.05 (1.18)	n.s.	4.14 (1.21)	4.03 (1.16)	4.00 (1.10)	n.s.
10．友だちの気持ちを大切にすることができると思う	4.81 (0.99)	4.68 (1.09)	4.97 (0.89)	3.09^{**}	4.97 (0.89)	4.80 (1.02)	4.72 (1.06)	n.s.	4.89 (0.98)	4.81 (1.00)	n.s.	4.57 (1.04)	5.06 (0.92)	2.35^{*}	5.07 (0.81)	4.88 (0.92)	4.50 (1.51)	n.s.
11．わからないことは，先生や友だちに聞くことができると思う	4.53 (1.17)	4.45 (1.18)	4.61 (1.18)	n.s.	4.70 (1.07)	4.40 (1.22)	4.49 (1.21)	n.s.	4.45 (1.26)	4.56 (1.15)	n.s.	4.23 (1.19)	4.57 (1.29)	n.s.	4.57 (1.17)	4.35 (1.31)	4.67 (1.23)	n.s.
12．やる気になったら，家のそうじや手伝いができると思う	4.81 (1.17)	4.65 (1.32)	4.99 (0.99)	3.11^{**}	4.84 (1.13)	4.66 (1.26)	4.98 (1.09)	$2<3^{*}$	4.76 (1.23)	4.85 (1.15)	n.s.	4.11 (1.49)	5.11 (0.90)	4.15^{**}	4.64 (1.42)	4.68 (1.19)	5.42 (0.79)	n.s.
13．自分がいやなことは，友だちにはっきり言うべきだと思う	4.62 (1.06)	4.66 (1.15)	4.63 (0.98)	n.s.	4.68 (0.96)	4.66 (1.12)	4.60 (1.12)	n.s.	4.75 (1.06)	4.62 (1.07)	n.s.	4.68 (1.09)	4.79 (1.05)	n.s.	4.68 (0.95)	4.71 (1.12)	5.08 (1.08)	n.s.
14．生徒は，将来のためにしっかりと勉強すべきだと思う	4.79 (1.03)	4.74 (1.12)	4.87 (0.95)	n.s.	4.73 (0.96)	4.67 (1.02)	4.99 (1.10)	$2<3^{*}$	4.75 (1.02)	4.81 (1.04)	n.s.	4.71 (1.05)	4.77 (1.01)	n.s.	4.57 (1.03)	4.73 (0.99)	5.25 (1.06)	n.s.
15．遊びに行く前に勉強や宿題をすませるほうがいいと思う	4.59 (1.17)	4.36 (1.27)	4.85 (0.99)	4.61^{**}	4.63 (1.18)	4.49 (1.11)	4.69 (1.20)	n.s.	4.66 (1.00)	4.59 (1.21)	n.s.	4.23 (1.06)	4.89 (0.89)	3.16^{**}	4.64 (1.10)	4.62 (0.99)	4.92 (0.79)	n.s.
16．友だちのよくないところは注意すべきだと思う	4.39 (1.01)	4.35 (1.07)	4.43 (0.96)	n.s.	4.53 (0.94)	4.43 (0.99)	4.22 (1.08)	$1>3^{*}$	4.52 (0.96)	4.36 (1.02)	n.s.	4.37 (1.14)	4.60 (0.84)	n.s.	4.50 (1.14)	4.43 (0.87)	5.00 (0.85)	n.s.
17．何かを決めるときには，情報は多いほうがいいと思う	5.25 (0.87)	5.24 (0.92)	5.28 (0.83)	n.s.	5.20 (0.84)	5.27 (0.90)	5.32 (0.88)	n.s.	5.27 (0.84)	5.26 (0.88)	n.s.	5.06 (0.97)	5.39 (0.74)	n.s.	5.04 (1.00)	5.33 (0.77)	5.50 (0.67)	n.s.
18．学級の仕事は，みんなで協力したほうがいいと思う	5.15 (0.94)	5.02 (1.07)	5.33 (0.79)	3.47^{**}	5.33 (0.79)	5.11 (0.99)	5.11 (1.02)	n.s.	5.19 (0.91)	5.18 (0.95)	n.s.	4.89 (1.11)	5.36 (0.74)	2.54^{*}	5.04 (1.07)	5.17 (0.87)	5.67 (0.49)	n.s.
19．自分ひとりで決めるよりも，人に相談してから決めたほうがいいと思う	4.81 (1.01)	4.69 (1.15)	4.98 (0.86)	2.95^{**}	4.84 (0.96)	4.91 (1.02)	4.77 (1.06)	n.s.	5.01 (0.84)	4.79 (1.06)	n.s.	4.80 (0.96)	5.12 (0.74)	n.s.	4.93 (0.86)	5.02 (0.87)	5.17 (0.58)	n.s.

20. 学校で勉強していることは，将来仕事をするときに役に立たないと思う	3.13 (1.31)	3.32 (1.41)	2.97 (1.20)	2.87**	3.09 (1.21)	3.28 (1.32)	3.06 (1.40)	n.s.	3.23 (1.33)	3.12 (1.31)	n.s.	3.63 (1.44)	3.02 (1.23)	2.14*	3.07 (1.36)	3.27 (1.26)	3.42 (1.68)	n.s.
21. 計画や時間を決めて勉強したいと思う	4.49 (1.12)	4.47 (1.16)	4.52 (1.09)	n.s.	4.41 (1.14)	4.62 (1.07)	4.46 (1.16)	n.s.	4.47 (1.11)	4.50 (1.13)	n.s.	4.20 (1.23)	4.62 (1.01)	n.s.	4.14 (1.08)	4.60 (1.11)	4.58 (1.08)	n.s.
22. 違う学年の人とも話をしたいと思う	4.15 (1.40)	4.01 (1.46)	4.27 (1.33)	1.97*	4.19 (1.33)	4.23 (1.42)	4.02 (1.46)	n.s.	4.30 (1.44)	4.11 (1.39)	n.s.	4.03 (1.40)	4.45 (1.45)	n.s.	3.93 (1.46)	4.50 (1.38)	4.17 (1.59)	n.s.
23. 働いている人はどのようにして，その職業についたのかを知りたいと思う	4.90 (1.18)	4.63 (1.31)	5.16 (0.99)	4.91**	5.04 (1.04)	5.00 (1.14)	4.70 (1.32)	1>3*	5.24 (1.02)	4.83 (1.20)	3.33**	4.89 (1.16)	5.43 (0.88)	2.43*	4.93 (1.27)	5.37 (0.86)	5.33 (0.99)	n.s.
24. 自分の未来は明るいと思う	3.65 (1.37)	3.56 (1.45)	3.77 (1.28)	n.s.	3.97 (1.23)	3.39 (1.34)	3.66 (1.49)	1>2**	3.67 (1.33)	3.68 (1.38)	n.s.	3.40 (1.38)	3.83 (1.29)	n.s.	4.11 (1.31)	3.50 (1.32)	3.55 (1.29)	n.s.
25. すぐにできなくても，できるまでがんばろうと思う	4.36 (1.07)	4.35 (1.11)	4.39 (1.03)	n.s.	4.33 (1.08)	4.37 (1.05)	4.44 (1.08)	n.s.	4.33 (1.03)	4.39 (1.08)	n.s.	4.00 (1.02)	4.51 (1.00)	2.37*	4.14 (1.04)	4.39 (0.95)	4.50 (1.39)	n.s.
26. 自分の気持ちや考えを友だちにわかりやすく伝えることができると思う	3.68 (1.20)	3.66 (1.21)	3.70 (1.20)	n.s.	3.83 (1.13)	3.59 (1.22)	3.63 (1.25)	n.s.	3.82 (1.17)	3.65 (1.21)	n.s.	3.60 (1.17)	3.94 (1.16)	n.s.	4.07 (1.12)	3.70 (1.17)	3.83 (1.27)	n.s.
27. 情報が少ないと，正しい答えが出せないと思う	4.26 (1.15)	4.21 (1.19)	4.33 (1.10)	n.s.	4.19 (1.14)	4.29 (1.07)	4.33 (1.22)	n.s.	4.42 (1.11)	4.23 (1.15)	n.s.	4.31 (1.29)	4.48 (1.02)	n.s.	3.96 (1.20)	4.52 (1.05)	5.00 (0.85)	1<3*
28. だらだらとテレビをみないようにしようと思う	4.15 (1.27)	4.04 (1.39)	4.30 (1.16)	n.s.	4.03 (1.33)	4.07 (1.24)	4.40 (1.22)	1<3*	4.09 (1.22)	4.19 (1.29)	n.s.	3.77 (1.48)	4.26 (1.04)	n.s.	3.86 (1.48)	4.08 (1.03)	4.67 (1.37)	n.s.
29. 失敗しても，あきらめずに，うまくいくまでがんばろうと思う	4.38 (1.07)	4.30 (1.13)	4.47 (1.02)	n.s.	4.49 (1.04)	4.27 (1.08)	4.41 (1.09)	n.s.	4.33 (1.12)	4.41 (1.06)	n.s.	4.17 (1.18)	4.42 (1.09)	n.s.	4.46 (1.07)	4.25 (1.10)	4.42 (1.38)	n.s.
30. 落ち込んでいても，友だちとは明るく話ができると思う	4.17 (1.29)	4.04 (1.30)	4.31 (1.26)	2.27*	4.22 (1.31)	4.11 (1.25)	4.23 (1.30)	n.s.	4.54 (1.16)	4.09 (1.31)	3.11**	4.26 (1.17)	4.69 (1.13)	n.s.	4.75 (1.27)	4.42 (1.12)	4.67 (1.07)	n.s.
31. やる気になったら，集中して勉強することができると思う	4.80 (1.10)	4.76 (1.20)	4.87 (0.99)	n.s.	4.85 (1.11)	4.79 (1.09)	4.83 (1.09)	n.s.	4.68 (1.19)	4.86 (1.07)	n.s.	4.31 (1.43)	4.88 (0.99)	2.31*	4.54 (1.40)	4.68 (1.16)	5.00 (0.74)	n.s.
32. 友だちとけんかしても，うまく仲直りができると思う	4.33 (1.24)	4.33 (1.29)	4.36 (1.20)	n.s.	4.64 (1.13)	4.17 (1.23)	4.23 (1.32)	1>2**, 1>3**	4.37 (1.26)	4.34 (1.24)	n.s.	4.34 (1.19)	4.39 (1.31)	n.s.	4.71 (1.21)	4.17 (1.29)	4.58 (1.08)	n.s.
33. 友だちに悪いことをしたと思ったら謝ることができると思う	4.79 (1.05)	4.77 (1.11)	4.85 (1.00)	n.s.	5.06 (0.91)	4.76 (1.07)	4.62 (1.11)	1>2*, 1>3**	4.90 (0.91)	4.79 (1.08)	n.s.	4.80 (1.05)	4.95 (0.82)	n.s.	5.18 (0.77)	4.75 (0.93)	5.00 (0.95)	n.s.
34. 難しいことでも，やる気になったら，できると思う	4.58 (1.09)	4.59 (1.12)	4.62 (1.06)	n.s.	4.61 (1.14)	4.53 (1.10)	4.68 (1.03)	n.s.	4.49 (1.10)	4.64 (1.09)	n.s.	4.29 (1.15)	4.60 (1.06)	n.s.	4.61 (1.03)	4.40 (1.14)	4.67 (1.07)	n.s.
35. 思いやりがある人には，たくさん友だちができると思う	5.23 (1.01)	5.08 (1.16)	5.39 (0.84)	3.32**	5.45 (0.81)	5.10 (1.04)	5.19 (1.14)	1>2**	5.37 (0.91)	5.21 (1.04)	n.s.	5.17 (1.12)	5.48 (0.75)	n.s.	5.36 (0.95)	5.35 (0.88)	5.50 (1.00)	n.s.
36. 将来どんな仕事をしたいかを今から考えなくてもいいと思う	2.56 (1.28)	2.73 (1.33)	2.44 (1.22)	2.37*	2.55 (1.20)	2.45 (1.20)	2.73 (1.42)	n.s.	2.58 (1.20)	2.58 (1.30)	n.s.	2.68 (1.22)	2.52 (1.19)	n.s.	2.89 (1.31)	2.50 (1.16)	2.25 (1.06)	n.s.
37. 忘れ物をしないように前の日から用意することが大切だと思う	4.90 (1.06)	4.82 (1.09)	5.03 (1.02)	2.11*	5.03 (0.98)	4.78 (1.11)	4.99 (1.08)	n.s.	4.92 (1.02)	4.94 (1.07)	n.s.	4.57 (1.04)	5.11 (0.96)	2.53*	4.82 (0.95)	4.90 (1.08)	5.25 (0.87)	n.s.
38. 学級の係や当番の仕事は，きちんとやることが大切だと思う	5.03 (0.95)	4.95 (0.96)	5.19 (0.93)	2.66**	5.26 (0.75)	4.88 (1.08)	5.11 (0.95)	1>2**	5.18 (0.80)	5.06 (0.98)	n.s.	4.88 (0.82)	5.34 (0.76)	2.69**	5.21 (0.74)	5.16 (0.85)	5.25 (0.75)	n.s.
39. 宿題や勉強は言われてからやればいいと思う	2.41 (1.07)	2.59 (1.14)	2.29 (0.99)	2.98**	2.32 (1.01)	2.52 (1.13)	2.44 (1.07)	n.s.	2.44 (1.06)	2.42 (1.08)	n.s.	2.77 (1.10)	2.28 (1.01)	2.15*	2.64 (1.22)	2.37 (1.07)	2.33 (0.49)	n.s.
40. 努力しない人は，仕事で失敗すると思う	4.59 (1.28)	4.71 (1.29)	4.53 (1.27)	n.s.	4.50 (1.28)	4.62 (1.26)	4.71 (1.29)	n.s.	4.59 (1.25)	4.61 (1.29)	n.s.	4.74 (0.98)	4.51 (1.37)	n.s.	4.25 (1.30)	4.63 (1.21)	5.17 (1.19)	n.s.
41. がんばって苦手なことを少なくすることが大切だと思う	4.92 (1.03)	4.93 (1.12)	4.98 (0.96)	n.s.	5.11 (0.90)	4.90 (0.98)	4.84 (1.20)	n.s.	5.01 (0.88)	4.93 (1.07)	n.s.	5.06 (0.87)	4.99 (0.89)	n.s.	5.04 (0.88)	4.90 (0.88)	5.50 (0.80)	n.s.
42. 遊んでばかりいると，りっぱな大人になれないと思う	3.93 (1.44)	3.80 (1.54)	4.10 (1.33)	2.26*	3.94 (1.39)	3.91 (1.41)	3.98 (1.51)	n.s.	3.96 (1.44)	3.94 (1.44)	n.s.	4.00 (1.37)	3.94 (1.49)	n.s.	3.82 (1.59)	3.98 (1.33)	4.17 (1.70)	n.s.

**p<.01　*p<.05

析・考察をする。

第２節　質問紙調査結果から見える高校生のキャリア意識

高校生全体のキャリア意識についてみてみると（表4－1），「17. 何かを決めるときには，情報は多いほうがいいと思う」が最も得点が高く，以下，「１. 大学や専門学校ではどんな勉強するのかを知りたいと思う」，「35. 思いやりがある人には，たくさん友だちができると思う」「18. 学級の仕事は，みんなで協力したほうがいいと思う」「８. みんなで決めた係や仕事は，きちんとやりたいと思う」「38. 学級の係や当番の仕事は，きちんとやることが大切だと思う」と続いた。

男女比較では，「３. 友だちのよいところをもっと知りたいと思う」0.54点差，「23. 働いている人はどのようにして，その職業についたのかを知りたいと思う」0.53点差，「15. 遊びに行く前に勉強や宿題をすませるほうがいいと思う」0.49点差で，得点差が大きく，いずれも女子の得点が高かった。学年比較では，「24. 自分の未来は明るいと思う」で１年生の得点が２年生よりも有意に高かったこと（0.58点差），「32. 友だちとけんかしても，うまく仲直りができると思う」で１年生の得点が２・３年生よりも有意に高かったこと（0.47点差，0.41点差），「33. 友だちに悪いことをしたと思ったら謝ることができると思う」で１年生の得点が２年生よりも有意に高かったこと（0.30点差，0.44点差）が特徴的であった。

キャリア意識全般に関して，判断に伴う情報欲求が高いこと，また，好ましい学級づくりに対する意識が高かった。また，女子では他者に対する知識欲や勤勉性が高いのに対して，男子では現実逃避的傾向が見受けられた。さらに，友だちとの人間関係形成について，１年生の自信が高いことが示された。

高校生が小学生との交流活動をどのように捉えていたかをみると（「はい」と回答した人数・割合），「１. 小学生との交流は楽しかったですか」97.0％と「７. 社会で自分の能力や個性を発揮できる場があれば関わりたいですか」94.0％が９割を超えているのに対して，「５. 小学生と交流する活動は自分を見つめ直すきっかけになりましたか」65.0％と「6. 小学生のために自分にできることがわかりましたか」73.0％は，比較的が少なかった(2)。

小学生との交流活動を通して，活動の楽しさとその有用性を感じること，参加意欲を持つことはできたが，自己省察するには至っていないことがうかがえた。

第3節　小学生と短期交流する高校生のキャリア意識

1．小学生交流群（以下，交流群）と小学生非交流群（以下，非交流群）の比較

「30. 落ち込んでいても，友だちとは明るく話ができると思う」0.45点差，「23. 働いている人はどのようにして，その職業についたのかを知りたいと思う」0.41点差，「6. 友だちが困ったときには，助けることができると思う」0.28点差で，交流群の得点が有意に高かった。交流群は，非交流群と比較して，友だちとの人間関係維持・向上の意識や，職業について知る意欲が高いことが示された（表4－1）。

2．交流群の特徴

男女比較では，得点差の大きかった項目に着目すると，「12. やる気になったら，家のそうじや手伝いができると思う」1.00点差，「15. 遊びに行く前に勉強や宿題をすませるほうがいいと思う」0.66点差で女子の得点が有意に高く，「20. 学校で勉強していることは，将来仕事をするときに役に立たないと思う」0.61点差で男子の得点が有意に高かった。学年比較では，「4. そうじや係の仕事は自分がしなくても他の人がしてくれると思う」で，2年生の得点が1年生（0.73点差）・3年生（1.10点差）より有意に高かった。また，「27. 情報が少ないと，正しい答えが出せないと思う」で，3年生の得点が1年生より有意に高かった（1.04点差）。

交流群内で男女比較をすると，女子の方が勉強などの勤勉性に関する意欲や課題遂行性，未知なるものへの知識欲が高く，男子は現実逃避的な側面が見受

けられた。学年比較では，２年生に他者依存の高さ，３年生に過度の情報依存の傾向があった（表４−１）。

第４節　聞き取り調査結果から見える高校生のキャリア意識

聞き取り調査の結果から，高校生のキャリア意識の向上のために，どのような支援が必要となるのかを検討する。なお，下線は筆者が付したものである。

まず，高校生と小学生が交流する意義について，教員と学童保育指導員から，どのような見解が示されているのか確認する。

教　員

「小学校の児童の方と，それから，その世話をしている，主にボランティアだと思うんだけども，先生方との触れ合いを通して，いろんなことを学んでくれないかなというようなことで始めたということで。」

「自分より年の小さな子どもたちなので。そういった子に対する接し方で，例えば話しかけ方にしても，触り方にしても，ちょっと，何ていうんですかね，思いやりを持ってね，いうふうな形での接し方というのを心がけてくれるかなと。それから，そういう思いやりの心を育てたりというのと，そういう小っちゃな子と接することによって，逆に責任感みたいなものも芽生えてくるのかな，そういうふうな思いと。それから，別の観点でいうと，小学校の先生になりたい，いうような職業観みたいなものも育ってくれたらいいなというようなことを，特に小学校に関して言うと，いいのかなというふうに考えて，やっているという感じですかね。」

「自分で考えて主体的に動く必要性を感じてくれると，これから高校生活の中でも，生徒がいろいろ主体的に考えて動いてくれるようになるんじゃないかということを，やっぱり期待していますね。」

小学生との交流活動を通して，思いやりや主体性を身に付けること，また，学童保育指導員との関わりから，職業観についても学ぶことができること，これらに意義があると捉えていることがわかる。他方，学童保育指導員は，次のように述べている。

学童保育指導員

「異年齢，特に学年がずっと離れた，大人ではない，小さな子どもでもない，微妙ですね，高校生と小学生っていうのは。そういう微妙な年齢の者が交流するっていうのは非常に意味があると思いますね。」

「小学生ぐらいの年齢になると，自分の意思っていうのは非常にはっきり持ってます。うまく言葉では言えませんので，その子どもの行動であるとか，言葉であるとか，表情を汲み取って，高校生がうまくその子を動かしていくっていう，こういうことを経験する意味では，小学生ぐらいの子どもと高校生が交流するってのは，意味があると思います。小さい子どもとか，中学生ぐらいの子どもと接するのとは微妙に違いますね。特に，学童は1年生から3年生っていう，一番難しい学年だと思うので，そういう意味では高校生のコミュニケーション能力というか，そういうのが問われるかなと思って，意味があると思います。」

「小学生っていうのは，感情をうまく言葉で理論だっては言いませんので，表情とか，笑い声とか，その子の，ほんとに表情を見ながら対応してあげることは大切です。小学校低学年というか，自分とは異質の者に対して，高校生が，どういうふうな対応をしていけば自分をわかってもらえるかとか，相手を引きつけることができるかとか，短時間なんですけど，そういうことを学んでほしいと思いますね。」

日常生活であまり接する機会がない小学生と交流することは，同年代同士のコミュニケーションよりもむずかしいことを指摘したうえで，だからこそ，より丁寧な他者理解が求められ，そうしたことを学ぶことに意義があると捉えていることがわかる。両者のこうした思い・意図のもとで活動が展開されているが，生徒にそれが十分に伝わっているとは言い難い。

たとえば，質問紙調査の結果で，「23.働いている人はどのようにして，その職業についたのかを知りたいと思う」について，交流群と非交流群では，交流群の得点が有意に高くなっているものの，交流群の男子の得点（4.89点）は非交流群の得点（4.83点）とほとんど差はなく，男子に対する効果はほとんどない。また，「10. 友だちの気持ちを大切にすることができると思う」「20. 学校で勉強していることは，将来仕事をするときに役に立たないと思う」「25. すぐにできなくても，できるまでがんばろうと思う」では，交流群と非交流群の得点に有意差はなく，交流群内でも男子に対する効果は少ない。この背景には，事前指導・事後指導が，内容的にも時間的にも不十分であることが考えられる（表４－１）。

１．事前指導・事後指導の在り方

事前指導・事後指導が十分に行われているとはいいがたい状況があり，それを，教員側も学童保育指導員側も認識していた。また，そのために，両者の思いや意図が高校生に十分に伝わってないことがうかがえた。

教　員

「実際にはあまりできてないです。それだけの時間取れてないです，正確に言うと。ただ，１年生の時には，先ほども言いましたけど，総合的な学習の時間を利用してボランティアについての講演会を大学の先生を招いて行ったりしています。それから，そのあと，後日になりますけど，LHRの時間とか総合的な学習の時間を利用して，クラス単位で高校生に何ができるかなというような話し合いをさせてみたりしていますね。」

「実際には決まったボランティアが，内容が決まった人たちを集めて，事前にこういう注意をしましょうとか，いろんな指導をしたいんですけど，残念ながらそこまで今，時間が取れていないので，事業所の方にご迷惑をおかけしてるとこですね。プリントにして配付するぐらいのことしかできていません。」

事前指導として，ボランティア全般について総合的な学習の時間を活用した講演会が行われているが，小学生との交流活動という具体的な活動に特化した理論的・実践的な指導はなされていない。

教　員

「事後指導としては，一応，報告書は提出させます。」

「クラス単位，あるいは学年単位でいろんな体験，分かれてやっているんで，それぞれの体験で，例えばポスターを作ったりとか，要するに，そういう共有化を図る時間を取りたかったんですけど，残念ながら昨年も時間が取れなくて，できてませんでした。」

事後指導についても，生徒からの報告書の提出に留まっており，体験からの気づきの共有化などにまでは至っていない。教員側が，事前指導・事後指導が十分にできていないと認識しているように，学童保育側も同様の見解であるが，その点に改善の可能性を見出しているようである。

学童保育指導員

「どういうところが，どういう気持ちで，どういう目的で受け入れをされてるのかとか，学校はどういう目的で地域へ子どもを出していくのかっていうようなことを，それは学校に要求しないといけないんでしょうけど，少なくとも学校側と受け入れ側を一堂に集めて，説明があるとありがたいです」

「やっぱり，組織的に事前準備ですよね。学校と受け入れる側，いろいろな施設があると思うんですけど，そういうところが一度集まって，どういう目的で，どういうことを意図として，どういう結果を求めてこういうことをするのかをきちんと説明を受けて，やった結果がどうであったとかっていう，事後説明とか，事後の話し合いとか，もう少し組織だったものがあるとわかりやすいかなと思いますね。」

「いろんなところでその役割はあると思うんですけど，他がわかることで，自分のとこのカラーはここを出そうとかっていうふうに，明確にできると思うので。事前準備っていうのは，学校側がどこに受け入れてもらうかを知ってるだけではなくて，受け入れる側もどこが受け入れていて，どういう地域で，地域がどれだけ受け入れに力を出しているのかっていうことも知りたいですね。」

生徒に対する事前指導・事後指導のみならず，学校と学童保育，あるいは学童保育も含めた地域の受け入れ施設全体に対する事前説明の必要性が指摘されている。基本的な教育目的・指導方針を理解したうえで，各受け入れ施設の位置づけが明確になることで，それぞれの役割も鮮明になる。それに伴って，生徒への関わり方，学びの支援の仕方もより具体的になるものと考えられる。

2．生徒の主体的・継続的な活動への転換

次に，生徒の関わり方を指摘したい。今回の事例では，交流活動に生徒の意向があまり反映されていない。交流活動を通した自己省察の意識が比較的低かったことはその証左かもしれない。学校の教育活動の一環として行っているので仕方ない部分もあるが，学校が期待する生徒の主体的な学びを促すには，生徒主導の活動へ転換することを視野に入れる必要があると思われる。

教　員

「生徒の組織ができれば本当はいいのかなと思いますね。連携先に対する本当に負担が大きいので，小学校さんの方にも非常に負担を大きくかけているので，例えば小学校だったら，放課後の児童クラブなんで，うちの生徒も放課後に，例えば，毎週月曜日に行けるような子が出て，年間通して継続的にやっていくような子が出てくれば，来年その子がリーダーとなって，うちの生徒の体験に来た子の指導をしてくれるというような子が出てくれば，向こうの先生方の負担をぐっと減らすこともできるのかなと。要するに，今は毎日入れ替わりで生徒が来るので，向こうの方は毎日同じことを指導しなきゃいけない。その負担は非常に大きいんですね，保育園にしても小学校にしても。それをうちの生徒が指導できるような立場になれるような子が，特に小学校なんかだったら継続して行くこともできるので。」

「そういうことができれば，もう少し負担をかけなくて済むのかなと，こち

らも気兼ねなく送れるかなというようなことを思うので。生徒のそういう，リーダー的な子を育成するような体制がつくれたらいいなって思ってます。」

学童保育指導員

「地域に出て，地域の人と交流をするとか，地域の大人ですね，学校の先生でもない，親でもない，そういう地域に出て地域の大人と，学童でも指導員がおりますので。そういうところに子どもが出てきて，交流するってのは，意味はあるとは思うんですけど，なかなかそれが子どもの中にボランティアとして，意識として定着するのかなっていうのは，あまりにも期間が短くて，回数が少なくて，難しいだろうなはと思いますね。」

生徒が主体的・継続的に活動をすることで，内容に深まりが生まれることは，教員と学童保育指導員の両者に共通する見解である。もちろん，そうした活動が軌道にのるまでは，学校も学童保育も試行錯誤を重ねながら支援することになると思われるが，それだけの価値があるともいえよう。生徒主導の活動が定着すれば，学校文化となり，また地域における認知度も高まり，地域に密着した交流活動が展開されるものと思われる。

教員や学童保育指導員の見解から，高校生のキャリア意識の向上のために，小学生との交流の在り方を有効にするには，事前指導・事後指導の充実と生徒の主体性を活かした継続的な活動への転換を視野に入れた支援の必要性が示唆された。

本章のまとめ

本章では，主に次のことが明らかになった。質問紙調査から，① 交流群は，非交流群と比較して，友だちとの人間関係維持・向上意識や職業について知る意欲が高いこと，② 交流群の女子は勤勉性や課題遂行性，知識欲が高い一方で，男子は現実逃避的な側面があること，③ 交流群の２年生に他者依存の高さ，３年生に過度の情報依存傾向があることが示された。聞き取り調査からは，① 事前指導・事後指導が不十分で，教員と学童保育指導員の思いや意図が生徒に十分には伝わっていないこと，② 教員・学童保育指導員ともに，生徒が主体的・継続的に活動に関わることで，内容に深まりが生まれるという認識であることがわかった。

以上の分析結果を踏まえると，交流活動を効果的にするために，次の試みが有効ではないかと考えられる。

人間関係維持・向上の意識に関して，まずは，生徒間のコミュニケーションの充実を図ることが必要である。同年代の高校生同士で円滑なコミュニケーションがとれなければ，年齢差の大きい小学生と意思疎通を図ることはむずかしいであろう。事前指導・事後指導の場を，そうした生徒間の人間関係づくりの場として位置づけることが有効であると思われる。その事前学習・事後学習の在り方も，教員主導の座学による承り型学習ではなく，そこから脱却して，教員の支援を受けながら生徒主導で企画・運営し，生徒相互が交流できる学習の場とすることが求められる。学校内で体験的に企画・運営のノウハウを学び，生徒自身に経験と自信が蓄積されていけば，生徒が抵抗感なく自分のアイデア等を出すことが可能になり，小学生との交流活動への関わり方も変わり得ると考えられる。さらに，その事前学習・事後学習の場に，学童保育指導員にも同席してもらうことで，教員・生徒・学童保育指導員の共通理解を図ることが可能になるとともに，学童保育指導員との交流を通してキャリア意識を高める一助とすることも期待できる。

国立教育政策研究所生徒指導・進路指導研究センター(3)は，高等学校調査結果の分析から，事前指導・事後指導について，「インターンシップで経験することの意味づけや振り返りをきめ細かく行うことで，更なる効果が見込める」こと，「就業体験の事前・事後指導を十分に行うことは，キャリア教育に関する学習のみならず，学習全般に対する生徒の意欲の向上につながること」を示して，その有効性を指摘している。しかしながら，その事前指導・事後指導が十分に行われているとは言い難いデータもある(4)。そうした状況を脱却し，一歩進めて，前述したように，教員の支援のもとで，生徒が主体となって実践することができれば，さらなるキャリア意識の向上につながるものと思われる。

注

⑴　その他の活動の回答状況は，「２．公園清掃」9.1%，「７．エコキャップ運動」10.2%，「３．草刈り後の処理」8.9%，「６．ボランティアガイド」2.2%があった。

⑵　その他の項目の回答状況は，「２．今後も小学生と交流する活動があれば参加したいですか」86.0%，「３．小学生と交流する活動を友だちや後輩に薦めたいですか」86.0%，「４．小学生と交流する活動は自分の将来に役立つと思いますか」87.0%であった。

⑶　国立教育政策研究所生徒指導・進路指導研究センター「キャリア教育・進路指導に関する総合的実態調査　第二次報告書」2013, pp. 87-88.

⑷　国立教育政策研究所生徒指導・進路指導研究センター「平成27年度における職場体験・インターンシップ実施状況等（概要）」2017によると，公立高等学校におけるインターンシップの事前指導にかける時間は，「１～５時間」67.1%がもっとも多く，以下，「０時間」14.2%，「６～10時間」13.4%であること，同じく事後指導にかける時間は，「１～５時間」68.9%がもっとも多く，以下，「０時間」19.0%，「６～10時間」8.8%であることが示された。

＊本章は，林幸克「高校生のキャリア意識の向上に関する実証的研究―小学生との短期交流に基づく分析―」『明治大学教職課程年報』No. 37, 2015, pp. 35-45を大幅に加筆・修正したものである。

第5章 小学生との中期交流

第1節　調査対象事業の概略

本章の中期交流で小学生と交流した高校生は，群馬県における「ようこそ先輩！」（高校生ボランティア・チューター小学校派遣事業）に参加した生徒である。本節では，まずその事業の概略を確認することから始める。

【事業が始まった経緯】

秋田県の「小学校への高校生助手派遣プログラム」（2001年より実施）をモデルに，2003年５月の群馬県議会文教治安常任委員会での提案をきっかけに，小学校長会と高等学校長協会，市町村教育委員会と群馬県教育委員会とがそれぞれ連携し，全国に誇れる群馬方式のボランティア事業として「ようこそ先輩！」が構想された。

【目　的】

第１は，母校でのボランティア活動をすることを通して，高校生が社会と関わっていこうとする力を伸ばすこと，第２は，高校生自身が社会に役立つことを実感することを通して，自分自身を生かす力を養うこと，第３は，小学生が高校生と交流する中で，先輩の姿を自分の将来のモデルとして，これからの学校生活への夢や希望を育むことである。

【参加資格】

群馬県内の公立高等学校に在籍し，就職先や進学先が内定した高校生で，活動への熱意があり，在籍する高等学校の校長先生が推薦した生徒なら誰でも参加できる。正式には，高等学校の校長先生と小学校の校長先生が話し合い，受け入れが決まるが，母校の小学校の児童のために活動するという自覚が求められ，活動にあたっての心構えや注意事項について，事前に指導を受けて参加する。なお，2004年度に私立高等学校の生徒から参加したい旨の問い合わせがあり，群馬県私立中学高等学校協会に，2005年度の「ようこそ先輩！　地域連絡協議会(1)代表者会議」への出席を呼びかけ，参加が決まった。

【実施状況】

活動期間は，２月中旬から下旬にかけての２週間(2)で，原則として出身小学校で活動を行うこととなっている。2003年度の事業開始から，2016年度までの実施状況は，表５-１に示すとおりである。高等学校の実施状況をみると，当初約90％の高等学校が実施していたが，年々減少が続き，最近は70％を下回るようになっている。参加者数もそれに伴い減少傾向にあり，350人近かった参加者が，300人を下回るようになっている。男女比に着目すると，例年男子30％，女子70％となっている。小学校の受入状況は，当初は60％近くの学校で受け入れていたが，最近は50％程度で推移している。受入期間に大きな変動はなく，８～９日となっている（2013～2016年度は未確認）（表５-１）。

【活動内容】

活動内容について，群馬県教育委員会学校指導課「『ようこそ先輩！』における高校生の活用について」（2003年度文書）と2012年度「ようこそ先輩！」実施要項から整理すると，大きく直接的支援と間接的支援に分けることができる。また，直接的支援については，教科指導と教科外指導に分類することができる。2003年度は，各々の活動内容例が具体的に示されているが，事業が定着してきたことを反映してか，2012年度は記述が簡素化されている。ただ，内容的には，

表５－１　「ようこそ先輩！」実施状況（2003年度～2016年度）

	高等学校の実施状況（実施校数と比率）	参加者数（人数と男女比）			小学校の受入状況（受入校数と比率）	平均受入期間
		全体	男子	女子		
2003年度	66校　89.2%	343人	102人（29.7%）	241人（70.3%）	197校　56.9%	8.0日
2004年度	67校　90.5%	349人	114人（32.7%）	235人（67.3%）	196校　57.3%	8.4日
2005年度	71校　78.9%	318人	101人（31.8%）	217人（68.2%）	173校　50.1%	8.8日
2006年度	70校　77.8%	267人	70人（26.2%）	197人（73.8%）	163校　47.1%	7.8日
2007年度	61校　71.8%	226人	83人（36.7%）	143人（63.3%）	145校　42.0%	8.0日
2008年度	61校　73.5%	236人	80人（33.9%）	156人（66.1%）	144校　42.4%	7.9日
2009年度	54校　66.7%	229人	63人（27.5%）	166人（72.5%）	148校　43.5%	8.4日
2010年度	52校　64.2%	224人	77人（34.4%）	147人（65.6%）	148校　43.1%	9.1日
2011年度	56校　68.3%	240人	75人（31.2%）	165人（68.8%）	145校　43.0%	9.0日
2012年度	51校　62.2%	231人	59人（25.5%）	172人（74.5%）	143校　42.9%	8.5日
2013年度	54校　65.3%	286人	76人（26.6%）	210人（73.4%）	162校　49.5%	
2014年度	59校　72.8%	313人	90人（28.8%）	223人（71.2%）	164校　50.5%	
2015年度	53校　65.4%	253人	75人（29.6%）	178人（70.4%）	161校　50.2%	
2016年度	54校　66.7%	276人	82人（29.7%）	194人（70.3%）	155校　49.1%	

大きな変動はない（下線部は2003年度と2012年度に共通している内容である）。ただ，2012年度では，直接的支援の教科指導に「勉強が苦手な児童の支援」，教科外指導に「不登校傾向の児童への支援」があり，これは，2003年度にはなかった内容である。特別支援教育に関わる今日的な教育課題が反映されるようになっているものと思われる（表５－２）。

次に，参与観察をもとに，日課と合わせて活動内容を確認すると，始業前から放課後まで，終日活動していることがわかる。

生徒Ａ－１，生徒Ａ－２は，授業支援として，パソコンでの作品作成補助や算数などの丸つけ，進度が遅れがちな児童への個別支援，テスト監督補助などを行っていた。その他には，教室移動時の引率や委員会活動の参観，複数の通学班に分かれての下校指導，児童が使う用品の整理などを行っていた。また，休み時間は外で児童と遊び，給食・掃除も４時間目に入った学級の児童と一緒

表5－2　活動内容

		活動内容例	
		2003年度	2012年度
直接的支援	教科指導	・算数のドリル学習の指導補助　・理科の観察の指導補助　・家庭科の調理実習の指導補助　・音楽のグループ練習における助言や補助　・社会や総合的な学習の時間における調べ学習の指導補助　・国語における音読等の提示　・音楽における歌唱や器楽演奏（伴奏）　・体育における模範演技	・勉強が苦手な児童の支援　・教科書の音読　・ピアノ伴奏　・歌唱指導の補助　・跳び箱やマット運動等の模範演技や指導補助　・班別の調べ学習の支援
	教科外指導	・道徳における体験者としての事例紹介　・委員会活動やクラブ活動時の指導補助　・給食や清掃指導の補助 ・朝や帰りの会における進行補助 ・全校朝会や児童集会などの集会時における整列補助　・休み時間での遊びを通した児童との交流　・児童とのコミュニケーションを図るための日常的な会話　・登下校時における挨拶指導や安全指導	・清掃指導補助　・児童会活動支援 ・給食指導補助　・休み時間の遊び方指導　・不登校傾向の児童への支援 ・図書室の利用に係る指導補助　・クラブ活動指導補助　・登下校指導補助
間接的支援		・国語の拡大文，社会の資料，図工や書写の作品等，学習に用いる掲示物の作成　・学習プリントの作成・印刷　・学習スペースの準備や片づけ（理科の実験場所，体育の練習場所等）　・教室，校庭，花壇等の環境整備　・校内における掲示物の整理 ・遊具等の安全点検補助　・学校・学年だより等，各種通信の印刷　・他機関から依頼された配布物の整理・クラス分け	・校庭整備　・掲示物の貼り替え作業 ・授業（教材や教具等）の準備

表５－３　活動日課

	Ａ小学校		Ｂ小学校	
	生徒Ａ－１	生徒Ａ－２	生徒Ｂ－１	生徒Ｂ－２
始業前	朝学習支援（１年生）	朝学習支援（１年生）	朝学習支援（４年生）	読み聞かせ支援（５年生）
１時間目	パソコン指導（１年生）		授業支援（４年生）	授業支援（５年生）
２時間目			授業支援（４年生）	授業支援（５年生）
休み時間	児童とのふれあい			
３時間目	６年生を送る会の練習（１年生）		授業支援（４年生）	児童への講話（５年生）
４時間目	授業支援（１年生）	授業支援（１年生）	授業支援（４年生）	校務員支援
給食・清掃	１年生	１年生	４年生	５年生
昼休み	児童とのふれあい			
５時間目	授業支援（１年生）	授業支援（１年生）	授業支援（４年生）	授業支援（５年生）
６時間目	委員会活動（５・６年生）	下校指導	授業支援（４年生）	授業支援（５年生）
放課後	事務作業		児童とのふれあい	

にした。

生徒Ｂ－１，生徒Ｂ－２も，授業支援については，生徒Ａ－１，生徒Ａ－２と同様である。児童が作品作りなどをしている間に，掲示物の張り替えや「上毛かるた」などの教材準備をしていた。生徒Ｂ－２は，特技を活かしてピアノ伴奏を行う場面も見られた。また，児童への講話として，道徳の時間に，高校生活で取り組んできたことなどを話す機会もあった。間接的支援として，給食の配膳準備や図書館の整理・清掃などにも取り組んでいた（表５－３）。

また，参加群に対して，実際に取り組んだ活動を複数回答で聞いたところ，4人の事例にもみられたように，「1．授業補助」100.0％，「2．休み時間や放課後の遊び方指導」100.0％，「4．清掃指導補助」88.2％，「3．給食指導補助」82.4％，「10. 教材の準備やノートチェックの手伝い」82.4％といった直接的支援に取り組んだ生徒が多かった(3)。

第2節　質問紙調査結果から見える高校生のキャリア意識

「ようこそ先輩！」の成果について，参加群と非参加群におけるキャリア意識の異同に着目して確認する。質問紙調査の結果から，参加群（n＝17）と非参加群（n＝146）の得点差に有意差が認められた項目に着目すると，参加群の特徴として，次の3点を指摘することができる。

第1は，「6．友だちが困ったときには，助けることができると思う」0.55点差，「10. 友だちの気持ちを大切にすることができると思う」0.54点差，「32. 友だちとけんかしても，うまく仲直りができると思う」0.62点差，「33. 友だちに悪いことをしたと思ったら謝ることができると思う」0.49点差という結果から，友だちとの人間関係を良好に保つ自信があると思われるということである。第2は，「9．みんなと意見が違っても，自分の意見を言うことができると思う」0.68点差，「26. 自分の気持ちや考えを友だちにわかりやすく伝えることができると思う」0.64点差という結果から，自分の思いを他者に伝えることについて，自信を持っていることが考えられるということである。第3は，「14. 生徒は，将来のためにしっかりと勉強すべきだと思う」0.42点差，「25. すぐにできなくても，できるまでがんばろうと思う」0.50点差，「29. 失敗しても，あきらめずに，うまくいくまでがんばろうと思う」0.58点差という結果から，未来志向で，課題遂行意識が高いことが推察されるということである。

他方，非参加群は，「4．そうじや係の仕事は自分がしなくても他の人がしてくれると思う」1.14点差，「36. 将来どんな仕事をしたいかを今から考えなくてもいいと思う」0.77点差の2つの逆転項目で参加群よりも得点が有意に高く，他人任せで，現実逃避的な側面があることがうかがえる（表5－4）。

表５－４　「参加群」と「非参加群」のキャリア意識の比較

（上段：平均値（６点満点），下段：標準偏差）

	「ようこそ先輩！」参加群	「ようこそ先輩！」非参加群	t値		「ようこそ先輩！」参加群	「ようこそ先輩！」非参加群	t値
1．大学や専門学校ではどんな勉強するのかを知りたいと思う	5.65 (0.61)	5.37 (0.94)	n.s.	22. 違う学年の人とも話をしたいと思う	4.65 (1.27)	4.41 (1.29)	n.s.
2．人から頼まれたことでも，うまくできないと，やめてしまうと思う（逆転項目）	2.12 (0.70)	2.65 (1.10)	n.s.	23. 働いている人はどのようにして，その職業についたのかを知りたいと思う	5.35 (0.61)	5.12 (0.95)	n.s.
3．友だちのよいところをもっと知りたいと思う	5.29 (1.05)	5.13 (1.04)	n.s.	24. 自分の未来は明るいと思う	4.53 (1.07)	4.09 (1.22)	n.s.
4．そうじや係の仕事は自分がしなくても他の人がしてくれると思う（逆転項目）	1.44 (0.51)	2.58 (1.14)	3.93**	25. すぐにできなくても，できるまでがんばろうと思う	5.12 (0.78)	4.62 (0.96)	2.05*
5．何でも最後は自分で決めたいと思う	4.18 (1.47)	4.16 (1.28)	n.s.	26. 自分の気持ちや考えを友だちにわかりやすく伝えることができると思う	4.59 (1.06)	3.95 (1.21)	2.09*
6．友だちが困ったときには，助けることができると思う	5.24 (0.83)	4.69 (0.91)	2.38*	27. 情報が少ないと，正しい答えが出せないと思う	4.94 (0.97)	4.53 (1.01)	n.s.
7．調べようと思ったら，インターネットなどを使って自分で調べることができると思う	5.53 (0.62)	5.10 (0.90)	n.s.	28. だらだらとテレビをみないようにしようと思う	4.59 (1.28)	4.07 (1.10)	n.s.
8．みんなで決めた係や仕事は，きちんとやりたいと思う	5.53 (0.72)	5.21 (0.80)	n.s.	29. 失敗しても，あきらめずに，うまくいくまでがんばろうと思う	5.18 (0.73)	4.60 (0.96)	2.39*
9．みんなと意見が違っても，自分の意見を言うことができると思う	4.65 (1.17)	3.97 (1.34)	1.99*	30. 落ち込んでいても，友だちとは明るく話ができると思う	4.47 (1.01)	4.38 (1.12)	n.s.
10. 友だちの気持ちを大切にすることができると思う	5.47 (0.72)	4.93 (0.93)	2.31*	31. やる気になったら，集中して勉強することができると思う	5.18 (1.13)	4.82 (1.02)	n.s.
11. わからないことは，先生や友だちに聞くことができると思う	5.06 (0.97)	4.78 (1.03)	n.s.	32. 友だちとけんかしても，うまく仲直りができると思う	4.82 (1.07)	4.20 (1.06)	2.31*
12. やる気になったら，家のそうじや手伝いができると思う	5.29 (1.05)	5.08 (0.99)	n.s.	33. 友だちに悪いことをしたと思ったら謝ることができると思う	5.35 (0.70)	4.86 (0.94)	2.11*
13. 自分がいやなことは，友だちにはっきり言うべきだと思う	4.65 (1.27)	4.73 (0.97)	n.s.	34. 難しいことでも，やる気になったら，できると思う	5.00 (1.00)	4.65 (1.02)	n.s.
14. 生徒は，将来のためにしっかりと勉強すべきだと思う	5.59 (0.62)	5.17 (0.83)	2.00*	35. 思いやりがある人には，たくさん友だちができると思う	5.65 (0.61)	5.36 (0.87)	n.s.
15. 遊びに行く前に勉強や宿題をすませるほうがいいと思う	5.00 (1.00)	4.86 (1.02)	n.s.	36. 将来どんな仕事をしたいかを今から考えなくてもいいと思う（逆転項目）	1.75 (0.68)	2.52 (1.24)	2.43*
16. 友だちのよくないところは注意すべきだと思う	4.65 (0.93)	4.51 (0.91)	n.s.	37. 忘れ物をしないように前の日から用意することが大切だと思う	4.88 (1.69)	5.08 (1.01)	n.s.
17.．何かを決めるときには，情報は多いほうがいいと思う	5.53 (0.87)	5.31 (0.82)	n.s.	38. 学級の係や当番の仕事は，きちんとやることが大切だと思う	5.53 (0.80)	5.31 (0.84)	n.s.
18. 学級の仕事は，みんなで協力したほうがいいと思う	5.35 (0.93)	5.24 (0.81)	n.s.	39. 宿題や勉強は言われてからやればいいと思う（逆転項目）	2.00 (1.32)	2.49 (1.13)	n.s.
19. 自分ひとりで決めるよりも，人に相談してから決めたほうがいいと思う	4.88 (1.05)	4.92 (0.92)	n.s.	40. 努力しない人は，仕事で失敗すると思う	4.82 (1.59)	4.78 (1.11)	n.s.
20. 学校で勉強していることに，将来仕事をするときに役に立たないと思う（逆転項目）	2.77 (1.09)	3.01 (1.07)	n.s.	41. がんばって苦手なことを少なくすることが大切だと思う	5.24 (0.75)	4.90 (1.09)	n.s.
21. 計画や時間を決めて勉強したいと思う	4.88 (1.11)	4.62 (1.09)	n.s.	42. 遊んでばかりいると，りっぱな大人になれないと思う	4.00 (1.46)	4.16 (1.37)	n.s.

$^{*}p<.05$　$^{**}p<.01$

以上のことから，中央教育審議会答申「今後の学校におけるキャリア教育・職業教育の在り方について」(2011) の中で「社会的・職業的自立，社会・職業への円滑な移行に必要な力」の要素として示されている基礎的・汎用的能力，特に人間関係形成・社会形成能力，課題対応能力が，参加群は高いのではないかと考えられる。

また，小学生との交流活動の認識について，「はい」の回答が，「6．小学生のために自分にできることがわかりましたか」100.0%，「5．小学生と交流する活動は自分を見つめ直すきっかけになりましたか」94.1%であることを勘案すると，上記答申に示されている自己理解・自己管理能力も高いものと思われる(4)。

第３節　聞き取り調査結果から見える高校生のキャリア意識

次に，教員対象の聞き取り調査の結果から，参加群の小学校での学びについて，何を学んでいるのか，そして，それがどういう効果をもたらしているのかを検討する。下線は，筆者が付記したものである。

Ａ教員は，高校生との事前の打合わせ(5)の時のことについて，次のように回答している。

Ａ教員

「特に高校生っていうことで，今までは生徒ということで，教えられる立場での見方だったのが，それがボランティアといえども，今度は教員側のサイドに立っての教えるというか，あるいは支援するとか，そういうような立場になるんで，その意味では今までの立ち位置が全く逆の方向になるので，かなりいろんな意味で，見方っていうことを少し教えられる部分があるんではないかなっていうこと。」

「当然２週間といいながらも，子ども同士のトラブルがあったり，あるいは本人と子どもとの関わりの中でちょっとうまくいかないところがあったりすると思う。」

「当然要領分かんないことがあると思うんで，そのことは『担任でもいいですし，近くの先生でもいいし，私もいいけど，報告・連絡・相談をしていきながら対処していきましょう』と，あるいは『トラブルをちょっと見たら，それも，そういうことを報告して，先生の方に入ってもらいましょう。そのことは極めて大事なことなんで迅速にやってください』っていうふうに話しました。」

小学校現場において，支援する立場から物事を捉え，トラブル対応については周囲の先生と情報共有しながら迅速に行うことが求められることが示されている。これは，先述した課題対応能力の涵養につながる側面であると思われる。また，Ｂ教員は，高校生が毎日提出する活動日誌の指導者のコメントについて，筆者がその記述量が豊富であることを指摘した後に，次の回答が続けられた。

Ｂ教員

「やっぱり具体的に『今日は引率の先生が来てくれて，とっても助かった』と。『早く子どもたちに配ることができてよかったよ』って，まあ，その程度なんですけどね。でも，書くことで，また，自分のやったボランティアの様子が評価されると，またやる気になるじゃないですか。」

「受け入れる側が，自分の出身校の卒業生を，そういう意味で，もう少し育てようとか，そういう気持ちがあれば書くし，忙しければ，書く気持ちがあってもできなくなるんじゃないかと思いますけどね。」

Ｃ教員

「実際に教えてみれば大変じゃないかな，教えることと，生徒が，子どもがね，ちゃんと指示どおりに動いてくれるかどうか，かなり難しいとこがあったと思いますよ。あとは，これね，やっぱコミュニケーションが苦手な子が…。子どももいるかもしんないけどね，案外この中にもいるんですよね。だから，実際に，希望はしてみるんだけども，実際に今度行ってみると，なんかうまくコミュニケーションできないっていうのは，感想文にありましたね，一つ。」

「おとなしい子だから，ちょっとそこが，『でも，今後，看護師さんになるんで，これはちょっと自分がどのようにしたらいいか』って，悩んでる姿がね。」

これらB教員，C教員の回答は，人間関係形成・社会形成能力に関する側面が示されていると思われる。前者は，活動日誌を通して間接的な人間関係形成・社会形成能力を育て，後者は，コミュニケーションのむずかしさを体感しながら，それでも将来の目標との関連で，その克服が求められることを学んでいることが推察される。これは，自己理解・自己管理能力にも通じるものである。質問紙調査で確認したように，人間関係形成・社会形成能力，課題対応能力，自己理解・自己管理能力を育成する場が確保されており，周囲もそれを高校生に対して期待・支援していることがうかがえる。

第４節　キャリアプランニング能力の向上

基礎的・汎用的能力の中の３つに関する事項は認められたが，もうひとつの要素であるキャリアプランニング能力については，明確な成果が見出せなかった。そこに「ようこそ先輩！」の課題と改善の可能性があるものと思われる。C教員の口述を見てみよう。

C教員

「みんなそうだと思うんだけども，自分が何か得意なものを持ってる子は，それを絶対教えてほしいなと思います。だから，どうだっただろ，Bなんか行って，B－1さんなんかは明るくて，彼女は陸上部だから，とにかく明るさが持ち味だったと思うんだけどね。ほいで，あと，B－2さんは，あれは音楽部だったから，その辺のところがうまく使えるような一面でも出ればいいんかなっていう。A－1さんも元ハンドボール部だし，それで，ピアノで。ただ，『ピアノ弾く機会がなかった』とか言ってたんだよね。」

「これから高校３年生終わって，今度は大学行くにしろ，就職にしろ，その入り口を見たんじゃないかな。垣間見たんじゃないかと思いますね。大変なんだなと思ったんじゃないかなと思いますけどね。」

大学生の教育実習生とは違い，教職・教科に関する専門的な知識・技能が十分にあるわけではない高校生にしてみれば，自分の得意なことを児童に披露できる場があることは重要である。自分のやってきたことが認められることは今後の学習意欲の維持・向上にも寄与するであろうし，自分自身を振り返る機会にもなる。それは，自分の将来の生き方を考える場ともなり得るもので，キャリアプランニング能力の向上の一助になると思われる。

国立教育政策研究所生徒指導・進路指導研究センター「再分析から見えるキャリア教育の可能性―将来のリスク対応や学習意欲，インターンシップ等を例として―」(2016) では，キャリアプランニング能力の構成要素と高等学校生活に関する意識・態度との関連について，学年進行に伴い相関が強くなっていることを示している。これを勘案すると，「ようこそ先輩！」で活動している高校３年生にしてみれば，そうした得意なものがなくても，自分の高校生活を振り返り，伝える機会があれば，それだけでも効果が期待できるはずである。それが，「児童への講話」（表５－４参照）である。Ｂ教員の口述をみてみたい。

Ｂ教員

「あとは『最後に在校生に話す機会を設けるよ』っていうようなことも，『え，聞いてません』なんてね，『え，そうなんですか』なんていうこともあるんで，若干あれですかね，高校教育課のスタンスと，送り出すその高校側のスタンスと，受け入れ側の小学校とのスタンスが，ちょっとずつ，ずれてるように感じもしないではない。」

「児童への講話」は，参加群17名中12名が行っているが，全員ではない。また，活動内容を概観したとき，2003年度は「道徳における体験者としての事例紹介」が示されていたが，2012年度は例示がされていない。事前指導の在り方とも関わってくるかもしれないが，「ようこそ先輩！」の実施関係者間で意思統一をして，活動内容として確立させることが求められる。それに関連して，交流する小学生の発達段階も考慮する必要がある。A教員の口述を見てみよう。

A教員

「高学年になると，こういう目的っていうんで，当然相手を見て，自分の方の行動もみますし，自分の将来・進路みたいなことについても，そこら辺の部分での関わりっていうの作れると思うけど，低学年については，特に遊びっていうことですかね。」

高校生のみならず，小学生のキャリア意識を啓発するという意味では，高学年との交流が望まれる。低・中学年との交流も人間関係形成・社会形成能力，課題対応能力，自己理解・自己管理能力の育成のためには重要であるが，小学生・高校生，双方のキャリアプランニング能力の育成まで視野に入れると，高学年が妥当であると思われる。

以上のことから，高校生が小学校高学年と，自分の得意なことを活かしながら交流することを前提として，「児童への講話」に取り組むことがキャリアプランニング能力を高めることにつながるのではないかと考えられる。

本章のまとめ

参加群の特徴として，３点を指摘することができた。

第１は，友だちとの人間関係を良好に保つ自信があると思われるということ，第２は，自分の思いを他者に伝えることについて，自信を持っていることが考えられるということ，第３は，未来志向で，課題遂行意識が高いことが推察されるということである。他方，非参加群は，他人任せで，現実逃避的な側面があることがうかがえた。

これらの結果から，参加群は，中央教育審議会答申「今後の学校におけるキャリア教育・職業教育の在り方について」(2011) の中で「社会的・職業的自立，社会・職業への円滑な移行に必要な力」の要素として示されている基礎的・汎用的能力，特に人間関係形成・社会形成能力，課題対応能力，自己理解・自己管理能力が高いことが推察された。

また，基礎的・汎用的能力の残るひとつであるキャリアプランニング能力の向上のためには，高校生が小学校高学年と，自分の得意なことを活かしながら交流することを前提として，「児童への講話」に取り組むことが有効であるのではないかと考えられる。

注

(1)　地域連絡協議会とは，高校生の受け入れ態勢整備のため，群馬県内５地区（中部・西部・吾妻・利根・東部）に設置された小学校長，高等学校長を中心とした組織である。

(2)　この時期は，自宅学習期間で，３年生は比較的自由に「ようこそ先輩！」も含めた諸活動に取り組むことができるようになっている。

(3)　その他の活動状況は，「７．発表会の準備補助」76.5%，「５．児童への講話」70.6%，「６．登下校指導補助」23.5%，「８．係り活動の指導補助」23.5%，「９．校庭の整備」5.9%であった。

(4)　その他の項目の回答状況は，「４．小学生と交流する活動は自分の将来に役立つと思いますか」100.0%，「１．小学生との交流は楽しかったですか」94.1%，「２．今後も小学生と交流する活動があれば参加したいですか」94.1%，「３．小学生と交流する活動を友だちや後輩に薦めたいですか」94.1%であった。

(5)　2012年度「ようこそ先輩！」実施要項によると，事前打合せについて，「参加生徒は，高等学校の教職員と相談の上，受入小学校と事前打合せの日程等を調整する。その後，受入小学校に出向き，担当者と事前打合せを行う」とされている。

＊本章は，林幸克「高校生のキャリア意識に関する一考察―群馬県における『ようこそ先輩！』（高校生ボランティア・チューター小学校派遣事業）の事例に基づく考察―」『岐阜大学教育学部研究報告―人文科学―』(62)2，2014，pp. 301-310を大幅に加筆・修正したものである。

第6章 小学生との長期交流・交流活動の効果

第3章第3節及び第4章で概説した岡山県における「高校生社会貢献活動推進事業」に参加した高校生のうち，小学生と長期交流した生徒の意識・実態から，交流活動の効果を検証する。

第1節　高校生一般のキャリア意識・活動実態

「17. 何かを決めるときには，情報は多いほうがいいと思う」がもっとも得点が高く，以下，「35. 思いやりがある人には，たくさん友だちができると思う」，「12. やる気になったら，家のそうじや手伝いができると思う」「18. 学級の仕事は，みんなで協力したほうがいいと思う」であった。

男女では，男子で「39. 宿題や勉強は言われてからやればいいと思う」0.43点差，「36. 将来どんな仕事をしたいかを今から考えなくてもいいと思う」0.37点差，「20. 学校で勉強していることは，将来仕事をするときに役に立たないと思う」0.35点差で，女子よりも得点が有意に高かった。他方，女子では，「3. 友だちのよいところをもっと知りたいと思う」0.59点差，「6. 友だちが困ったときには，助けることができると思う」0.21点差，「33. 友だちに悪いことをしたと思ったら謝ることができると思う」0.23点差，「12. やる気になったら，家のそうじや手伝いができると思う」0.26点差，「31. やる気になったら，集中して勉強することができると思う」0.28点差で，男子の得点よりも有意に高かった。この結果から，男子は学習や仕事に対して現実回避的な思考をする傾向が強いと思われた。女子は，友だちとの人間関係維持・向上に対する意識や自分

表6－1　キャリア意識

（上段：平均点（６点満点），下段：標準偏差）

	全体											小学生交流群						
	全体	男子	女子	t値	1年生	2年生	3年生	Tukey法による多重比較	小学生交流群	小学生非交流群	t値	男子	女子	t値	1年生	2年生	3年生	Tukey法による多重比較
1．大学や専門学校ではどんな勉強するのかを知りたいと思う	4.37 (1.56)	4.24 (1.65)	4.48 (1.49)	n.s.	4.06 (1.58)	4.44 (1.52)	4.66 (1.53)	$1<3^{**}$	5.00 (1.25)	4.24 (1.59)	3.74^{**}	4.60 (1.41)	5.21 (1.10)	n.s.	4.81 (1.56)	4.79 (1.29)	5.38 (0.88)	n.s.
2．人から頼まれたことでも，うまくできないと，やめてしまうと思う	2.82 (1.26)	2.92 (1.20)	2.76 (1.25)	n.s.	2.74 (1.18)	2.92 (1.37)	2.81 (1.22)	n.s.	2.62 (1.21)	2.86 (1.26)	n.s.	3.00 (1.29)	2.42 (1.14)	n.s.	2.31 (1.08)	2.72 (1.36)	2.71 (1.12)	n.s.
3．友だちのよいところをもっと知りたいと思う	4.64 (1.29)	4.30 (1.36)	4.89 (1.16)	4.55^{**}	4.49 (1.32)	4.65 (1.31)	4.81 (1.21)	n.s.	4.90 (1.26)	4.59 (1.29)	n.s.	4.40 (1.50)	5.21 (1.01)	2.65^{**}	4.69 (1.49)	4.90 (1.29)	5.04 (1.08)	n.s.
4．そうじや係の仕事は自分がしなくても他の人がしてくれると思う	2.74 (1.36)	2.72 (1.29)	2.72 (1.36)	n.s.	2.70 (1.26)	2.82 (1.48)	2.70 (1.34)	n.s.	2.15 (1.01)	2.86 (1.39)	3.91^{**}	2.23 (1.07)	2.12 (1.01)	n.s.	1.93 (0.88)	2.07 (1.07)	2.38 (1.01)	n.s.
5．何でも最後は自分で決めたいと思う	4.07 (1.41)	4.07 (1.41)	4.08 (1.40)	n.s.	3.81 (1.44)	4.12 (1.43)	4.33 (1.33)	$1<3^{*}$	4.00 (1.50)	4.08 (1.40)	n.s.	4.04 (1.46)	3.98 (1.55)	n.s.	3.44 (1.55)	3.93 (1.59)	4.46 (1.25)	n.s.
6．友だちが困ったときには，助けることができると思う	4.48 (1.06)	4.38 (1.06)	4.59 (1.00)	1.97^{*}	4.36 (1.01)	4.51 (1.05)	4.57 (1.12)	n.s.	4.72 (0.90)	4.43 (1.08)	2.10^{*}	4.68 (0.95)	4.74 (0.89)	n.s.	4.75 (1.00)	4.79 (0.83)	4.63 (0.92)	n.s.
7．調べようと思ったら，インターネットなどを使って自分で調べることができると思う	4.74 (1.19)	4.71 (1.10)	4.76 (1.24)	n.s.	4.61 (1.29)	4.78 (1.17)	4.86 (1.08)	n.s.	4.72 (1.22)	4.75 (1.19)	n.s.	4.72 (1.21)	4.69 (1.24)	n.s.	4.81 (1.52)	4.61 (1.23)	4.79 (1.02)	n.s.
8．みんなで決めた係や仕事は，きちんとやりたいと思う	4.84 (1.08)	4.73 (0.97)	4.94 (1.10)	1.89^{*}	4.54 (1.06)	4.91 (1.09)	5.12 (1.00)	$1<2^{**}$, $1<3^{**}$	5.25 (0.92)	4.76 (1.09)	3.48^{**}	4.92 (0.88)	5.42 (0.91)	2.20^{*}	4.81 (1.11)	5.32 (0.98)	5.46 (0.59)	n.s.
9．みんなと意見が違っても，自分の意見を言うことができると思う	3.83 (1.35)	3.84 (1.32)	3.81 (1.37)	n.s.	3.71 (1.31)	3.86 (1.43)	3.92 (1.32)	n.s.	3.75 (1.38)	3.84 (1.35)	n.s.	3.80 (1.32)	3.71 (1.44)	n.s.	3.75 (1.44)	3.61 (1.34)	3.92 (1.41)	n.s.
10．友だちの気持ちを大切にすることができると思う	4.82 (1.02)	4.78 (1.07)	4.91 (0.94)	n.s.	4.70 (1.04)	4.87 (0.98)	4.92 (1.03)	n.s.	5.02 (0.86)	4.79 (1.04)	n.s.	4.96 (0.84)	5.07 (0.88)	n.s.	5.00 (1.16)	5.04 (0.74)	5.00 (0.80)	n.s.
11．わからないことは，先生や友だちに聞くことができると思う	4.44 (1.22)	4.35 (1.15)	4.56 (1.19)	n.s.	4.31 (1.20)	4.39 (1.28)	4.66 (1.13)	$1<3^{*}$	4.70 (1.12)	4.39 (1.23)	n.s.	4.64 (0.86)	4.77 (1.23)	n.s.	4.56 (1.26)	4.59 (1.18)	4.92 (0.93)	n.s.
12．やる気になったら，家のそうじや手伝いができると思う	4.91 (1.12)	4.76 (1.24)	5.02 (0.98)	2.28^{*}	4.77 (1.18)	4.94 (1.09)	5.04 (1.07)	n.s.	5.10 (0.99)	4.87 (1.14)	n.s.	4.92 (1.29)	5.21 (0.77)	n.s.	4.94 (1.00)	5.00 (1.17)	5.33 (0.70)	n.s.
13．自分がいやなことは，友だちにはっきり言うべきだと思う	4.63 (1.14)	4.54 (1.17)	4.72 (1.09)	n.s.	4.54 (1.14)	4.75 (1.10)	4.61 (1.18)	n.s.	4.64 (1.34)	4.63 (1.10)	n.s.	4.40 (1.56)	4.81 (1.18)	n.s.	4.69 (1.25)	4.97 (1.15)	4.21 (1.53)	n.s.
14．生徒は，将来のためにしっかりと勉強すべきだと思う	4.44 (1.16)	4.48 (1.09)	4.44 (1.19)	n.s.	4.25 (1.23)	4.45 (1.20)	4.66 (0.99)	$1<3^{*}$	4.70 (1.08)	4.39 (1.17)	1.99^{*}	4.44 (1.16)	4.81 (1.01)	n.s.	4.31 (1.40)	4.76 (0.95)	4.88 (0.95)	n.s.
15．遊びに行く前に勉強や宿題をすませるほうがいいと思う	4.18 (1.27)	4.14 (1.14)	4.24 (1.32)	n.s.	3.98 (1.33)	4.25 (1.30)	4.36 (1.15)	$1<3^{*}$	4.46 (1.13)	4.13 (1.29)	1.98^{*}	4.33 (1.05)	4.60 (1.13)	n.s.	4.07 (1.39)	4.61 (1.07)	4.54 (1.02)	n.s.
16．友だちのよくないところは注意すべきだと思う	4.37 (1.10)	4.36 (1.11)	4.41 (1.08)	n.s.	4.13 (1.19)	4.52 (1.03)	4.50 (1.02)	$1<2^{**}$, $1<3^{*}$	4.38 (1.23)	4.37 (1.08)	n.s.	4.28 (1.34)	4.50 (1.06)	n.s.	4.31 (1.20)	4.45 (1.30)	4.33 (1.20)	n.s.
17．何かを決めるときには，情報は多いほうがいいと思う	5.02 (0.99)	5.01 (1.03)	5.06 (0.96)	n.s.	4.85 (1.05)	5.09 (0.93)	5.16 (0.97)	$1<3^{*}$	5.33 (0.78)	4.96 (1.02)	2.86^{**}	5.24 (0.97)	5.37 (0.66)	n.s.	5.56 (0.63)	5.31 (0.89)	5.21 (0.72)	n.s.
18．学級の仕事は，みんなで協力したほうがいいと思う	4.91 (1.10)	4.86 (1.04)	4.98 (1.08)	n.s.	4.64 (1.17)	4.96 (1.12)	5.16 (0.93)	$1<2^{*}$, $1<3^{**}$	5.25 (1.00)	4.84 (1.11)	2.83^{**}	5.16 (1.14)	5.29 (0.92)	n.s.	5.13 (0.96)	5.21 (1.20)	5.38 (0.77)	n.s.
19．自分ひとりで決めるよりも，人に相談してから決めたほうがいいと思う	4.66 (1.10)	4.66 (1.11)	4.69 (1.06)	n.s.	4.54 (1.12)	4.65 (1.16)	4.81 (0.97)	n.s.	4.83 (1.08)	4.63 (1.10)	n.s.	4.64 (1.32)	4.95 (0.93)	n.s.	5.06 (0.85)	4.59 (1.21)	4.96 (1.04)	n.s.

20. 学校で勉強していることは，将来仕事をするときに役に立たないと思う	3.34 (1.42)	3.53 (1.48)	3.18 (1.36)	2.37*	3.30 (1.43)	3.55 (1.48)	3.17 (1.34)	n.s.	3.06 (1.47)	3.40 (1.41)	n.s.	3.36 (1.60)	2.84 (1.36)	n.s.	2.88 (1.75)	3.41 (1.45)	2.75 (1.26)	n.s.
21. 計画や時間を決めて勉強したいと思う	3.84 (1.39)	3.83 (1.38)	3.86 (1.40)	n.s.	3.57 (1.44)	4.04 (1.28)	3.94 (1.41)	1<2*	4.04 (1.40)	3.80 (1.39)	n.s.	3.88 (1.30)	4.12 (1.47)	n.s.	3.44 (1.63)	4.38 (0.98)	4.04 (1.57)	n.s.
22. 違う学年の人とも話をしたいと思う	4.00 (1.43)	4.01 (1.33)	4.04 (1.48)	n.s.	3.81 (1.49)	3.99 (1.47)	4.23 (1.30)	1<3*	4.39 (1.48)	3.92 (1.41)	2.52*	4.64 (1.25)	4.21 (1.58)	n.s.	4.50 (1.46)	4.52 (1.33)	4.17 (1.69)	n.s.
23. 働いている人はどのようにして，その職業についたのかを知りたいと思う	4.61 (1.27)	4.62 (1.18)	4.63 (1.28)	n.s.	4.33 (1.39)	4.72 (1.28)	4.82 (1.04)	1<2*, 1<3**	4.86 (1.13)	4.56 (1.29)	n.s.	4.48 (1.30)	5.07 (0.99)	2.12*	4.63 (1.26)	4.93 (1.03)	4.92 (1.18)	n.s.
24. 自分の未来は明るいと思う	3.78 (1.30)	3.64 (1.25)	3.89 (1.27)	n.s.	3.54 (1.32)	3.83 (1.29)	4.01 (1.26)	1<3**	3.91 (1.22)	3.75 (1.32)	n.s.	3.64 (1.19)	4.12 (1.20)	n.s.	3.50 (1.21)	3.83 (1.10)	4.29 (1.30)	n.s.
25. すぐにできなくても，できるまでがんばろうと思う	4.33 (1.21)	4.26 (1.14)	4.40 (1.21)	n.s.	4.11 (1.21)	4.33 (1.28)	4.59 (1.10)	1<3**	4.67 (1.12)	4.26 (1.22)	2.55*	4.52 (1.01)	4.81 (1.12)	n.s.	5.00 (0.89)	4.35 (1.32)	4.83 (0.92)	n.s.
26. 自分の気持ちや考えを友だちにわかりやすく伝えることができると思う	3.65 (1.22)	3.63 (1.23)	3.70 (1.17)	n.s.	3.50 (1.16)	3.72 (1.26)	3.74 (1.25)	n.s.	3.55 (1.17)	3.67 (1.23)	n.s.	3.40 (1.19)	3.70 (1.10)	n.s.	3.41 (1.32)	3.48 (1.15)	3.71 (1.12)	n.s.
27. 情報が少ないと，正しい答えが出せないと思う	4.07 (1.17)	4.01 (1.18)	4.09 (1.14)	n.s.	3.97 (1.18)	4.10 (1.18)	4.15 (1.14)	n.s.	4.04 (1.18)	4.07 (1.17)	n.s.	3.88 (1.27)	4.09 (1.11)	n.s.	4.13 (1.41)	4.07 (1.13)	3.96 (1.12)	n.s.
28. だらだらとテレビをみないようにしようと思う	3.49 (1.46)	3.62 (1.37)	3.46 (1.49)	n.s.	3.20 (1.46)	3.57 (1.55)	3.76 (1.32)	1<3**	3.64 (1.48)	3.46 (1.46)	n.s.	3.04 (1.31)	4.05 (1.41)	2.91**	2.75 (1.69)	3.55 (1.30)	4.33 (1.20)	1<3**
29. 失敗しても，あきらめずに，うまくいくまでがんばろうと思う	4.29 (1.22)	4.31 (1.18)	4.34 (1.19)	n.s.	4.03 (1.25)	4.19 (1.27)	4.71 (1.01)	1<3**, 2<3**	4.56 (1.07)	4.24 (1.24)	1.98*	4.50 (1.14)	4.63 (1.02)	n.s.	5.00 (0.76)	4.07 (1.22)	4.88 (0.80)	1>2*, 2<3*
30. 落ち込んでいても，友だちとは明るく話ができると思う	4.14 (1.32)	4.12 (1.27)	4.21 (1.28)	n.s.	3.97 (1.34)	4.18 (1.37)	4.30 (1.21)	n.s.	4.12 (1.48)	4.14 (1.28)	n.s.	3.79 (1.59)	4.37 (1.33)	n.s.	3.60 (1.50)	4.00 (1.65)	4.58 (1.14)	n.s.
31. やる気になったら，集中して勉強することができると思う	4.57 (1.19)	4.41 (1.21)	4.69 (1.13)	2.25*	4.44 (1.24)	4.60 (1.14)	4.68 (1.16)	n.s.	4.96 (1.13)	4.49 (1.18)	3.03**	4.88 (1.01)	4.98 (1.21)	n.s.	5.13 (1.20)	4.76 (1.06)	5.08 (1.18)	n.s.
32. 友だちとけんかしても，うまく仲直りができると思う	4.21 (1.12)	4.19 (1.10)	4.30 (1.08)	n.s.	4.12 (1.11)	4.16 (1.21)	4.38 (1.02)	n.s.	4.33 (1.25)	4.19 (1.10)	n.s.	4.12 (1.33)	4.54 (1.08)	n.s.	3.88 (1.59)	4.35 (1.17)	4.63 (1.01)	n.s.
33. 友だちに悪いことをしたと思ったら謝ることができると思う	4.62 (1.13)	4.52 (1.08)	4.75 (1.08)	2.03*	4.45 (1.21)	4.72 (1.08)	4.71 (1.08)	n.s.	4.97 (1.06)	4.55 (1.13)	2.84**	4.48 (1.33)	5.28 (0.73)	3.20**	4.56 (1.55)	5.03 (0.91)	5.17 (0.76)	n.s.
34. 難しいことでも，やる気になったら，できると思う	4.41 (1.14)	4.40 (1.10)	4.47 (1.12)	n.s.	4.17 (1.22)	4.43 (1.18)	4.66 (0.92)	1<3**	4.68 (0.99)	4.35 (1.16)	2.20*	4.56 (1.19)	4.72 (0.85)	n.s.	4.63 (1.26)	4.59 (0.95)	4.83 (0.87)	n.s.
35. 思いやりがある人には，たくさん友だちができると思う	4.97 (1.14)	4.88 (1.14)	5.08 (1.09)	n.s.	4.87 (1.25)	4.95 (1.14)	5.12 (1.01)	n.s.	5.43 (0.82)	4.88 (1.18)	3.65**	5.48 (0.77)	5.38 (0.85)	n.s.	5.69 (0.60)	5.43 (0.79)	5.25 (0.94)	n.s.
36. 将来どんな仕事をしたいかを今から考えなくてもいいと思う	2.63 (1.37)	2.88 (1.48)	2.51 (1.28)	2.57*	2.55 (1.34)	2.80 (1.46)	2.52 (1.30)	n.s.	2.45 (1.29)	2.66 (1.39)	n.s.	2.88 (1.36)	2.23 (1.19)	2.05*	2.25 (1.48)	2.86 (1.36)	2.08 (0.93)	n.s.
37. 忘れ物をしないように前の日から用意することが大切だと思う	4.69 (1.19)	4.52 (1.21)	4.83 (1.14)	2.57*	4.51 (1.25)	4.72 (1.25)	4.89 (1.03)	1<3*	4.80 (1.18)	4.67 (1.20)	n.s.	4.72 (1.06)	4.88 (1.24)	n.s.	4.44 (1.26)	4.83 (1.28)	5.00 (0.98)	n.s.
38. 学級の係や当番の仕事は，きちんとやることが大切だと思う	4.84 (1.09)	4.77 (1.03)	4.94 (1.06)	n.s.	4.68 (1.14)	4.86 (1.12)	5.01 (0.96)	1<3*	5.15 (0.99)	4.78 (1.10)	2.56*	5.12 (0.78)	5.21 (1.06)	n.s.	5.19 (0.98)	5.07 (1.10)	5.21 (0.88)	n.s.
39. 宿題や勉強は言われてからやればいいと思う	2.96 (1.35)	3.25 (1.32)	2.82 (1.33)	3.05**	2.82 (1.19)	3.28 (1.55)	2.75 (1.22)	1<2*, 2>3**	2.49 (1.28)	3.05 (1.34)	3.17**	2.88 (1.24)	2.30 (1.26)	n.s.	2.31 (1.45)	2.90 (1.42)	2.13 (0.90)	n.s.
40. 努力しない人は，仕事で失敗すると思う	4.48 (1.28)	4.49 (1.22)	4.49 (1.30)	n.s.	4.22 (1.32)	4.51 (1.38)	4.77 (1.05)	1<3**	4.62 (1.34)	4.45 (1.27)	n.s.	4.56 (1.33)	4.63 (1.36)	n.s.	4.50 (1.51)	4.66 (1.47)	4.67 (1.09)	n.s.
41. がんばって苦手なことを少なくすることが大切だと思う	4.67 (1.15)	4.62 (1.20)	4.73 (1.09)	n.s.	4.48 (1.21)	4.67 (1.16)	4.90 (1.04)	1<3**	4.93 (1.14)	4.62 (1.15)	2.05*	4.64 (1.38)	5.07 (0.96)	n.s.	4.88 (1.31)	4.76 (1.24)	5.17 (0.87)	n.s.
42. 遊んでばかりいると，りっぱな大人になれないと思う	3.77 (1.39)	3.81 (1.37)	3.74 (1.39)	n.s.	3.41 (1.47)	3.88 (1.36)	4.10 (1.22)	1<2*, 1<3**	4.09 (1.50)	3.71 (1.36)	2.05*	3.68 (1.63)	4.28 (1.39)	n.s.	3.38 (2.03)	4.21 (1.29)	4.42 (1.21)	n.s.

**p<.01　*p<.05

のやる気への期待が高いことがうかがえた。

学年比較をすると，１年生の得点が２・３年生に比べて有意に低かった項目として,「８.みんなで決めた係や仕事は，きちんとやりたいと思う」「18.学級の仕事は，みんなで協力したほうがいいと思う」「23.働いている人はどのようにして，その職業についたのかを知りたいと思う」「42.遊んでばかりいると，りっぱな大人になれないと思う」があった。２年生が他の２学年と比べて有意な差があった項目は,「39.宿題や勉強は言われてからやればいいと思う」であった。３年生が他の２学年と比べて有意な差があった項目は,「29.失敗しても，あきらめずに，うまくいくまでがんばろうと思う」であった。この結果から，１年生は勤勉性や職業意識が低いこと，２年生は学業回避傾向の意識が強いこと，３年生は課題遂行意識が高いことが推察された（表６−１）。

高校生になってから取り組んだ活動を複数回答で具体的に聞いたところ,「５.小学生との交流活動」16.6%が最も多く，以下,「７.エコキャップ運動」15.6%,「２.公園清掃」12.0%であった[(1)]。以下では,「５.小学生との交流活動」に取り組んだ69人の回答に着目して分析・考察する。

「５.小学生との交流活動」に取り組んだ高校生が，交流活動を通してどのような認識を持つようになったのかに着目する。「はい」の割合をみると,「１.小学生との交流は楽しかったですか」94.2%,「７.社会で自分の能力や個性を発揮できる場があれば関わりたいですか」94.2%で９割を超える一方で,「６.小学生のために自分にできることがわかりましたか」73.9%,「５.小学生と交流する活動は自分を見つめ直すきっかけになりましたか」76.8%は比較的少なかった[(2)]。

この結果から，交流活動そのものの楽しさを感じ，将来的な活動意欲を高めることにはなっているものの，自分自身を見つめ直す自己省察の機会になっていないことがうかがえた。

第2節　小学生と交流する高校生と高校生一般の比較

1．小学生交流群（以下，交流群）と小学生非交流群（以下，非交流群）の比較

そうした認識の交流群のキャリア意識の特徴を明確にするため，非交流群との違いを手がかりに分析を進める。なお，インタビュー記録の下線は筆者が付記したものである。

交流群の得点が有意に高かった主な項目は次の通りである。「1. 大学や専門学校ではどんな勉強するのかを知りたいと思う」0.76点差，「17. 何かを決めるときには，情報は多いほうがいいと思う」0.37点差，「8. みんなで決めた係や仕事は，きちんとやりたいと思う」0.49点差，「18. 学級の仕事は，みんなで協力したほうがいいと思う」0.41点差，「33. 友だちに悪いことをしたと思ったら謝ることができると思う」0.42点差，「35. 思いやりがある人には，たくさん友だちができると思う」0.55点差であった。

この結果から，交流群は，勉強などに対する情報収集意欲や友だちとの協力や思いやりなど，良好な人間関係維持が大切であるとする意識が高いことがわかった。生徒のインタビューからもその一端を推察することができる（表6－2）。

生徒C

「僕，先輩たちみたいに保育士というわけではないんだけど，夢としては，整体師とか，そういう関係にいきたいなというのがあって。来るかどうかわからないんですが，やっぱり筋や筋肉を痛めたりする子どもはいると思うんです。そういう子どもたちとの関わりだとか，どういう話をしたらいいかとか，どんなふうに話すかなっていうのがちょっと勉強になると思って，保護者の方とか，職員の方とかとも関わって，いろいろ子どもについて学んでいきたいと思います。」

生徒A

「私は最初，幼稚園の先生になるか保育士になるかで迷っていて，学童ボランティアに参加することで，どちらかというと，幼稚園の方の子どもたちと接していきたいっていうのを思うようにまりました。子どもと接して，決めたんです。なので，私は学童で感じたことを生かして，大学に進学して，やっぱり専門的なことを学んでいきたいんです。実際に，実習がありますが，そういう場面では，学童で毎週参加してきたことが生きてくると思います。大学では実習の場面で活かして，幼稚園の先生になれたら，一人一人に話をすることを学童で学んだんで，そのことを心掛けて，仕事をしたいなと思っています。」

また，「25.すぐにできなくても，できるまでがんばろうと思う」0.41点差，「29.失敗しても，あきらめずに，うまくいくまでがんばろうと思う」0.32点差，「41.がんばって苦手なことを少なくすることが大切だと思う」0.31点差でも有意差が認められており，課題遂行・達成意欲の高さも特徴として挙げられる。

他方，非交流群の得点が高かった項目は，「4.そうじや係の仕事は自分がしなくても他の人がしてくれると思う」0.71点差，「39.宿題や勉強は言われてからやればいいと思う」0.56点差で，主体性や積極性が低いように思われる。

2. 交流群内での比較

交流群内の違いに着目すると，男女別では，男子で「36.将来どんな仕事をしたいかを今から考えなくてもいいと思う」0.65点差で得点が有意に高かった。女子では，「28.だらだらとテレビをみないようにしようと思う」1.01点差，「3.友だちのよいところをもっと知りたいと思う」0.81点差，「33.友だちに悪いことをしたと思ったら謝ることができると思う」0.80点差などがあった。この結果から，男子では職業意識の先送り，女子では規律ある生活志向や友だちとの人間関係維持・向上意識が高いものと思われた。

学年比較では，「28.だらだらとテレビをみないようにしようと思う」で，3年生が1年生よりも有意に高いこと，「29. 失敗しても，あきらめずに，うまくいくまでがんばろうと思う」で１・３年生が２年生より有意に得点が高かった。このことから，３年生は規律ある生活志向が強いこと，２年生は課題遂行・達成意欲が低いことがうかがえた。

第３節　調査結果から見える交流活動の在り方

これまでみてきた質問紙調査の結果と教員・学童保育指導員・高校生を対象に行ったインタビューの記録から，今後の交流活動の在り方について考察する。

１．明確な職業意識に根差した主体性の尊重

高校生は小学生との交流活動の参加に関して，当初から明確な職業意識を持って臨んでいることがわかる。

生徒Ａ

「私は将来，幼稚園や保育園といった，子どもに関わる仕事がしたくて，１年生の時に，こんなボランティアがあるよと学校の先生に言われたので，参加することにしました。高校のうちから子どもと関われる活動と聞いたので，自分にぴったりだなと思い，参加しようと思ったのがはじめです。」

生徒Ｂ

「私は，将来の夢が保育士なので，高校時代から子どもたちとの接し方を学びたいなと思って参加しました。」

生徒Ｄ

「私は将来，保育士になるのが夢で，高校入った時は，そんなに強く考えてなかったのですが，学童ボランティアがあるというのを聞いて，その第一歩としてやってみようかなと思いました。」

こうした意識のもとで行われる交流活動は，高校生の主体性を尊重し，育成につなげる形で展開されている。それは，生徒会主導の運営という形で具現化

されている。

教　員

「教員が全部抱えていると，幾ら記録とかいろんなデータを残しても，絶対に廃れるんです。もう経験上わかるんですけど，絶対廃れるんです。というのが，『わからんから，前のデータがしっかり残っているから，それ通りにやろう』と思ったら，絶対に薄まっていて，最終的には。でも，生徒がちゃんとやってって，しかも責任あるよっていうことやっていくと，部活動と一緒で，ちゃんと縦のつながりできていって，生徒だけでちゃんと動かせるようになると思うんですね。現状でも，今，Ａなんかは，先輩のをちゃんと引き継いでないといけない。最初はもうプレッシャーに負けそうでしたけども，ちゃんと形作ってますし。それもちゃんと次の世代につなげていくような動きができてるんで，まず生徒にさせたいっていうのは，残すため。その活動を継続させていきたいってのが１つと，もう１つのメリットとしては，さっき言ったように，成長に合わせてこの活動も形を作っていきたいっていうのもあるんで，だからこそ生徒が運営してきて，生徒が困ってる。じゃあ，どうしたらいいかっていうのを考えさせて，その解決策もまず自分らで考えて，何かを作る時に，何か困ったらこっちにいって，それを解決するって感じにしていけば，その活動というのは，ほんとに緩やかかもしれないんですけど，発達，発展していくんじゃないかなというのが。」

教員は，生徒の活動の質を維持しながら残すために，教員ではなく，生徒が主導権を握り，生徒文化としての定着を図るように促そうとしていることがわかる。その形が，生徒会主導の運営である。また，そこには，課題解決を通した生徒の自己成長を期待していることが込められていることも読み取ることができる。

生徒Ａ

「大体は，見て覚えました。リーダーといっても，活動中にはあんまり仕事はないんです。前期・後期制でやっているので，その募集をかけたり，みんなであいさつに行く曜日などを決めたり，自分が担当する週を決めたりする時に，私がリーダーとして前に出て司会をします。先生ではなくて，生徒会メンバーの私たち生徒が主体的に活動を運営します。」「困ったことは，やっぱり向こうの職員の方からの要望です。向こうの方の要望というのは，大体，高校生には子どもたちにこういうふうに接してほしいとか，見本になることをしてほしいとか，そういう要望が多いんです。けれども，それを生徒一人一人に伝えるのは難しく，みんなが集まった，前期・後期が変わる時などに伝えるようにしています。その伝達が難しいです。」

生徒B

「活動している生徒に，私が児童に言われて感じたこととか，それは多分，活動している人によって違うと思うんです。だから，意見交換とか，ちょっとしてみたいなと思います。私はこう感じたけど，自分だったらどう感じるとか，それによって，その子が言ったことに対して，次の児童への接し方っていうのが，また変わってくると思うんです。だから，何かそういう意見とか，聞いてみたいです。」

生徒は，教員の意図したように，情報伝達のむずかしさや意見交換の重要性を実感しながら活動に取り組んでいる様子がうかがえ，主体性の涵養に資しているものと思われる。

交流群・非交流群の比較からその成果の一端をうかがい知ることができる。「第２節　１．小学生交流群と小学生非交流群の比較」で扱った項目以外でも，「14. 生徒は，将来のためにしっかりと勉強すべきだと思う」0.31点差，「22. 違う学年の人とも話をしたいと思う」0.47点差，「25. すぐにできなくても，できるまでがんばろうと思う」0.41点差などから，交流群の生徒の他者や物事に積極的に関わろうとする主体性の高さがわかる（表６-１）。

小学生との交流活動は，学校教育の一環として行っているが，教員が過度な指導をするのではなく，生徒に委ねることで，主体性が養われることになっているものと思われる。明確な職業意識を有している生徒の場合は特にそうである。その意味では，今回のケースのように生徒会主導で運営する交流活動を通して，明確な職業意識に根差した主体性を涵養するということは有効な方策であると考えられる。ただ，その主体性に関して，生徒と教員で認識に齟齬があることもまた事実である。

生徒A

「学校への要望は，もう少し先生たちも来て，どういう活動をしているのかを見てみたらいいんじゃないかなと思います。先生があんまり，どういう活動をしているのかって分かってないと思うんです。」

「生徒主体でやってるんで，〇〇先生も，お客さんが来られた時に一緒についていくとか，そういう時でしか学童には行かないんです。なので，せっかく△△校生が行っているんだから，向こうの職員の方と先生も，もう少し意見の交換というか，そういうものをしていったら，学校と向こうの方とのつながりが太くなって，もう少し何かいろいろ，情報とかが交換できるんじゃないかなと思います。」

「大体は，私が今，窓口になっています。代々，ボランティアのリーダーとなってる人が，向こうの一番偉い責任者さんと話をして，こういうことを言われたっていうのを先生に伝える感じなんです。なので，もう少し，先生同士でも話していいんじゃないかなと思います。」

教　員

「子どもを育てるのに，学校だけに任せるとか家庭だけに任せるとかだけじゃなくて，家庭とか学校とか地域とかで育てましょうっていう空気，あると思うんです。これっていうのは，お互いの責任なすりつけ合いではなくて，ただ，できることはお任せしていけばいいと思う。学校ができることはどんどん学校でやりますし，地域でできることはどんどん地域でやっていってほしいかなと。その一つの中で，うちとしては，学童ボランティアに生徒を派遣する。生徒もそこで成長してほしいわけ。ですから，僕らはなるべくそこには入っていかないんですね。入っていってしまうと，生徒らにとっても甘えの原因にもなりますし，地域の方も教員に頼ってしまう可能性があるんです。」

「ですから，ある程度もうマンネリ状態かもわからんのですけど，向こうに育ててもろうて，高校生を育てるとともに，そちらの指導員の方も育ってもらいたいっていう感じですかね。」

生徒会主導の運営について，生徒だけではなく，教員も一緒に時間を過ごすことで，交流活動に関する理解が深まり，学童保育指導員との交流も深まるものと生徒は考えている。教員と学童保育指導員が共通理解を図ることは一貫性のある指導方針の確立につながり，生徒にとっても困惑することなく活動に集中できることになるのかもしれない。その一方で，教員は，敢えてそこに入ることを避け，生徒自身に考えさせ，また，学童保育指導員から学ぶこと，また，学童保育指導員にも生徒の教育に責任を持ってもらいたいという意図を有している。しかしながら，その教員の思いは生徒に伝わっているとは言い難く，改善の余地がある。その改善の手がかりは，事前学習・事後学習にあるのではないかと思われる。

2.「交換ノート」の活用による事前学習・事後学習の充実

ここでは，後述する「交換ノート」を活用した事前学習・事後学習について検討する。

教　員

「事前指導としては，最初に『こんなことやりますよ』『こんなことやってますよ』っていうふうな簡単なガイダンスして，で，募集をかけます。で，募集した後に『こういうこと注意してください』とか『こういうことはちゃんとやりましょう』とかっていうことを……。例えば『怪我をさせちゃいけません』『もし何かあったら，すぐ指導員にも言わんといけんし，学校にも言いなさいよ』『高校の方にも言いなさいよ』とか。あとは『休む時には，必ず自分で直接電話しなさい』とかいうふうな注意事項を，まず打ち出して。それとあとは，写真撮影をして。要するに『誰が来るよ』『来てますよ』っていうのを，向こうの指導員の方とか，児童にもわかるように，写真撮影をします。で，そのあとに全員で訪問して，向こうに行ってどういうことをするのかっていう流れをまずやる。その時はいったんもう引き揚げて，で，『次からまた活動行ってくださいね』。だから『ここまでは面倒見ますけど，ここからは行ってください』っていう感じにしようとしてます。」

「事後の方は，多分，本人らも言うとったんですけど，正直あんまりできてない。難しいのんが，ほんとはもっと頻繁にミーティングみたいにできればいいんですけど，50人っていう量ですし，その中から集まって何か話聞いても，なかなか進まないと思うんで。できれば，曜日のグループごと集まってできたらええな，っていうのはあります。だから，今いろんなボランティアがあったりとか，いろんな活動しとるんですけども，どのあれもやっぱり，その部分がまだ手薄で，これからきっちりしていかんといけんところかなというふうな。」

学校における事前指導は，募集後に行う活動上の注意事項等の形式的なものと全員での学童保育への訪問で，交流活動に即した具体的な指導は，生徒会が担っている。また，事後指導はほとんど行われていない。そのため，先述した生徒のコメントにもあったように生徒同士の意見交換を求める意識が表出しているものと思われる。

教　員

「それぞれの場所で，何ていうのか，それぞれの口で言うのが一番ええんじゃないかな，というふうなこと。だから，僕が向こうに行って向こうで言うとか，来ていただいて言うんじゃあんまり意味がなくて，それぞれの場所で，それぞれの口で。だから違う場所，違う口で言えば，で，同じようなこと言えば，『あ，なるほどな』『この人やっぱり，言われてることは正しいんだな』『言われていることをやらないといけないんだな』ってなるんじゃないかなっていうのはあるんで。なるべく，そういうふうにはしていきたいと。」

学童保育指導員

「高校生がボランティアをするに当たって，生徒会代表の人が打ち合わせに来られました。曜日別での人数とか，時間帯・服装・基本的な児童との関わり方等について話し合いました。そして学童へ来た時，帰る時のあいさつはしてほしい。そして，随時お互いにということで，今一つは，意見交換ノートは活用していこうと。どの程度，学校でボランティアに対する指導はしてあるのかな，また，打ち合わせの時の代表者に伝えたことがどこまで伝わっているのかなと思ったことも，それとも生徒個人差の受け止め方にあるとかとも思いました。交換ノートをしっかり活用し，自分の意見と友だちの意見を互いに感じ合い，学び合って成長してほしいです。」

「自分の感じたこと，反省，喜び，次回に向けて，危険だったこと等，簡単でいいから書いてほしいです。高校側でノート1冊用意してくださいました。積極的に書こうとする人は少ないですが，真剣に書き込む人も何人かはあります。やはり，学童でのボランティア，目的意識は何なのか，それに合わせた実践，思いを表現してほしいです。」

事前学習・事後学習について，活動場所が学童保育であるから，その現場で指導がなされることが望ましいという教員の見解が示されている。その現場での指導を考える際にポイントになるのが「交換ノート」である。「交換ノート」について，学童保育指導員は，日々の活動から得た気づきを書くことを期待していることがわかる。それに対して生徒は次のような捉え方をしている。

生徒D

「学童の活動を終えたあとに，そのノートに，今日何があって，困ったこととかうれしかったこととか，自分が思ったことを書くんですけど，次の週に行った時に，学童の指導者の方からコメントがあるので，それを見て，こうしたらいいよとか，厳しいコメントとかもあるんで，助かります。」

生徒C

「あるんですけど，やっぱり言われていたように，何か困ったとか思ったこととかで，これ，どうしたらいいかなっていうのを書いて，教えてもらったりとか。」

生徒A

「その日の活動の反省だったり，うれしかったことなどを書くようにしています。夏休みの間は，普通の日だと9時間ぐらいなんですけど，書く内容がたくさんあって，自分の言いたいことをちゃんと書けるように工夫するのが大変なんです。でも，それに対するアドバイスだったり，コメントが来ることがすごいうれしくて，なるべく毎日書くようにしています。」

「交換ノート」は，学童保育指導員と生徒の間で交わされるものである。生徒にしてみれば，その日の活動の振り返りであり，次の活動へ向けての改善のヒントを得る場となっている。学童保育指導員からのコメントを参考にしていることからもそれが推察されよう。また，学童保育指導員にしてみれば，高校生の考えていることを具体的に掌握することができ，生徒への言葉かけ等の参考にできるようになっている。あるいは，小学生が高校生にしか見せない一面を知る情報源になっているのかもしれない。

こうした日々の「交換ノート」の記述は，高校生の自己省察を促す機能を有しているものと思われる。これを生徒個人のものとして自己完結させることなく，また，学童保育の中だけで完結させることなく，教員がその内容を把握して，それを踏まえて生徒に働きかけることで，有効な事前学習・事後学習になり得るのではないだろうか。換言すれば，「交換ノート」を通して潜在的に行われている生徒自身による自己省察を，教員を媒介にして顕在的な事前学習・事後学習にすることができるものと思われる。日時等を改めて形式的に行う事前学習・事後学習ではなく,「交換ノート」を活用した日常的な指導で教育効果を高めることが再考される必要がある。

第4節　短期交流と長期交流の比較

交流期間による教育効果の異同を検証するため，第Ⅱ部第4章で取り上げた短期交流群と本章で検討してきた長期交流群のキャリア意識を比較する。

1．項目レベルの検討

短期交流群と長期交流群のキャリア意識を比較して，両者の得点に有意差が認められた項目は次のとおりである。短期交流群の得点が高かった項目は,「4.そうじや係の仕事は自分がしなくても他の人がしてくれると思う」「21.計画や時間を決めて勉強したいと思う」「23.働いている人はどのようにして，その職業についたのかを知りたいと思う」「27.情報が少ないと，正しい答えが出せないと思う」「28.だらだらとテレビをみないようにしようと思う」「30.落ち込んでいても，友だちとは明るく話ができると思う」の6項目であった。長期交流群は,「25.すぐにできなくても，できるまでがんばろうと思う」で得点が高かった。

短期交流群の方が，基本的な生活習慣に関する側面で得点が高かったが，これには活動時期の影響があるのではないかと思われる。学校の補習後に交流しており，交流後には学校に戻って部活動に参加する生徒もいるくらいで，忙しい中で活動している。そのため，時間に関する意識などが高かったものと考えられる。他方，長期交流群は，短期交流群より際立って高いキャリア意識はほとんど認められなかった（表6－2）。

2．因子レベルの検討

キャリア意識に関する42項目について，因子分析（主因子法・Promax回転）を行った。因子の抽出には主因子法，因子数は固有値1.0以上の基準を設け，さらに因子の解釈の可能性も考慮して3因子とした。第1因子は，決断のため

表６－２　短期交流群と長期交流群のキャリア意識の比較

（上段：平均点（６点満点），下段：標準偏差）

	短期交流群	長期交流群	t値		短期交流群	長期交流群	t値
1．大学や専門学校ではどんな勉強するのかを知りたいと思う	5.26 (1.04)	5.00 (1.25)	n.s.	22. 違う学年の人とも話をしたいと思う	4.30 (1.44)	4.39 (1.48)	n.s.
2．人から頼まれたことでも，うまくできないと，やめてしまうと思う	2.88 (1.21)	2.62 (1.21)	n.s.	23. 働いている人はどのようにして，その職業についたのかを知りたいと思う	5.24 (1.02)	4.86 (1.13)	2.31*
3．友だちのよいところをもっと知りたいと思う	5.04 (1.00)	4.90 (1.26)	n.s.	24. 自分の未来は明るいと思う	3.67 (1.33)	3.91 (1.22)	n.s.
4．そうじや係の仕事は自分がしなくても他の人がしてくれると思う	2.68 (1.22)	2.15 (1.01)	2.90**	25. すぐにできなくても，できるまでがんばろうと思う	4.33 (1.03)	4.67 (1.12)	1.99*
5．何でも最後は自分で決めたいと思う	4.29 (1.28)	4.00 (1.50)	n.s.	26. 自分の気持ちや考えを友だちにわかりやすく伝えることができると思う	3.82 (1.17)	3.55 (1.17)	n.s.
6．友だちが困ったときには，助けることができると思う	4.74 (0.94)	4.72 (0.90)	n.s.	27. 情報が少ないと，正しい答えが出せないと思う	4.42 (1.11)	4.04 (1.18)	2.11*
7．調べようと思ったら，インターネットなどを使って自分で調べることができると思う	4.81 (1.20)	4.72 (1.22)	n.s.	28. だらだらとテレビをみないようにしようと思う	4.09 (1.22)	3.64 (1.48)	2.17*
8．みんなで決めた係や仕事は，きちんとやりたいと思う	5.11 (0.97)	5.25 (0.92)	n.s.	29. 失敗しても，あきらめずに，うまくいくまでがんばろうと思う	4.33 (1.12)	4.56 (1.07)	n.s.
9．みんなと意見が違っても，自分の意見を言うことができると思う	4.06 (1.16)	3.75 (1.38)	n.s.	30. 落ち込んでいても，友だちとは明るく話ができると思う	4.54 (1.16)	4.12 (1.48)	2.07*
10. 友だちの気持ちを大切にすることができると思う	4.89 (0.98)	5.02 (0.86)	n.s.	31. やる気になったら，集中して勉強することができると思う	4.68 (1.19)	4.96 (1.13)	n.s.
11. わからないことは，先生や友だちに聞くことができると思う	4.45 (1.26)	4.70 (1.12)	n.s.	32. 友だちとけんかしても，うまく仲直りができると思う	4.37 (1.26)	4.33 (1.25)	n.s.
12. やる気になったら，家のそうじや手伝いができると思う	4.76 (1.23)	5.10 (0.99)	n.s.	33. 友だちに悪いことをしたと思ったら謝ることができると思う	4.90 (0.91)	4.97 (1.06)	n.s.
13. 自分がいやなことは，友だちにはっきり言うべきだと思う	4.75 (1.06)	4.64 (1.34)	n.s.	34. 難しいことでも，やる気になったら，できると思う	4.49 (1.10)	4.68 (0.99)	n.s.
14. 生徒は，将来のためにしっかりと勉強すべきだと思う	4.75 (1.02)	4.70 (1.08)	n.s.	35. 思いやりがある人には，たくさん友だちができると思う	5.37 (0.91)	5.43 (0.82)	n.s.
15. 遊びに行く前に勉強や宿題をすませるほうがいいと思う	4.66 (1.00)	4.46 (1.13)	n.s.	36. 将来どんな仕事をしたいかを今から考えなくてもいいと思う	2.58 (1.20)	2.45 (1.29)	n.s.
16. 友だちのよくないところは注意すべきだと思う	4.52 (0.96)	4.38 (1.23)	n.s.	37. 忘れ物をしないように前の日から用意することが大切だと思う	4.92 (1.02)	4.80 (1.18)	n.s.
17. 何かを決めるときには，情報は多いほうがいいと思う	5.27 (0.84)	5.33 (0.78)	n.s.	38. 学級の係や当番の仕事は，きちんとやることが大切だと思う	5.18 (0.80)	5.15 (0.99)	n.s.
18. 学級の仕事は，みんなで協力したほうがいいと思う	5.19 (0.91)	5.25 (1.00)	n.s.	39. 宿題や勉強は言われてからやればいいと思う	2.44 (1.06)	2.49 (1.28)	n.s.
19. 自分ひとりで決めるよりも，人に相談してから決めたほうがいいと思う	5.01 (0.84)	4.83 (1.08)	n.s.	40. 努力しない人は，仕事で失敗すると思う	4.59 (1.25)	4.62 (1.34)	n.s.
20. 学校で勉強していることは，将来仕事をするときに役に立たないと思う	3.23 (1.33)	3.06 (1.47)	n.s.	41. がんばって苦手なことを少なくすることが大切だと思う	5.01 (0.88)	4.93 (1.14)	n.s.
21. 計画や時間を決めて勉強したいと思う	4.47 (1.11)	4.04 (1.40)	2.21*	42. 遊んでばかりいると，りっぱな大人になれないと思う	3.96 (1.44)	4.09 (1.50)	n.s.

**p<.01　*p<.05

に自ら情報収集をする重要性を認識していることや現在の勤勉な取り組みを大切だと感じていることから，「主体的学習志向」とした。第２因子は，他者との関わりからトラブルを乗り越えることができると感じていることや自分の思いを表明できると認識していることから，「自他理解志向」とした。第３因子は，他者からの影響を受けて自分の行為を決めようとしていることから，「他者依存志向」とした。結果的に，この第３因子を構成する項目はすべて逆転項目となったが，後述するα係数の高さを加味すると，妥当なものであると思われる。抽出された３因子について，クローンバックのα係数を算出したところ，「主体的学習志向」は0.89,「自他理解志向」は0.87,「他者依存志向」は0.63であり，各因子を構成する項目の内的整合性が高く，十分な信頼性が得られた。この３因子について，同一項目で特定の因子に0.50以上の因子負荷量を示していることを基準に項目を選び，因子合成得点の平均値と標準偏差を算出した。その合計した得点を項目数で割って各因子の因子合成得点（６点満点）とした（表６－３）。

全体の因子得点をみると，「主体的学習志向」が最も得点が高く，以下，「自他理解志向」「他者依存志向」となった。ｔ検定を行った結果，男女別では，女子で「主体的学習志向」と「自他理解志向」が，男子で「他者依存志向」の得点が高かった。学年別では，Tukey法による多重比較を行った結果，学年進行に伴って「主体的学習志向」の得点が高くなっていること，「自他理解志向」で２年生より３年生の得点が高いこと，「他者依存志向」で２年生の得点が１・３年生よりも高いことがわかった（表６－４）。

交流群と非交流群を比較すると(3)，「主体的学習志向」と「自他理解志向」で交流群の得点が，「他者依存志向」で非交流群の得点が高かった。さらに，交流群に着目すると，男女別では，女子で「主体的学習志向」と「自他理解志向」が，男子で「他者依存志向」の得点が高かった。学年別では，「主体的学習志向」で２・３年生が１年生より得点が高いこと，「自他理解志向」で２年生より３年生の得点が高いこと，「他者依存志向」で２年生の得点が３年生より高いことがわかった。また，短期交流群と長期交流群を比較すると，「主体

表6-3　キャリア意識に関する因子分析（主因子法・Promax回転後）

		Ⅰ	Ⅱ	Ⅲ
	Ⅰ　主体的学習志向（α =0.89）			
*	17. 何かを決めるときには，情報は多いほうがいいと思う	.65	.09	.04
*	14. 生徒は，将来のためにしっかりと勉強すべきだと思う	.64	.02	-.06
*	19. 自分ひとりで決めるよりも，人に相談してから決めたほうがいいと思う	.63	.02	.14
*	42. 遊んでばかりいると，りっぱな大人になれないと思う	.62	-.13	.18
*	40. 努力しない人は，仕事で失敗すると思う	.61	-.02	.09
*	18. 学級の仕事は，みんなで協力したほうがいいと思う	.61	.16	-.04
*	15. 遊びに行く前に勉強や宿題をすませるほうがいいと思う	.59	-.04	-.10
*	1. 大学や専門学校ではどんな勉強するのかを知りたいと思う	.59	-.08	.00
*	27. 情報が少ないと，正しい答えが出せないと思う	.58	-.10	.20
*	23. 働いている人はどのようにして，その職業についたのかを知りたいと思う	.58	.09	-.01
*	41. がんばって苦手なことを少なくすることが大切だと思う	.57	.15	-.08
*	37. 忘れ物をしないように前の日から用意することが大切だと思う	.54	.00	-.19
*	38. 学級の係や当番の仕事は，きちんとやることが大切だと思う	.53	.12	-.25
*	21. 計画や時間を決めて勉強したいと思う	.53	.03	-.05
*	35. 思いやりがある人には，たくさん友だちができると思う	.52	.24	.01
	16. 友だちのよくないところは注意すべきだと思う	.46	.24	.09
	8. みんなで決めた係や仕事は，きちんとやりたいと思う	.42	.23	-.21
	28. だらだらとテレビをみないようにしようと思う	.39	.09	-.07
	3. 友だちのよいところをもっと知りたいと思う	.31	.30	.01
	Ⅱ　自他理解志向（α =0.87）			
*	32. 友だちとけんかしても，うまく仲直りができると思う	-.09	.77	.02
*	26. 自分の気持ちや考えを友だちにわかりやすく伝えることができると思う	-.16	.77	.08
*	6. 友だちが困ったときには，助けることができると思う	.08	.68	.10
*	33. 友だちに悪いことをしたと思ったら謝ることができると思う	.10	.65	-.05
*	10. 友だちの気持ちを大切にすることができると思う	.10	.65	.00
*	30. 落ち込んでいても，友だちとは明るく話ができると思う	-.12	.63	.05
*	11. わからないことは，先生や友だちに聞くことができると思う	.09	.59	.04
*	9. みんなと意見が違っても，自分の意見を言うことができると思う	-.05	.59	.13
*	24. 自分の未来は明るいと思う	-.11	.58	-.05
*	34. 難しいことでも，やる気になったら，できると思う	.16	.57	-.06
	29. 失敗しても，あきらめずに，うまくいくまでがんばろうと思う	.23	.49	-.15
	25. すぐにできなくても，できるまでがんばろうと思う	.18	.48	-.20
	31. やる気になったら，集中して勉強することができると思う	.27	.41	-.08
	22. 違う学年の人とも話をしたいと思う	.14	.39	.02
	13. 自分がいやなことは，友だちにはっきり言うべきだと思う	.31	.39	.14
	7. 調べようと思ったら，インターネットなどを使って自分で調べることができると思う	.20	.35	.05
	12. やる気になったら，家のそうじや手伝いができると思う	.34	.34	-.03
	5. 何でも最後は自分で決めたいと思う	.16	.30	.21
	Ⅲ　他者依存志向（α =0.63）			
*	4. そうじや係の仕事は自分がしなくても他の人がしてくれると思う	.11	.00	.64
*	39. 宿題や勉強は言われてからやればいいと思う	-.09	.18	.64
*	2. 人から頼まれたことでも，うまくできないと，やめてしまうと思う	.34	-.22	.55
*	36. 将来どんな仕事をしたいかを今から考えなくてもいいと思う	-.18	.26	.50
	20. 学校で勉強していることは，将来仕事をするときに役に立たないと思う	.02	.08	.43
	因子間相関　Ⅱ	.58		
	Ⅲ	-.46	-.33	

表6－4　全体の因子得点

（上段：平均点（6点満点），下段：標準偏差）

	全体	性別		t検定	学年			多重比較
		男子	女子		1年生	2年生	3年生	
Ⅰ　主体的学習志向	4.67 (1.23)	4.61 (1.24)	4.73 (1.19)	**	4.58 (1.26)	4.68 (1.21)	4.77 (1.19)	1<2**,1<3**, 2<3**
Ⅱ　自他理解志向	4.28 (1.24)	4.23 (1.25)	4.34 (1.21)	**	4.27 (1.23)	4.24 (1.26)	4.32 (1.24)	2<3*
Ⅲ　他者依存志向	2.71 (1.28)	2.83 (1.31)	2.62 (1.24)	**	2.65 (1.21)	2.82 (1.36)	2.66 (1.27)	1<2**,2>3**

$p<.01^{**}$　$p<.05^{*}$

的学習志向」と「他者依存志向」で短期交流群の得点が高かった（表6－5）。

以上の結果から，次のことが考えられた。まず，高校生全体では，女子において「主体的学習志向」「他者理解志向」が強く，積極的なキャリア意識であること，男子で「他者依存志向」が強く，消極的な意識であることが推察される。3年生で「主体的学習志向」「自他理解志向」が高く積極的な意識であるのに対して，2年生では「他者依存志向」が高く消極的な意識であることが考えられる。

次に，小学生と交流しているか否かでみられるキャリア意識の違いについて，交流群で「主体的学習志向」「自他理解志向」が高いことから積極的な意識があること，特に女子にその傾向があてはまると考えられる。他方，非交流群では「他者依存志向」が高く，意識が消極的であり，交流群の男子もそれに近い状態であると思われる。

さらに，交流群内に着目すると，学年比較では，高校生全体の場合と同様で，3年生の積極的な意識，2年生の消極性が読み取れる。交流期間に目を移すと，項目レベルの検討では明確にならなかったが，短期交流群で「主体的学習志向」「他者依存志向」が高く，積極的な面と消極的な側面の両面の意識を有していることがわかる。短期交流群では，活動期間が短いだけに，集中して自分から積極的に関わろうとする態度と，何とかその時間をやり過ごして乗り切ろ

表６－５　交流群・非交流群間及び交流群内の比較

（上段：平均点（６点満点），下段：標準偏差）

	交流群	非交流群	t検定	交流群		
				性別		t検定
				男子	女子	
Ⅰ　主体的学習志向	4.84 (1.15)	4.63 (1.24)	**	4.65 (1.20)	4.94 (1.10)	**
Ⅱ　自他理解志向	4.39 (1.22)	4.25 (1.25)	**	4.22 (1.24)	4.49 (1.18)	**
Ⅲ　他者依存志向	2.56 (1.20)	2.75 (1.30)	**	2.82 (1.22)	2.42 (1.16)	**

	交流群						
	学年			多重比較	短　期 交流群	長　期 交流群	t検定
	１年生	２年生	３年生				
Ⅰ　主体的学習志向	4.68 (1.28)	4.86 (1.10)	4.97 (1.08)	$1<2^{**}, 1<3^{**}$	4.89 (1.09)	4.77 (1.22)	*
Ⅱ　自他理解志向	4.45 (1.26)	4.30 (1.22)	4.52 (1.15)	$2<3^{*}$	4.39 (1.20)	4.37 (1.25)	n.s.
Ⅲ　他者依存志向	2.51 (1.28)	2.68 (1.21)	2.33 (1.02)	$2>3^{**}$	2.64 (1.18)	2.43 (1.21)	*

$p<.01^{**}$　$p<.05^{*}$

うとする態度が生まれ，それが結果に反映されているのではないかと思われる。見方を変えれば，長期交流群は，活動期間が長いために消極的な関わりをしようとする生徒は活動が続きにくく，その側面が弱くなるものと推察される。また，日常的な取り組みになっているため，活動に対して短期交流群にとってほどのインパクトはなく，積極性は低くなるものの，高校生全体よりは得点が高く，一定水準の安定した積極性が保持されているものと考えられる（表６－５）。

本章のまとめ

小学生と長期交流する生徒は，キャリア意識に関して，勉強などに対する情報収集意欲や友だちとの協力や思いやりなど，良好な人間関係維持が大切であるとする意識が高いこと，課題遂行・達成意欲が高いことが示された。また，長期交流している生徒に関して，男子では職業意識の先送りがみられること，女子では規律ある生活志向や友だちとの人間関係維持・向上意識が高いこと，３年生は規律ある生活志向が強いこと，２年生は課題遂行・達成意欲が低いことが明らかになった。

今後の交流活動の在り方について，まず，生徒会主導で運営する形態を維持して，明確な職業意識に根差した主体性を涵養することが重要であることが明示された。また，学童保育指導員と生徒の間で交わされる「交換ノート」を効果的に活用することで，日時等を改めて形式的に行う事前学習・事後学習ではなく，日常的な指導に織り込むことで教育効果を高めることが求められることが示された。先行研究を概観しても，特に事前学習に関しては，主体的な学びによる事前学習によって学習者の不安が軽減するなどの効果があったことが実証されていたり[(4)]，職場体験活動を問題の解決や探究活動の過程に適切に位置づけるための留意点として，事前学習で探究課題を協同的に設定することや自己効力感・自尊感情を高めるエクササイズを行うこと，事後学習で新たな課題設定から次の過程につなげることや評価の充実化を図ることが指摘されている[(5)]。

短期交流と長期交流の比較に関して，まずは，期間の長短は別として，小学生と交流活動をする高校生の方が，「19. 自分ひとりで決めるよりも人に相談してから決めたほうがいいと思う」や「18. 学級の仕事は，みんなで協力したほうがいいと思う」などが含まれる主体的学習志向や，「32. 友だちとけんかしても，うまく仲直りができると思う」「26. 自分の気持ちや考えを友だちにわかりやすく伝えることができると思う」などが含まれる自他理解志向の側面で意識が高く，人間関係形成能力の高さの一端が示された。

交流活動の期間に着目すると，慎重な吟味が求められる。端的に言えば，長ければ良いというものではないということである。短期交流群と長期交流群の比較からわかるように，それぞれに特徴がある。人間関係形成能力と関連づけて捉えると，他者と関わる時間の長短が人間関係の密度の濃淡に，必ずしも比例するものではないということになるのかもしれない。学校の教育課程等を加味しながら，実現可能な実施環境を検討する必要がある。

それに関連して，教育課程の中でインターンシップのように一律で活動する場合と，教育課程外の位置づけにおいて有志で活動する場合とでは，実施方法・内容など，学校の支援体制が変わってくることも留意しなければならない。学校設定教科における職場実習が，高校生自身にとってはキャリア教育になり，地域にとっては地域活性化になっているという事例もある(6)。また，交流活動を経ずとも，「主体的学習志向」のように学年進行に伴って高まる側面もある。それから，２年生で「他者依存志向」が高いなど，どの学年で実施するかも検討の余地がある。その意味では，現在，インターンシップが２年生で行われている割合（62.7%）が高いこと(7)は，本研究の知見と照らし合わせても首肯できるものである。

注

(1)　その他の活動状況は，「６．ボランティアガイド」7.5%，「４．幼児との交流活動」7.2%，「３．草刈り後の処理」5.3%，「１．土嚢（どのう）作り」0.2%であった。

(2)　その他の項目の回答状況は，「４．小学生と交流する活動は自分の将来に役立つと思いますか」88.4%，「２．今後も小学生と交流する活動があれば参加したいですか」85.5%，「３．小学生と交流する活動を友だちや後輩に薦めたいですか」85.5%であった。

(3)　短期交流群（100名）と長期交流群（69名）を合わせて交流群（169名）とし，残りの小学生と交流していない高校生を非交流群（709名）とした。

(4)　柏崎秀子「体験活動に向けた主体的な事前学習の開発とその効果―介護等体験の単位化―」『実践女子大学文学部紀要』56，2014，pp. 31-41.

(5)　岩崎保之「中学校『総合的な学習の時間』において職場体験活動を充実させる要件」『新潟青陵学会誌』 6(1)，2013，pp. 13-23.

(6)　岡山県社会教育委員の会議「地域の中で輝く中高生の出番づくり～地域への愛着心・自己肯定感の向上をめざして～（提言）」2016.

(7)　国立教育政策研究所生徒指導・進路指導研究センター「平成27年度における職場体験・インターンシップ実施状況等（概要）」2017.

＊本章は，林幸克「高校生のキャリア意識に関する研究—小学生との継続交流に基づく分析—」『日本生涯教育学会論集』35，2014，pp. 51-60及び，林幸克「高等学校におけるキャリア教育に関する実証的研究—高校生と小学生の交流活動に着目した分析—」『日本特別活動学会紀要』23，2015，pp. 41-48を大幅に加筆・修正したものである。

第Ⅲ部

高校生の規範意識の育成

第7章 規範意識に関する政策・研究基盤

文部科学省「高等学校教育の改革に関する推進状況について」(2017) によると，中高一貫教育校は，制度化された1999年度より増加傾向にあり，2016年度では，595校（中等教育学校52校，併設型461校，連携型82校）で，すべての都道府県において公立の中高一貫教育校が設置されている。また，単位制高等学校については，1988年度の定時制・通信制課程における制度化，1993年度の全日制課程における制度化を経て今日に至っているが，年々増加傾向にある。2016年度は1,007校となっており，全都道府県に複数の公立単位制高等学校が設置されている。総合学科については，1994年度の制度化以降増加傾向にあり，2016年度は375校に設置されており，単位制高等学校同様，全都道府県に複数の公立単位制高等学校が設置されている。

さらに，高等学校以外での学修成果を単位認定する学校数に着目しよう。大学または専修学校等における学修の単位認定を実施する学校数は（専修学校は1993年度から，大学は1998年度から単位認定可能），年々増加傾向にあり，2010年度は478校であった。また，1998年度から可能となったボランティア活動や就業体験に係る学修の単位認定を実施する学校数も同様に増加傾向にあり，2010年度は504校であった。

これらのことから，高等学校教育の多様化が進展していること，生徒のさまざまな学修成果が評価される体制が整備・拡大していることなどがうかがえる。なお，これ以降の記述においてみられる下線は，筆者が付記したものである。

第1節　規範意識の定義

それでは，規範意識という概念をどのように捉えるのか，改めて定義しておきたい。

まず，国会の各種委員会などで規範意識について言及される場面に着目して，どのように概念規定され，用いられているのかを確認する。

【衆議院・教育再生に関する特別委員会（2007/4/23）での伊吹文明文部科学大臣の発言】

「規範というのもいろいろあると思いますが，あえて言えば，人間として生きていく上で最低限身につけておかなければならないルールというか行動の様式，（中略）一般論として言えば，人間として生きていく上での最低限のマナーを身につけるというふうに理解したらいいんじゃないかと私は考えております。」

【衆議院・教育再生に関する特別委員会（2007/5/10）での銭谷眞美初等中等教育局長の発言】

「規範意識は，道徳，倫理，法律等の規範を守ろうとする意識でございまして，道徳心の基礎として重要であることから規定をしたもの」

【衆議院・教育再生に関する特別委員会（2007/5/10）での伊吹文明文部科学大臣の発言】

「規範意識というのは，長年の祖先の営みによって，成功したり失敗したりするものがありますけれども，その中でうまくいかないものをこそげ落し，よきものが残り，結局，その社会に言い伝えられてきている，法に書かれざる暗黙の社会のルールのようなもの」

【衆議院・教育再生に関する特別委員会（2007/5/11）での伊吹文明文部科学大臣の発言】

「社会あるいは国家が長い年月の間に熟成させてきた伝統と申しますか，暗黙の，その社会を動かしていくためのルールというか約束事のようなもの，そういうものを総称して規範，それをしっかり身につける意識をもっているということ」

「社会にはやはりその社会として，あるいはその民族が長年の試行錯誤の結果，悪いものは淘汰され，いいものとして残ってきている，これが社会の大きな規範というもの」

【衆議院・文教科学委員会（2007/5/22）での安部晋三内閣総理大臣の発言】

「規範意識とは，みんなで決めた規則あるいはマナーを守っていくということ」

【衆議院・文教科学委員会（2007/5/24）での伊吹文明文部科学大臣の発言】

「その国において，長い歴史の中で祖先が試行錯誤の中でこれはどうも不適当だなというものをそぎ落として，これは正しいんじゃないか，みんなで守っていこうよというものを残して，そしてつくり上げてきたものと法律とを合わせたものが私は規範だと思いますね。」

【文部科学省・警察庁「児童生徒の規範意識を育むための教師用指導資料」（非行防止教室を中心とした取組）（2006/5）の記述】

「規範」を「人間が行動したり判断したりする時に従うべき価値判断の基準」とし，「規範意識」を「そのような規範を守り，それに基づいて判断したり行動しようとする意識」としている。具体的には，「自他の生命や権利を尊重し，自他を身体的にも心理的に傷つけてはいけない」または「盗みをしてはいけない」などの社会的な基準を守り，その基準に基づいて，規律ある行動をすることができることとした。

国の見解を概観すると，社会の規則やルール，マナーを守ろうとすることを，規範意識として捉えていることがうかがえる。

次に教育学等の専門家は，規範意識をどのように定義しているのかを整理する。

「規範意識とは家庭や学校，社会における対人関係などにおいて，多くの者によって共有されている伝統的・慣習的な言動についての基準や習慣などに対する意識」[(1)]

「規範は，多くの者によって共有されている価値基準とその実現のためにとられるべき行為の様式をさす。その規範が内面化されたものが規範意識である。」[(2)]

「規範を『当為としての道徳的価値』を意味するものとした上で，規範についての認識と感情をまとめて『規範意識』と呼ぶ」[(3)]

「規範とは，ある特定の社会集団において，その成員が同調するように要求される行動の標準である。規範はいろいろな形で集団の成員を拘束する。（中略）その集団が持っている規範をはずれた行動はマイナスの裁定を集団から受けることになる。反対に，その標準に同調する行動に対しては賞が与えられる。規範の存在は，成員にとっては不自由である場合もあるし，個人の欲求のままに行動できない壁である。しかし，それは集団が集団として存続するためには，集団の成員によって守られねばならない行動の標準である。したがって，集団の側は規範に照らして成員の行動を評価し裁定を下す。（中略）規範意識とは，規範が集団側に属する価値の型であるのに対して行為者側の価値意識や価値態度を意味する。子どもたちは，生まれて以来，すでに存在する集団に入団することが多い。（中略）できあがっている集団には，規範は制度化されているのがふつうである。だから，すでにある規範に，同調することが求められる。」[(4)]

「小学生・中学生・高校生が１日の生活において経験する可能性があることがらについて，多くの人々が共有し，かつ暗黙のうちに仮定している規則（ルール・マナー・習慣・伝統），及びそれに関連する感情的反応，または行動的反応」[5]

「規範とは所属する集団や社会の中でのみ存在するものであり，その集団や社会の中でよりよく生きていくために必要となるものである。規範に基づいて判断したり行動しようとする意識が規範意識である。」[6]

「規範意識とは，集団生活の向上のために個人が従わなければならないよりどころである。規範意識は，これから行おうとする行為が規範に照らして妥当なものであるか否かを，自分自身で判断し，行為に移すときに働く意識のことである。（中略）個々に形成される規範意識は，与えられるというよりは，他者とのかかわりや様々な集団活動を通して，自らが自らに形成させることにも大きな意味がある。」[7]

規範とは「人々が言動を決定する際によりどころとなる外的な判断基準の総体」，規範意識とは「個人が自分の中に取り入れる枠組み」であり，「内なる規範」ともいう[8]。

これらの定義をみると，規範を社会における価値判断の基準（規則やルール，マナー），そして，それを個人が内面化したもの（守ろうとすること）を規範意識として捉えていることがわかる。前述の国の認識は，これを平易に説明したものとして解釈できる。そこで，本研究では，規範意識を「社会における規則やルールなどの価値判断の基準を，個人が内面化して遵守しようとする構え」として定義する。

第2節　政策・研究基盤

1．政策動向

次に，その規範意識の涵養に関して，国がどのような政策を展開してきたのか，最近の主な動向を振り返ってみる。

【2003年】

○薬物乱用対策推進本部「薬物乱用防止新五か年戦略」

学校等における薬物乱用防止に関する指導の充実について，「『体育』『保健体育』『道徳』『特別活動』における指導に加え，『総合的な学習の時間』の例示として示されている『健康』に関する横断的・総合的な課題についての学習活動等も活用しながら，学校の教育活動全体を通じて薬物乱用防止について指導の充実を図るとともに，教育相談等の生徒指導の機能を一層活用する必要がある。また引き続き，学校における薬物乱用防止教室の開催を推進するとともに，関係機関の連携により薬物乱用防止教育の一層の充実に努める必要がある」として，「すべての中学校及び高等学校において，年に1回は薬物乱用防止教室を開催するよう努めるとともに，地域の実情に応じて小学校においても薬物乱用防止教室の開催に努め，警察職員，麻薬取締官OB，学校薬剤師等の協力を得つつ，その指導の一層の充実を図る」ことを示した。

○犯罪対策閣僚会議「犯罪に強い社会の実現のための行動計画」
「学校における非行防止教室，薬物乱用防止教室，罪を犯した場合の処罰・処分・民事責任に関する教育，啓発資材の作成・配布，地域の人材を活用した生徒指導の支援，学校担当保護司を活用した『中学生サポート・アクションプラン』の推進等により，少年の規範意識を向上させる」ことや，「薬物乱用防止教室の開催及び地域や家庭における啓発活動の推進等により，児童・生徒を始めとする青少年に対する薬物乱用防止教育を充実する」ことが謳われた。

【2004年】

○文部科学省「児童生徒の問題行動対策重点プログラム（最終まとめ）」
「犯罪被害者の体験談を取り入れた学習を含め，社会のルールや自分の行為に責任を持つということを学ぶ一環として，小学校高学年から，非行，犯罪の防止等を目的とした学習を推進する。」ことが記された。

【2005年】

○文部科学省「新・児童生徒の問題行動対策重点プログラム（中間まとめ）」

「児童生徒の問題行動を未然に防止し，又は早期に的確な対応を行うため，学校と警察等関係機関との連携の充実強化を図るとともに，問題行動発生時にはサポートチームの迅速な立ち上げ等早期に関係機関等と連携していく体制の確立を図る。」ことや「児童生徒の規範意識の向上及び子ども達の安全な学習環境の確保の観点から，学校内規律の維持を志向する『ゼロ・トレランス（毅然とした対応）方式』のような生徒指導の取組みを調査・研究するなど，生徒指導の在り方について見直しを図る」ことが示された。

なお，この中では，文部科学省・警察庁「非行防止教室等プログラム事例集」の活用が謳われている。また，「ゼロ・トレランス」の概念が注目されるようになったのは，この中間まとめからである。

【2006年】

○文部科学省・警察庁「児童生徒の規範意識を育むための教師用指導資料」（非行防止教室を中心とした取組）

「非行防止教室を実施する目的は，①子どもの規範意識を育み，子どもが社会のきまりを守り，社会的に自立できるように育成すること，②危険を察知し，危険回避能力を育成すること及び③学校が安全で安心して学べる場所であるように環境づくりを進めることにある」とした。そして，「規範意識は，家庭において，躾，規則正しい睡眠や食事等の基本的な生活習慣，又は家庭の手伝い等に関する教育を土台とし，その家庭教育での土台のもとに，学校教育において，きまりを守ること及び他者との関わりを大事にするための具体的な活動を通じて育まれるものである。特に，学校教育において，規範意識は，生徒指導，教科指導，道徳教育や特別活動での指導及び人権教育など学校におけるあらゆる教育活動の中で養われるものであり，挨拶指導，服装指導，遅刻指導，集団活動に関する指導，清掃指導，授業中の私語の禁止などの具体的な指導を通じて，児童生徒がルールや法の重要性やそれを守ることの必要性を自覚し，実際に守るようにすることによって育まれるものである」とされた。

○国立教育政策研究所生徒指導研究センター「生徒指導体制の在り方についての調査研究」報告書―規範意識の醸成を目指して―

「規範意識は，家庭において，挨拶・服装等の躾，規則正しい睡眠や食事等の基本的な生活習慣，又は家庭の手伝い等に関する教育を土台としている。そして，子ども達の中で内面化されて自律的に自らの行動を規制するようにする必要がある。また，学校教育において，規範意識は，そのような家庭教育での土台のもとに，生徒指導，教科指導，道徳教育及び人権教育などのあらゆる教育活動の中で，学校の中での規則など，例えば，校則，服装，時間の厳守，規律ある集団活動，挨拶などの具体的な指導を通じて育成されるものである」とした。また，「児童生徒に基本的な生活習慣を確立させるとともに，順法意識をはじめとする人間として最低限の規範意識に基づいた行動様式を，発達段階に応じて身に付けさせることが重要である。規範意識に基づいた行動様式を身に付けさせるためには，自律心の育成が不可欠である。すなわち，自らを抑制できる力を身に付けさせる必要がある」ことが明記された。

こうした一連の流れの中で，教育基本法第６条に，「教育を受ける者が，学校生活を営む上で必要な規律を重んずるとともに，自ら進んで学習に取り組む意欲を高めることを重視して行われなければならない」ことが明文化された。

【2008年】

○文部科学省・国立教育政策研究所生徒指導研究センター「規範意識をはぐくむ生徒指導体制」（生徒指導資料第３集）

「学校生活を営む上で必要な規範意識を育成し，児童生徒一人一人が公共の精神や社会規範との関連において自己実現を図れるよう社会的自己指導力を身に付ける観点から生徒指導体制を見直す場合，まず，児童生徒の人権を尊重することを前提として，児童生徒の保護者や地域住民と教職員の間で生徒指導について，共通理解を図っていくことが重要である」とされた。それから，「青少年の健全育成や問題行動等への対応は，学校・家庭・地域がそれぞれの役割を果たしつつ協力して行うものである。不登校・暴力行為・性非行への対応をはじめ，薬物乱用防止教育・非行防止教育・犯罪被害防止教育，安全で安心な学校づくりなどを幅広く進めていくためには，家庭・地域の協力が不可欠である」こと，「発達段階に応じて，児童生徒に基本的な生活習慣を確立させるとともに，規範意識に基づいた行動様式を定着させることが重要である。さらに，規範意識に基づいた行動様式を定着させるためには，自律心の育成が不可欠である。すなわち，自らを抑制できる力を身に付けさせる必要がある。こうした指導を円滑に行うためには，学校の集団生活の秩序を維持する指導の推進と，小学校・中学校・高等学校の連携を視野に入れた社会的自立を促進する生徒指導が求められる」ことが示された。

○教育振興基本計画

基本的方向2の「個性を尊重しつつ能力を伸ばし，個人として，社会の一員として生きる基盤を育てる」の中で，「基本的な生活習慣や人としてしてはならないことなど社会生活を送る上で持つべき最低限の規範意識，生命の尊重，他者への思いやりなどを培うとともに，法やルールを遵守し，適切に行動できる人間を育成する」こと，「いじめ，暴力行為，不登校，少年非行，自殺等への対応の推進を図るため，問題行動を起こす児童生徒への毅然とした指導を促すとともに，未然防止，早期発見・早期対応につながる効果的な取組や関係機関等と連携した取組，いじめられている児童生徒の立場に立った取組を促進する。」ことが明示された。また，基本的方向4の「子どもたちの安全・安心を確保するとともに，質の高い教育環境を整備する」の中で，「学校や通学路等において子どもたちが安全に過ごせるよう，学校と地域のボランティアや関係機関との連携による地域ぐるみで子どもの安全を守る環境の整備や，子ども自らが安全な行動をとれるようにするための安全教育の取組を推進する」ことが提示された。

○犯罪対策閣僚会議「犯罪に強い社会の実現のための行動計画2008」

「警察，スクールサポーター，学校等が連携の上，地域安全情報のきめ細かな収集・提供，非行防止・犯罪被害防止教室や防犯教室の開催，問題を抱えた少年への対応等をより的確に実施する」こと,「少年の規範意識の向上を図るため,学校における法教育,非行防止教室,薬物乱用防止教室等の実施,啓発資材の作成・配布,地域の人材を活用した生徒指導の支援,保護司・保護司会と中学校の連携による『中学生サポート・アクションプラン』等を推進する」こと,「学校における薬物乱用防止教育の充実強化を図るため,薬物乱用防止教室の開催,教職員,保護者等を対象とした薬物乱用防止の普及啓発のためのシンポジウムや広報啓発活動等の実施を推進する」ことが記された。

【2010年】

文部科学省「生徒指導提要」では,規範意識を,生徒指導との関連を中心に,以下のように論じている。

「校内のルールを遵守させるなど,校内の規律の維持とこれを通じた児童の規範意識の醸成という観点から,生徒指導の在り方を見直していくことが求められています。」

「生徒指導では,規範意識をはぐくむ指導及び校内規律に関する指導を児童生徒の発達の段階に即しながら意図的計画的に推進していくことが求められています。」

「規範意識は,家庭におけるしつけ教育や基本的な生活習慣の確立を基盤として,学校における全ての教育活動を通じて養われていくものであります。そして,規範意識を育成することは,暴力行為のない安全・安心な学校づくりに結びついていくことでもあります。」

「暴力行為を予防するためには,学校や学級のきまりを守るなどの身近なことや自分たちが住む社会の法律を守る意味と重要性などを中心に継続的指導を進めていくことが大切であり,この活動を通じて自分を律していく力と判断する力を身に付けることが教育目標となります。」

学校教育法第21条(義務教育の目標)では,「学校内外における社会的活動を促進し,自主,自律及び協同の精神,規範意識,公正な判断力並びに公共の精神に基づき主体的に社会の形成に参画し，その発展に寄与する態度を養うこと」，第51条（高等学校の教育目標）では，「義務教育として行われる普通教育の成果を更に発展拡充させて，豊かな人間性，創造性及び健やかな身体を養い，国家及び社会の形成者として必要な資質を養うこと」が明文化され，規範意識の文言が入った。

【2011年】

○文部科学省・国立教育政策研究所生徒指導研究センター「学校と関係機関等との連携―学校を支える日々の連携―」（生徒指導資料第４集）

「日々の連携としては，児童生徒の健全育成を推進したり，ネットワークの構築を図ったり，生徒指導体制の充実を図ったりする目的で行われるものが考えられる。児童生徒の健全育成を推進するために行われるものとしては，児童生徒を対象に，自己指導能力や危険回避能力を身に付けさせることなどを目的に行う，交通安全教室，防犯教室，薬物乱用防止教室や非行防止教室などのほか，インターネットや携帯電話の適切な使用に関する情報モラル教育などがある」とされた。

【2012年】

○中央教育審議会答申「学校安全の推進に関する計画の策定について」

安全に関する教育の充実方策として，「進んで安全で安心な社会づくりに参加し，貢献できる力をつける教育を進めていくべきであり，自助だけでなく，共助，公助（自分自身が，社会の中で何ができるのかを考えさせること等も含む）に関する教育も重要である。その上で，家族，地域，社会全体の安全を考え，安全な社会づくりに参画し，自分だけでなく他の人も含め安全で幸せに暮らしていく社会づくりを目指すところまで安全教育を高めていくことが望ましい」としている。

【2013年】

○中央教育審議会答申「第２期教育振興基本計画について」

「基本施策２　豊かな心の育成　基本的な考え方」の中で，「子どもたちの豊かな情操や規範意識，自他の生命の尊重，自尊感情，他者への思いやり，人間関係を築く力，社会性，公共の精神，主体的に判断し，適切に行動する力などを育むため，道徳教育や人権教育を推進するとともに，体験活動や読書活動，生徒指導，青少年を取り巻く有害情報対策等の充実を図る」ことが明記されている。

○道徳教育の充実に関する懇談会「今後の道徳教育の改善・充実方策について（報告）」

「人間の在り方に関する根源的な理解を深めながら，社会性や規範意識，善悪を判断する力，思いやりや弱者へのいたわりなどの豊かな心を育むことが求められている。」とされている。「特別の教科　道徳」（仮称）に言及され，小学校・中学校の学習指導要領一部改正（2015）により，正式に道徳が教科化された。

【2014年】

○中央教育審議会生涯学習分科会今後の放課後等の教育支援の在り方に関するワーキンググループ「子供たちの豊かな学びのための放課後・土曜日の教育環境づくり」

「子供たちの主体性を引き出し，地域で役に立つ経験や，失敗を恐れずに挑戦する経験等を通じて，自尊心や達成感が高まるような機会が充実することも重要である」とされている。

○中央教育審議会答申「道徳に係る教育課程の改善等について」

道徳教育の在り方に関して，「人間尊重の精神と生命に対する畏敬の念を前提に，人が互いに尊重し協働して社会を形作っていく上で共通に求められるルールやマナーを学び，規範意識などを育む」ことが求められるとされた。

このように政策動向を振り返ってみると，教育基本法改正を境にして，規範意識の捉え方に変化があるように思われる。改正前では，規範意識について，ルールや規則といった規範の遵守に力点が置かれており，非行防止と関連づけて論述される傾向が強かった。すべての生徒を対象にした施策の提言になっているものの，そのスタンスとしては予防的アプローチが採られている。他方，改正後では，部分的に改正前と同様，非行防止等への言及もなされているが，全体としては，全生徒を念頭に置いた開発的アプローチとなっている。特に，安全教育や学校・家庭・地域社会との連携を鍵概念にしながら，生徒指導と関連づけて論じられている。

２．研究動向

規範意識について諸施策が展開されている中で，規範意識をテーマとした研究成果の蓄積も進んでいる。ここではその一端を確認するが，便宜的に「現状全般」「友人・仲間関係」「家族・家庭関係」「方策」，この４つの観点から整理する。

(1)　現状全般

各種調査結果から，高校生の規範意識について，どのような意識・実態が明らかにされているのかをみてみると，校則について，「日常生活場面において規範意識の高い高校生は，学校生活においても『学校の先生には敬意をはらうべきだ』と思う人が多く，また，校則遵守意識も校則指導の強化を望む意識も高い傾向にあることが分かる」[9]とした研究や，「高校生の半数以上は集団生活を送るうえでのルール（校則）の必要性を認めている。公共の場におけるあからさまな迷惑行為や人間関係に対する規範意識においても同様の傾向が見られ，決して規範意識が低いとは言えない」[10]という論考があり，高校生の規範意識が決して低いわけではないことが示されている。

その一方で，中学生と高校生の比較から，「概して中学生の方が高校生よりも規範意識も高く，許容性も低いことが示されたと言えよう。そのことは，年齢的に思春期にある中学生は，その特徴である潔癖的傾向の高さによっているかもしれない。他方，高校生は，中学生よりは広い生活空間の中で，既に様々な行為を体験したことが，規範意識を低下させたのではないかと考えられる」[11]という知見や，「中学生・高校生の段階では飲酒の危険性に対する認識や規範意識は低く，また他人の飲酒行動を黙認し，他人事としてしかとらえていないことがうかがわれた」[12]ことなど，規範意識の低さを指摘した研究がある。また，規範意識を個人レベルと社会レベルに区分して捉え，「青少年において，この個人的規範への遵守意識は高いことがわかる。一方で，公共性と社会性を問う規範ないし規範的行為に対する青少年の遵守意識は非常に低い。（中略）公共性と社会性を重んじる社会的規範への遵守意識の低さが認められる」[13]としたものもある。

このようにみると，規範意識の高低について，具体的にどのような事象を取り上げているのかによって見解が分かれている。換言すれば，規範意識の対象として何を想定しているのか，それをある程度限定的に捉えなければ，議論がむずかしいといえる。

(2)　友人・仲間関係

そうした規範意識を考察するにあたり，いくつかの論考を概観すると，友人・仲間関係を鍵概念にしているものが散見される。

友だち優先度が弱い生徒ほど，同調行動が少なくなり，友だち優先度が強い生徒ほど，同調行動が多くなるとしたうえで，「今日の高校生にとって，たとえそれが規範に関する意識や行動であったとしても，まわりから浮いた行動をとらないことが『人間関係の維持』においてもっとも重要になっているのである。そうした背景が，学校規範の“適度な”順守や軽微な逸脱についての容認，実際の軽微な逸脱行動にも繋がっているのである」[14]とした研究や，「若者たちは『規範』や『社会』に対する関心が薄らいでいる。他人の痛みに思いを致さないようになったようだ。そのくせ，友達とは一線を画してトラブルを起こさないように用心している。『違う』と思っても『そうだ』と同調し，緊張や葛藤を巧みに回避している」[15]ことを示したもの，さらに，「非行少年たちも，一般の少年たちと同じく，自らの存在根拠の脆弱さを補うため，『優しい関係』の重圧下をやむなく生きている人びとである。傷つきやすく脆弱な自己の基盤を守り，その肯定感を少しでも増すために，『優しい関係』を巧みにマネージメントしていくことによって，仲間内での対立を避けようと躍起になっている」[16]と示唆した論考は，高校生が友人・仲間との同調を重要視していることを明示している。また，それに関連して，友人・仲間との関係が良好であると，規範意識が高くなることを示した研究もある。たとえば「家族や教師よりも，友達から受容されていると感じている生徒の方が『規範意識』は高く，規範意識の醸成には，友達とのかかわり合いや結び付きが大きく影響を及ぼすことがうかがえる」[17]としたものや，「中・高生は，友人関係が良好であると認知していると規範意識が低かったのに対し，友人関係が良好で，なおかつ学校に適応的であると，規範意識が高いという興味深い結果」[18]を示したものがそうである。

その一方で，その友人・仲間関係との間で形成される規範意識が，マイナスに作用した場合を危惧する研究もある。「高校生では，家族や友人が否定的反応をとらないと予測していると万引きをしやすいというデータが示され，周囲の人間が重要になることが明らかにされた」[19]としたものや，「飲酒・喫煙・薬物使用を行う仲間やこれらを行うことに寛大な仲間が多いことは，青少年の薬物使用を予測する強い因子であることが示唆された」[20]というもの，「喫煙を黙認する意識の高さは，本人はもちろん周囲の人を喫煙へ容易に接近させる要因となり，危険性に対する認識が未成年者では低いように思われた。また，危険であるということを知識として知っていても，他人事としてしかとらえていないことがうかがわれた。さらに，未成年者では家族や学校の規範よりも仲間集団の規範を優先する傾向が高く，タバコをはじめて吸い出す段階より前から，禁煙に関する規範の教育を繰り返し行うことが重要であると考えられた」[21]と示唆した論考がそれに該当する。

また，「既存の規範と新たな友だち観にもとづく人間関係構築のための規範とのせめぎ合いの中で起こってきた意識低下という解釈にも一定の余地を残していると考える。人々の規範意識が変化する場合，一方的にその意識が低下するとは考えにくく，新たな社会規範といった社会からの要請の結果として，従来の規範意識が変容して見えるのかもしれない」[22]としたもの，「問題行動をする友人との絆により逸脱的な規範の取り入れが起こり，その結果問題行動が促進されるという仮説は否定されない。ただし，逸脱的な規範が問題行動をする友人との絆をつくるという逆の関係も否定されない」[23]と結論づけた研究，「社会一般のものや人を対象にした社会的規範意識が低く，比較的無関心な態度を示しているが，身近な友だち相手との関係を維持するためには『相手の立場を理解するように努める』『約束を守る』など，もしそのような規範を身につけていなければ，個人的な関係が維持できないような規範は比較的内在化されているのではないかと推察される」[24]とした論考などに示されたように，友人・仲間関係の形成と規範意識の形成・確立の間には，密接不可分な関係が想定されるだけに，慎重かつ多角的な考察が求められるといえよう。

(3)　家族・家庭関係

次に，高校生の規範意識を論じるうえで，友人・仲間関係のほかに，もうひとつ鍵概念になり得るものとして家族・家庭関係に着目したい。家族に関するセルフエスティームについて論じたものとして，「セルフエスティームとりわけ家族に関するセルフエスティームを高めることが，青少年の喫煙や飲酒行動，ひいては薬物乱用行動の防止にとって極めて重要であること」[25]を示唆したものや，「家族に関する低いセルフエスティームがさまざまな危険行動の要因となっている可能性が高いことと考え併せると，自分が自分の家族の一員であることを誇りに思い，家族から自分が愛され，尊重されていると感じることは，思春期全体を通じて常に重要な意味を持っており，思春期の危険行動を防止する上で最も重要視すべき事項であることを示唆している」[26]とした研究がある。

また，親との信頼関係に言及した論考として，「逸脱の程度が高い青少年はそうでない青少年に比べ，父親・母親との信頼関係をうまく築けていない傾向がみられ，また親をこわい存在としても強く考えていないが，他方，特に父親に対する依存の姿勢もみることができ，親との信頼関係が築けていないものの完全に親から独立しているわけでもない様子がみえてくる」[27]ことを示したものがある。

これらの研究は，家族・家庭への所属意識やセルフエスティーム，親子間の信頼関係を高めることが，規範意識の醸成に寄与していることを明示している。

(4)　方　　策

それでは，高校生の規範意識の形成に向けて，どのような方策が講じられるべきであるのか，その可能性も含めて検討してみよう。ここでは，３つに大別して整理する。

第１の方策としては，他者との信頼関係を形成することである。これについては，「規範意識の形成を同調性と序列性という二つの側面から複眼的に捉え返してみると，規範意識が二つの複合的なメカニズムによって形成されていることがわかる。規範への同調性という側面は，家庭や学校への満足感を背景に，フォーマルな学校文化への関与を基礎に形成されていた。（中略）情緒的な交流や信頼関係を深めていくことが，規範意識の醸成の一方の要といえる」[28]としたものや，「他者に対する不信感を低め，他者に対する信頼感を高め，自己に対する信頼感を高めることを，学校や家庭，地域でサポートすることは，薬物等の使用，恐喝・窃盗，深夜徘徊，暴力行為，いじめ，怠学等の青少年の問題行動を予防あるいは減少する手立てになる可能性」[29]を示した論考，「薬物使用予防のためには，その間接的背景的要因への取り組みとして，家族間の凝集性や，コミュニケーションを増加させること，学校における生徒の目標へのコミットメントや結束力を強くすること，同時に，直接的要因への取り組みとして，健全な友人関係の持ち方や薬物を誘われても断れるスキルを育てることが重要である」[30]ことを示唆した知見がある。

第２は，逸脱行動の影響の省察である。これに関しては，「規範の教育においては，規範を遵守することだけを指導するのではなく，同じ集団の人々との間のコミュニケーションを高め，その集団にとって規範がなぜ大切なのか，規範から逸脱することで誰にどのような影響があるかをきちんと伝えることを重視した教育プログラムの開発が必要になる」[31]とした研究や，「同じ集団の人々との間のコミュニケーションを高め，その集団にとって規範がなぜ大切なのか，規範から逸脱することでだれにどのような影響があるかをきちんと伝えることを重視した教育を行うことにより，飲酒，喫煙，薬物乱用へといたる過程を予防できる」[32]とした見解がある。

第3には，小学校段階からの継続的な教育が挙げられる。特に，喫煙防止教育や薬物乱用防止教育について，「今後の課題として，タバコをはじめて吸い出すようになる小学生の段階から，喫煙防止教育を行い，またその効果を持続させるため，中学校や高校になってからも，生徒の成長とともに繰り返し教育を行い，喫煙防止に関する社会的規範を持ち続けられるような教育の検討が是非とも必要」[33]としたものや，「薬物乱用防止教育を効果的に行う場や方法として，『高等学校までの学校教育』がすべての年代で圧倒的に多く，特に10代では約8割に達している。また，青少年を薬物から守る対策でも第2位が『学校での薬物乱用防止教育を強化する』で，すべての年代で約半数以上が挙げている。小・中・高校教育への期待は大きい」[34]ことを示した研究がある。

「規範意識の希薄化に対しては，規範を一つひとつていねいに，児童生徒が理解できる言葉と事例で説明する必要があります。特に『きまりだから』ではなく，なぜそれがそうなっているのか，必要があればその規範の存在意義について問い直す時間を作りましょう。これによって得られた理解や知識は他の場面でも出現しやすくなるので，児童生徒の中の『守る必要を感じないから守らない』という意識と態度の変容につながるのです」[35]という意見があるように，この3つの方向性を踏まえたうえで，高校生が納得することのできる具体的な説明が求められる。これに関連して，「社会的規範の内在化は，青少年の逸脱化を抑制するために極めて重要であるが，そのための方策としては，とくに公衆道徳を涵養し，他者感覚を身に付ける援助をする方策と教育プログラムが必要とされている。この点では，親は大きな役割と責任を担っていることが認識されるべきである」[36]と強調されているように，その説明の場は，学校だけに限定せず，地域や家庭も視野に入れることが望ましいであろう。

本章のまとめ

本章では，高等学校教育の多様化が進展するなかで，高校生の規範意識が注目されていることを，まず確認した。また，その規範意識の概念規定について，さまざまな見解が示されているが，それらを踏まえて，ここでは，「社会における規則やルールなどの価値判断の基準を，個人が内面化して遵守しようとする構え」と定義した。

規範意識の醸成のための政策動向に目を転じると，教育基本法改正の前後で，規範意識の捉え方に変化があること，すなわち，改正前の予防的アプローチが，改正後には開発的アプローチになっていることを見出した。研究レベルでもその成果が蓄積されており，友人・仲間や家族・家庭との関係が規範意識の向上に寄与していること，そして，それを念頭に置いた方策を展開する必要があることが示されていた。こうした流れのなかで，高校生の規範意識の醸成のために，実際にどのような具体的実践が行われ，成果や課題があるのかを検証することが，次のステップとして求められる。そこで，その事例として岐阜県におけるMSリーダーズ活動に着目する。

注

(1)　久世敏雄・和田実・鄭暁斉・浅野敬子・後藤宗理・二宮克美・宮沢秀次・宗方比佐子・内山伊知郎・平石賢二・大野久「現代青年の規範意識と私生活主義について」『名古屋大学教育学部紀要（教育心理学）』35，1988，pp. 21-28.

(2)　和田実・久世敏雄「現代青年の規範意識と私生活主義―パーソナリティ特性との関連について―」『名古屋大学教育学部紀要（教育心理学）』37，1990，pp. 23-30.

(3)　安香宏「児童における規範意識の構造」『犯罪心理学研究』28(2)，1990，pp. 1-17.

(4)　高旗正人「規範意識のとらえ方」深谷昌志編『子どもの規範意識を育てる』（読本シリーズNo. 152）教育開発研究所，2002，p. 78.

(5)　廣岡秀一・横矢祥代「小学生・中学生・高校生の規範意識と関連する要因の分析」『三重大学教育学部紀要　自然科学・人文科学・社会科学・教育科学』57，2006，pp. 111-120.

(6)　川田尚・後藤善史・庄司渉・菅野準・木村裕一・樽野幸義「児童生徒の規範意識を高めるための一考察―『規範意識発達段階表』を活用した指導モデルの提言を通して―」宮城県教育研修センター『平成20年度　教育相談研究グループ研究報告書』2009.

(7)　小畑隆政「特別活動における規範意識の形成」日本特別活動学会監修『新訂キーワードで拓く新しい特別活動』東洋館出版社，2010，p. 132.

(8)　上杉賢士『「ルールの教育」を問い直す―子どもの規範意識をどう育てるか―』

金子書房，2011，pp. 98-99.

(9) 木村好美「規範意識は6年間でどう変化したか―規範への同調性の高まりが意味するもの―」友枝敏雄編『現代の高校生は何を考えているか―意識調査の計量分析をとおして―』世界思想社，2009，pp. 13-37.

(10) 木村好美「高校生と高校教師の規範意識―教師・生徒の意識のずれ―」友枝敏雄・鈴木譲編著『現代高校生の規範意識―規範の崩壊か，それとも変容か―』九州大学出版会，2003，p. 35.

(11) 田中寛二「青少年の規範意識の測定に関する研究―年齢・性別比較―」『人間科学』5（琉球大学），2000，pp. 11-37.

(12) 祝部大輔・吉岡伸一・國土将平・松本健治「中・高校生の飲酒に関する知識と意識」『思春期学』24(1)，2006，pp. 184-192.

(13) 青少年の発達環境研究会（研究代表者　牧野暢男）「青少年の規範学習と逸脱抑制に関する研究」社会安全研究財団，2001.

(14) 崎野優「高校生の規範的行動と同調傾向との関係―『空気を読む高校生』の“学校適応”―」『日本高校教育学会年報』17，2010，pp. 6-15.

(15) 千石保『日本の高校生―国際比較でみる―』NHKブックス，1998.

(16) 土井隆義『友だち地獄―「空気を読む」世代のサバイバル―』ちくま新書，2008，p. 37.

(17) 鈴木朋宏・成澤智子・村岡太・佐々木俊・遠藤東悦「みやぎの子供の規範意識をはぐくむための一考察―児童生徒への意識・実態調査結果の分析を通して―」宮城県教育研修センター『平成19年度　教育相談研究グループ研究報告書』2008.

(18) 廣岡秀一・横矢祥代「小学生・中学生・高校生の規範意識と関連する要因の分析」『三重大学教育学部紀要　自然科学・人文科学・社会科学・教育科学』57，2006，pp. 111-120.

(19) 大久保智生「青少年の万引きに対する規範意識―香川県子ども安全・安心万引き防止事業の取り組みから―」『青少年問題』646，2012，pp. 44-47.

(20) 呉鶴・山崎喜比古・川田智恵子「日本における青少年の薬物使用の実態およびその説明モデルの検証」『日本公衆衛生雑誌』45(9)，1998，pp. 870-882.

(21) 祝部大輔・吉岡伸一・國土将平・松本健治「中・高校生の喫煙に関する知識と意識」『思春期学』23(4)，2005，pp. 411-418.

(22) 土井文博「友だち関係と規範意識」友枝敏雄・鈴木譲編著『現代高校生の規範意識―規範の崩壊か，それとも変容か―』九州大学出版会，2003，p.49, 62.

(23) 山内祐司「学校の問題行動抑制機能―ボンド理論の再構成と実証の試み―」『犯罪社会学研究』29，2004，pp. 114-127.

(24) 前掲 (13).

(25) 川畑徹朗・西岡伸紀・石川哲也・勝野眞吾・春木敏・島井哲志・野津有司「青少年のセルフエスティームと喫煙，飲酒，薬物乱用行動との関係」日本学校保健学会

『学校保健研究』46(6), 2005, pp. 612-627.
(26)　川畑徹朗・石川哲也・近森けいこ・西岡伸紀・春木敏・島井哲志「思春期のセルフエスティーム，ストレス対処スキルの発達と危険行動との関係」『神戸大学発達科学部研究紀要』10(1), 2002, pp. 83-92.
(27)　前掲 (13).
(28)　高橋征仁「規範意識は低下したのか―同調性と序列性の形成―」海野道郎・片瀬一男編『＜失われた時代＞の高校生の意識』有斐閣，2008, pp. 88-89.
(29)　安藤美華代・朝倉隆司・中山薫「高校生の問題行動と対人関係における信頼感の関連」日本学校保健学会『学校保健研究』46(1), 2004, pp. 44-58.
(30)　前掲 (20).
(31)　市村國夫・下村義夫・渡邉正樹「中・高校生の薬物乱用・喫煙・飲酒行動と規範意識」日本学校保健学会『学校保健研究』43(1), 2001, pp. 39-49.
(32)　祝部大輔・吉岡伸一・國土将平・松本健治「鳥取県内の未成年者の飲酒，喫煙，薬物乱用行動に対する規範意識と拒否的な態度の比較」『思春期学』24(3), 2006, pp. 483-491.
(33)　前掲 (21).
(34)　内閣府「平成21年度インターネットによる『青少年の薬物乱用に関する調査』報告書」.
(35)　柴崎直人「なぜ，いま『規範意識』が問題になっているのか」『生徒指導』2011年11月号，p. 18.
(36)　前掲 (13).

＊本章は，林幸克「高校生の規範意識に関する基礎的研究」『岐阜大学教育学部研究報告―人文科学―』61(2), 2013, pp. 241-253を大幅に加筆・修正したものである。

第8章

警察と連携した実践：岐阜県におけるMSリーダーズ活動

昨今，高等学校教育の多様化が進展する中で，高校生の規範意識が注目されている。第Ⅲ部第7章では，その規範意識の醸成のための政策動向に目を転じると，教育基本法改正（2006）の前後で，規範意識の捉え方に変化が認められること，研究レベルではその成果が蓄積されており，友人・仲間や家族・家庭との関係が規範意識の向上に寄与していること，そして，それを念頭に置いた方策を展開する必要があることを確認した。

その中で，高校生の規範意識の醸成のために，実際にどのような具体的実践が行われ，成果や課題があるのかを検証することが，次のステップとして求められた。そこで本研究では，その実践事例として，岐阜県におけるMSリーダーズ活動に着目して，開始からの10年間を振り返り，その現状と課題の分析・考察を進める。

第1節　MSリーダーズ活動の萌芽と実際

高校生の規範意識の育成を考える際，学校だけではなく，地域社会の諸資源，具体的には警察等の関係諸機関との連携を視野に入れることが有益である。そうした警察等と連携した活動に取り組んでいる実践として，MSリーダーズ活動を取り上げる。

1．MSリーダーズ活動の定義と始まりまでの経緯

MSリーダーズ活動のMはManners（規範，礼儀作法），SはSpirit（意識，精

神）の頭文字で，岐阜県の高校生が組織する規範意識啓発委員のことである。MSリーダーズ活動は，「岐阜の未来は君たちで」をキャッチフレーズとして，高校生自らが自発的に取り組む「生徒の生徒による生徒のための非行防止・規範意識啓発活動」として位置づけられ，少年の規範意識の啓発と健全育成を図る活動である。これは，岐阜県警察本部による「高校生によるマナーズ・スピリット・リーダーズ活動推進要綱の制定について」（2001年10月13日付，少第895号，地第733号，公企第2374号）に基づいている。予算も含めて県警の事業として位置づき，活動を開始した。MSリーダーズは，所轄警察署が行う認証式を経て登録されるもので，県下各高等学校等の在籍生徒であれば，誰でも登録が可能である。

警察がMSリーダーズを提唱した経緯には，2000年度に岐阜県で開催された「全国高校総合体育大会」の存在がある。その大会運営において，高校生によるボランティア活動「高校生一人一役活動」が県民に大きな共感を与えた。この活動を契機に，高校生を主体にした社会参加活動を展開することで，規範意識の向上，非行防止につなごうとの機運が高まり，警察からの提言により，岐阜県教育委員会等と協議し，「社会参加活動は教育の一環」との結論に達し，2001年秋に飛騨地区の高等学校を皮切りに県内全域に広がっていった。翌年には全県実施されるに至ったが，当初は抵抗感を持つ学校関係者も存在した。提唱当初は，その趣旨やねらいが十分浸透しておらず，各校数人ずつの活動にとどまっていたが，各校において先進校の活動内容を紹介すること，校内で呼びかけて範囲を広げたことで徐々に拡大してきた。なお，2000年という年であるが，岐阜県出身の高橋尚子氏がシドニーオリンピックの女子マラソンで金メダルを獲得した年，同じく岐阜県出身の白川英樹氏がノーベル化学賞を受賞した年でもあった。

上記のシンボルマークは，高校生が輪の中でスクラムを組んでいる様子が描かれており，「協力と団結」を象徴している（図８－１）。このシンボルマークは，高山工業高校インテリア科の課題研究グループ（2001年度３年生）10名の生徒が考案・作成し，それを全県的なシンボルマークとして使用するようになった

図8－1　MSリーダーズ活動のシンボルマーク

(2002年3月7日付，県警本部長名で発出)。

2．MSリーダーズ活動の開始

MSリーダーズ活動が始まる直接のきっかけとなったのは，2000年度に岐阜県で開催された「全国高校総合体育大会」における「一人一役活動」である。岐阜県内のすべての高校生が「一人一役活動」(岐阜県内5地区で高校生一人一役推進委員会が推進）を行い，ボランティアとして大会運営をサポートした。この経験により，多くの高校生は，「やればできるんだ」という自信を抱き，これが社会活動への積極的な参加のきっかけとなった。この「一人一役活動」は，岐阜県や岐阜県高等学校体育連盟が主導して，各校に呼びかけ，まさに「一人一役」を果たすことによって大会成功の原動力になった。この取り組みが，岐阜県内外から高い評価を得て，それを契機にMSリーダーズの取り組みにつながり，以降，発展することとなった。

その「一人一役活動」がどのようなものであったのかを確認しよう。平成12年度全国高等学校総合体育大会　岐阜県「高校生一人一役」推進委員会『2000年岐阜総体 「一人一役」活動の記録』(1)によると，「一人一役活動」について，次のように示されている。

> 第1に大会への関心を盛り上げていく「啓発活動」があげられます。今年はそれぞれの学校で学校推進委員会を作り，校内や地域への広報活動を展開しています。

第２に，全国から集う大会参加者を心から歓迎することです。そのために，学校や地域の美化活動に取り組みます。試合会場や練習会場を花で飾る「花いっぱい運動」や「ようこそ，岐阜へいらっしゃいました」と，私たちの素直な気持ちを形にして表す「あいさつ運動」などを行います。また，岐阜の思い出になるようにと，各学校でアイディアと工夫に満ちた「手作り記念品」の製作やガイドマップの作成を行うことにしています。さらに，８月１日に開催される総合開会式の公開演技や式典音楽などの練習も進んでいます。私たちの演技や演奏・合唱を通じて，心からの歓迎の気持ちを表現したいと思います。

第３に，各競技種目の運営を支える活動を積極的に行うことです。陸上競技をはじめとする27種目の競技をスムーズに運営するためには，たくさんの高校生のスタッフが必要です。その競技の部員はもちろん，その競技に今まで関係していない人達の積極的な支援活動が求められているのです。例えば，競技場の外でも駐車場・記録センター・総合案内所・高校生写真班など，数多くの活躍の場があなたを待っています。さわやかな笑顔と誠意で，全国から集う選手に接しましょう。そして，最高の舞台を私たちの手で整備しましょう。

また，「一人一役活動」の教育的意義については，次の５点が挙げられている[(2)]。

①「全国から集う選手のために最高の舞台を準備する」ことを目指して，岐阜の高校生が互いに協力し，分担して大会の成功に向けて活動することにより，教室の中だけでははぐくみにくい協調性や責任感を養う。

② キャンペーン活動や環境美化，歓迎活動などの地域社会の人々や全国の選手・役員と接することを通じて，人の気持ちを大切にする豊かな心と，自分から進んで行動するボランティア精神を養う。

③ インターハイに直接・間接的に参加することにより，生涯にわたってスポーツに親しみ，スポーツを楽しむという素地をつくる。

④ 関係市町村をはじめとする地域社会と連携して，活動を進めることによ

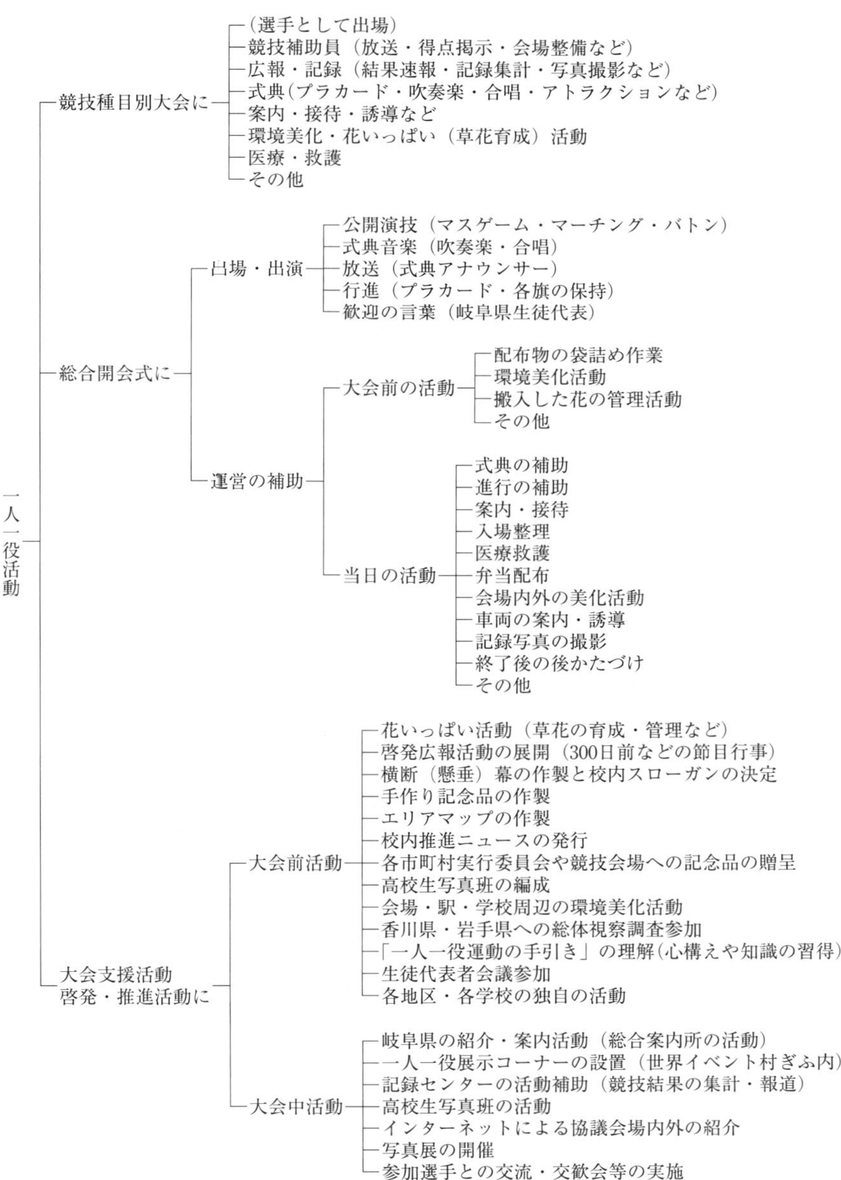

図8-2　「一人一役活動」の全体図

表８－１　「一人一役活動」の内容

区分	項　目	内　容	
県・地区推進委員会の計画に基づいて各校が実施する活動	役員・補助員の動員		◇総合開会式動員生徒・教職員氏名の県実行委員会への報告（４月） ◇競技種目別の競技役員（教職員）氏名の各会場地への報告（異動者分を４月中に） ◇競技種目別の補助員（生徒）氏名の各会場地への報告（５月）
	手作り記念品	◇趣旨	○県内各校生徒が全国から集う選手に対して，真心を込めて作った手作りの記念品を贈呈し，思い出深い大会とする。
		◇計画	• ２月各校の図柄の決定 • ４月製作開始 • ６月県推進委員会激励文作成配布 • ６月末製作完了 • ７月袋詰め作業後会場地実行委員会へ搬入
	手作りエリアマップ	◇趣旨	○高校生の視点やアイディアを生かした競技会場周辺のエリアマップを作成し，岐阜の高校生が自ら進んで大会に参加する機運を高める。
		◇計画	○各競技種目担当中心校32校に依頼。会場周辺を取材し，手作りのイラストエリアマップを７月までに作成。
	環境・美化活動	◇大会前	○50日前・30日前キャンペーンの一環として，競技・練習会場の美化活動を実施する。 ○一週間前のクリーン作戦を担当する競技・練習会場に対して実施 ○各校の大掃除に合わせて学校周辺の美化活動を実施
		◇大会中	○担当会場及びその周辺の環境・美化活動を実施
	飾花・管理	◇活動内容	○担当会場の草花の管理育成（移植・水やり・施肥・摘心など） ○各校の花壇の整備，プランターの設置，友情の花の育成・管理） ○担当の会場地実行委員会と連携しプランターを搬入（７月）
	手作り横断（懸垂）幕の作成	◇趣旨	○啓発・歓迎用の横断（懸垂）幕を手作りで作製し，各校生徒のムードを高めると共に，全国から集う選手を温かく迎える。
		◇計画	○ターボリン生地（ロープ付）とペイント代等支給
	校内広報活動の推進	◇活動内容	○校内推進ニュースの発行（No.１～No.５まで） ＜その都度県・地区事務局へ提出＞ ○大会賛歌の校内放送 ○生徒代表のイベント参加報告
	高校生写真班の活動	◇趣旨	○高文連写真部の活動の一環として，高校生による写真班を写真部のある学校43校で編成し，記録アルバムを作成する。
		◇計画	○５・７月講習会開催　10月写真展開催
	活動記録のまとめ集の作成	◇趣旨	○学校・生徒推進委員会の活動を記録・保存し校史の１ページとすると共に，今後の教育活動に資する。
		◇時期・方法	○９月下旬 ○県・地区推進委員会に一部提出
		◇内容	○活動内容・実施報告（感想）文…選手，補助員，その他 ○記録写真，自校生徒を中心に写真班の編成。校内写真展などの開催
各校独自の計画	応援・歓迎活動	◇趣旨・内容	○自校選手の応援 ○県内・県外選手に対する友情応援の体制を組織し，競技を盛り上げると共に友情を育む ○歓迎友情看板等 ○自校が競技会場・練習会場にあたっている場合には，接待所設置等
	速報活動・その他	◇趣旨・内容	○写真・取材班，インターネットによる速報活動 ○あいさつ運動（月・週間）など
会場	実行委員会からの要請		○環境・美化活動 ○案内所・競技場等での活動等に対し積極的に参加する

り，「学校」と「地域」の結びつきを深める。

⑤　学校や地域の特色を生かした活動を進めることにより，郷土の再認識・再発見ができるとともに，地域社会への帰属意識や連帯感を高める。

3．MSリーダーズ活動の実際

(1)　活動意義

岐阜県高等学校生徒指導研究会の文書（「7年目を迎えたMSリーダーズ」2007.春）によると，次の5点が活動意義として示されている。

① 募集主体である警察としては，非行や犯罪を起こした少年を指導する領域から，健全で模範的生徒を育成するプラスの領域へ踏み込むことによって，より積極的な警察活動が可能になったこと。

② 普段は警察と縁が薄かった健全な高校生たちが，警察署員と一緒に活動することによって，警察をより身近に感じることができ，開かれた警察のイメージが構築されつつあること。

③ 高等学校側としても，生徒指導部（生徒支援部）は，生徒に注意・指導することはあっても，誉めるチャンスが少なかったが，MSリーダーズ活動を管理・監督することによって，これからの時代に即した積極的な生徒指導を展開できるようになったこと。

例え負担増となっても，この活動主体を特別活動部へ渡せない一つの理由がここにある。もっとも，生徒主体で非行防止活動を推進することは，生徒の健全育成に図り知れない効果があるので，長期的に見れば負担減につながる。

④ 小学校や中学校と違い，校区を持たない高等学校にとっては，地域との連携はアキレス腱とも言えた。しかし，地域から愛されない高校，応援されない高校では，これからの時代を生き残ることは極めて難しい。MSリーダーズ活動は，そのすべてが地域と高校をつなぐ活動ばかりで，正に「渡りに舟」であった。

⑤ MSリーダーズ活動は，加盟条件のしばりが少ない（それだけファジー）

ため，部活動・生徒会・全校生徒・支援する大人等を，横断的につなぐ横糸の役目を果たしている。いくつかの縦糸を横糸でつなげば，強力な面を形成することができる。また昨今叫ばれている組織改革や連携強化に対しても，MSリーダーズ活動の存在は一つのヒントを与えてくれている。

各学校の特色を生かした活動や学校同士の連携，地域との連携をもった活動も展開されており，これら高校生の取り組みは「岐阜県教育ビジョン」（2008年12月策定）で目指す「地域社会人」の育成に大きな役割を果たしている。なお，警察と高等学校との関わりに着目すると，MSリーダーズの制度開始当初までは，交通安全講話や防犯講話等での講師招聘，生徒の問題行動時の対応等にとどまっており，所轄警察署との関わりが希薄であった。しかし，MSリーダーズ活動を通して，警察のみならず，地域等との関係も一層良好になりつつある。街頭パトロールや防犯指導，地域清掃活動の際の警察の関与について，所轄警察署が直接的に主導して関わることはないが，地域，学校やPTA等の要請により参加し，連携して諸活動に関わっている。ただ，警察署によって対応に温度差があることも事実である。

⑵　活動形態

岐阜県生徒指導研究会（「『Manners・Spirit・Leaders』について」2011.7.19）によると，MSリーダーズ活動の形態として，次の5つが示されている。

① 部活動ではないので，部活動と生徒会との重複加盟が可能であること。普段目立たない生徒，意外な生徒，本当にボランティア活動が好きな生徒等，いろいろな生徒が加盟している。

② 高校生主体の企画・運営で，警察や学校関係者はあくまでも後方支援であること。あまり大掛かりな活動は難しく，動員的な活動は趣旨に合わない。

③ NPO団体等と連携して取り組むことができること。諸活動に高校生の知識や機動力を活かすことができる。

④ 警察主導の活動はわずかで，大半は高校生主体の活動であること。

⑤ MS リーダーズ登録者のみで活動する場合と，MS リーダーズ登録者が全校生徒へ参加を呼び掛けて活動を行う場合があること。

(3)　活動内容と教育課程上の位置づけ

各学校の特色を生かし，企画された次のような自主的活動を中心に位置づけている。ひとつの学校で単独で行うこともあれば，地区の学校が複数集まり，合同でさまざまな活動が実施されることもある。そうした活動のとりまとめ等（企画・呼びかけ，準備，実践，反省なども含めて）は，所轄警察署，各校生徒指導部・生徒会担当者，各教育事務所地域担当生徒指導主事が担当している。複数校で行う具体的な活動としては，「高校生による交通安全推進大会」がある。これは，各教育事務所地域担当生徒指導主事が担当・運営している。また，MS リーダーズの呼びかけで，登録していない生徒が参加する活動もある。なお，活動趣旨に沿うものであれば，これ以外でも問わないとされている。全県的な動きについて，MS リーダーズは，各地区での活動が主であるため，通常は，全県的な集まりは特にない。

【主な活動内容】

① 駅，校門等における挨拶運動などの少年の健全育成及び非行防止活動
② 街パトロール活動
③ 学校周辺，駅，公園などの清掃や花植えなどの美化活動
④ 通学路の安全確保などの交通事故予防活動
⑤ 駅や学校の駐輪場の整理と自転車点検による盗難防止活動
⑥ 薬物乱用防止活動

薬物乱用防止活動に関するユニークな実践例として，学校祭に県警から薬物乱用防止宣伝カー「ASKA2000」を借り出し，MS リーダーズが受付をしながら啓発活動を行うものが挙げられる。

【教育課程上の位置づけ】

原則として，特別活動に位置づけられるが，取り組み内容に応じて，総合的な学習の時間で扱うものもある[(3)]。また，教育課程外活動の実践の単位認定に

ついて，高等学校学習指導要領では，学校外におけるボランティア活動等を増加単位として認める「学校外の学修の単位認定」が示されており，それに準じて各校の内規で定めている。ただ，MSリーダーズ活動は，教育課程内外に関係なく，学校の教育活動の一環として行われているため，単位認定の対象とはなっていない。

安全確保・事故対策（保険など）に関しては，独立行政法人日本スポーツ振興センター災害共済給付制度または社団法人全国高等学校PTA連合会賠償責任補償制度による対応となっている。これらの制度が適用されるためには，MSリーダーズが学校の教育活動として位置づき，教職員にも認知されていなければならない。現在は，すべての高等学校の学校要覧にMSリーダーズが明記されており，生徒指導部の分掌に位置づいている。ただ，具体的な活動内容は，部活動も含めた特別活動での取り組みが中心となっている。

第2節　MSリーダーズ活動の波及と効果

1．MSリーダーズ活動の波及

次に，岐阜県高等学校研究会・岐阜県高等学校生徒指導研究会の機関誌『みちびき』の記述等から，MSリーダーズ活動に関連した主要事項を整理した。

(1)　2001年飛騨地区においてMSリーダーズ活動開始

飛騨地区に限らず，1990年代の実態として，岐阜県では，全県的に学警連[4]との関連で，交通安全指導や薬物乱用防止啓発活動が精力的に展開されていた。その中でも飛騨地区では，2000年に高山市と警察署の地域安全大会において，高山市内の高等学校5校の生徒代表が，「少年犯罪について」「高山市の未来について」などをテーマに意見交換をした際，同席した当時の高山警察署長（後の県警本部生活安全部長）坂本靖夫氏が，高校生の主張や意見に感心し，高校生の自己指導力の向上を目指した取り組みを支援したことに端を発している。

坂本氏は，次のように述べている。

「高校総体の『一人一役運動』の延長線で，高校生をその主体にして活動を

表8-2　MSリーダーズ活動関連動向

年	主要事項	ポイント
1999	全県での「高校生による交通安全推進大会」実施	高校生の交通事故の多発傾向が背景
2000	岐阜県で開催された「全国高等学校総合体育大会」の運営における高校生のボランティア活動「高校生一人一役運動」 地区レベルでの「高校生による交通安全推進大会」開始	
2001	飛騨地区においてMSリーダーズ活動開始	高山市と警察署の地域安全大会における高校生の発表に高山警察署長が感銘を受けたことが契機 MSリーダーズ活動を積極的生徒指導として認識
2002	全県でMSリーダーズ活動開始 シンボルマークの決定（高山工業高等学校インテリア科の課題研究グループの生徒が考案・作成）	
2003		学校独自のMSリーダーズ活動への支障を懸念 MSリーダーズ活動と「高校生による交通安全推進大会」の連携
2004		学校・地域によってMSリーダーズ活動の取り組みに対して温度差 MSリーダーズ活動と地域との関わりの拡大
2005	「岐阜県児童生徒健全育成サポート制度」開始 美濃地区「美濃さわやかプロジェクト」開始	複数の学校が合同で行うMSリーダーズ活動の増加
2006	可茂地区「生徒会交流会」開始	生徒会執行部全員がMSリーダーズ登録
2007	「高校生のびのびプロジェクト」開始	
2008		MSリーダーズ活動に対する地域からの評価が向上
2009		MSリーダーズ活動の在り方の再考
2010		地域の関係諸機関との連携した活動が定着・拡大
2011	「MSリーダーズ活動10年目記念事業」開催	地域への社会貢献として認識されるMSリーダーズ活動
2012		他校・異校種との連携が拡大，情報モラル教育重視

展開すれば，今この子たちの良い行動が社会規範となり，それが伝えられて後，十年もすればほとんどの子たちが結婚し，親になるのである。そして社会のリーダーになってもらえば，この精神がもっと広がるものと思う。このアウトラインで警察から飛騨教育事務所学校教育課生徒指導主事への呼び掛け相談で，賛同が得られた。校長会長から各学校の校長にも持ち掛けられ，生徒のある意味で『社会参加活動は，教育の一環』と承知された。体験を通じて充実感や達成感を経験させていくことが，心の教育となり，感動を生み新たな目標を目指すきっかけとなるであろう，と。」(5)

具体的な取り組みとして，最初にあったのが2000年10月に開催された「地域安全運動高山地区大会」である。主な内容は3つであった。第1は，会場準備等である。会場のレイアウトや看板は高山工業高等学校，花等の飾りつけは斐太農林高等学校，飛騨太鼓のアトラクションは高山工業高等学校が担当した。また，高山工業高等学校の生徒が，会場内に「日本一短い手紙」と称した勉強や親，友だちのことなどを一筆啓上方式で掲示した。第2は，高校生による意見発表である。高山市内5校の生徒が，「青少年の犯罪に思うこと」「現代の少年犯罪について」「青少年の犯罪そして未来の高山」「少年法を考える」「青少年犯罪を減らすために」と題して，意見発表した。第3は，市内パトロールである。一日警察官として制服を着用し，徒歩やパトカーによって市内をパトロールした。

こうした流れの中で，2001年に飛騨地区において，青少年の健全育成と規範意識の啓発を図るため，MSリーダーズが組織され，9校91人の体制でスタートした。なお，10年後の2011年5月23日（月）には，この飛騨地区限定であるが，高山警察署管内の各校のMSリーダーズ全員を対象に，MSリーダーズ発足10周年記念行事が開催された。そこでは，MSリーダーズ証の交付，MSリーダーズの10年のあゆみについての講話，代表生徒による提言などがなされた。

(2) 全県レベルにおけるMSリーダーズ活動の発展・拡大

MSリーダーズ活動が全県的に定着するに伴って，その活動も発展・拡大するようになってきた。

①「高校生による交通安全推進大会」

1999年に，県内高校生の交通事故の多発傾向を受けて，生徒たちの手で推進大会を企画・運営することで交通安全を自らの問題として考え，交通安全に対する意識の高揚を図ることをねらいとして，県下各地区の生徒代表を一同に会して開催された。交通事故の現状，提言，パネルディスカッション，報告，アピール文採択等を行い，内外から高い評価を得た。そこで，これを発展させ，各地区で地域の実情や実態に合った推進大会を開催することがより効果的であるとして，2000年から各地区での開催となり，今日に至っている。当初は，実行委員会方式で運営していたが，生徒会役員がその役割を担う地区，MSリーダーズがその役割を担う地区などが出てきている。あるいは，可茂地区のように，生徒会交流会の場として活用しているところもある。現在は，各地区の実情や実態に応じて開催されており，運営方式・組織に制約はなく，それよりも，より効果的で実のある生徒たちによる企画・運営がなされることを重視している。

『みちびき』によると，1999年の「高校生による交通安全推進大会」は，「高校生が自分たちの手で運営する交通安全推進大会を開催することにより，高校生が交通安全を自らの問題として考え，交通安全に対する意識の高揚を図るとともに交通マナーの向上に資する」ことが目的として示され，岐阜県高等学校生徒指導研究会（交通安全教育研究委員会）主催で，県下各地区代表校と協力校の26校89名の高校生が参加した。報告「高校生が関係した交通事故」，提言「ここが危ない！　高校生」，パネルディスカッション，報告「交通安全への取り組み」，『高校生の交通安全アピール』などが主たる内容であった。そして，この「高校生による交通安全推進大会」の成果として，次の３点が示された。

１）高校生の手で充実した大会運営ができた。特にパネルディスカッションにおいては，パネルメンバーだけでなく会場の参加者からも活発な意見の発表・交換があり，高校生が交通安全を自分たちの問題として考えることができた。

2）「ここが危ない！　高校生」で，今まで気づいていなかった危険な自転車の乗り方や周りに迷惑をかけている行動を指摘され，自分たちの交通マナーを見直すきっかけとなった。

3）『高校生の交通安全アピール』を採択し，県下全ての高等学校・特殊教育諸学校に発信した。

②「岐阜県児童生徒健全育成サポート制度」

主なものとしては，2005年に始まった「岐阜県児童生徒健全育成サポート制度」がある。その趣旨は，「児童生徒の安全を脅かす犯罪や事故等が多発する中で，少年の非行等問題行動が多様化，深刻化している現状を踏まえ，児童生徒の安全確保と問題行動に関し，学校と警察が連携し，保有する情報を相互に連絡することにより，児童生徒に対する適切かつ継続的指導を行い，もって，児童生徒の被害防止及び非行防止など健全育成に資することを目的とする」とされている。

③「高校生のびのびプロジェクト」

2007年から開始された「高校生のびのびプロジェクト」も注目に値する。青少年健全育成強調月間の一環として，青少年の規範意識の高揚と社会参加活動の推進を進める街頭啓発活動等が位置づけられた。そして，各校におけるこれらの取り組みを「高校生のびのびプロジェクト」と名づけ，各校で自主的に企画・運営するよう，岐阜県が推進・支援する取り組みである。この「高校生のびのびプロジェクト」に関連して，青少年健全育成強調月間は総理府が音頭をとっている事業で，知事部局（岐阜県では男女参画青少年課）が行っている。ただ，知事部局で独自に取り組むことが困難であるため，既存のMSリーダーズ活動である「高校生のびのびプロジェクト」をこの強調月間の取り組みとして位置づけている。すなわち，MSリーダーズ活動の捉え方を変えて，強調月間事業と位置づけている。

④ MSリーダーズ活動10年目記念事業（MSリーダーズ研修会）

2011年８月２日には，MSリーダーズ活動10年目記念事業（MSリーダーズ研修会）が開催された。開催趣旨として，「こうした活動が，警察はもちろんのこと，教育委員会・自治体・NPOボランティア団体などから支援を受け，本年度で10年目の節目を迎えたことから，この活動の趣旨を再確認し，さらなる活動の発展継続を目指」すことが謳われた。県内28校から63人が岐阜県警察本部に集まり，記念品贈呈（MSリーダーズ活動用幟）や基調講演「MSリーダーズ10年目にあたって」（坂本靖夫：元県警生活安全部長），岐阜県警察本部庁舎見学などが行われた。そして「MSリーダーズ活動を推進することは，生徒の健全育成に計り知れない効果がある。また，校区を持たない高校が，地域とつながる活動を企画し，生徒の姿を身近に感じてもらう良い機会である。今後も，生徒の自主的な活動がさらに充実した内容となるよう支援していきたい」旨が述べられ，終了した。

(3)　地区レベルにおけるMSリーダーズ活動の発展・拡大

①　可茂地区

生徒会交流会とMSリーダーズの関係について，地区全校（1校を除く）の生徒会執行部は全員がMSリーダーズとして登録している。また，生徒会交流会は，各校の生徒会執行部生徒代表4名が参加して，年2回開催されている。この生徒会交流会は，2006年度から実施されている。その意義として，担当者は次のように述懐している。

「高校生の服装やマナーの問題，規範意識の低下等が，いろいろな場面で取り沙汰されている。各高等学校では，そんな生徒達と向かい合い，日夜，生徒指導に取り組んでいる。教師主導の指導には即効性があり効果も見られるが，校外に出ると地域の方々が目を覆うような姿や行動に至ってしまう。このような現状を考えると時間がかかっても，教師が支援者となり，生徒自身の自浄力に頼る生徒指導も必要である。その集団として各高等学校の生徒会の活性化を図ることだと考え，この交流会を設定した。自校の様子を他校と比較しお互いを刺激しあったり，同じ生徒会での悩みや苦しみを共感し，励まし合うことで彼らに自信を持たせ，自校の発展のための活力につなげたい。そして，この取り組みが，高校生に対する多くの問題を解決する糸口となることを期待したい。」

なお，近年では，発表校の特徴ある取り組みを発表するとともに，学校祭（体育大会・文化祭）に関する情報交換を行い，各校の活発な学校祭運営に寄与している。また，2011年度は，第2回の生徒会交流会で，JR美濃大田駅前で歳末助け合いの募金活動，東日本大震災の復興支援に参加した生徒の発表も組み入れて開催された。

② 恵那地区

「生徒会執行部の生徒・担当職員の交流研修会」「恵那地区高等学校生徒会研修会」がある。これは，地区内の各校の学校祭を盛り上げるために，色々な学校の取り組みを交流することから始まり，徐々に各校生徒会が抱える問題や規律・マナーに関する問題まで取り上げるようになり，輪が広がってきている。生徒の自治的活動に力を入れているという地域性が反映されたものである。

③ 美濃地区

2005年から，「美濃さわやかプロジェクト」が始まった。これは，美濃地区高校生徒指導研究会が立ち上げたもので，2005年度は「身だしなみの向上」と「各種マナーアップ」「長良川鉄道乗車マナー向上」を重点課題とした。その一環として，長良川鉄道の乗車マナー向上のための「MSリーダーズと長良川鉄道の懇談会」が開催された。

⑷ MSリーダーズ活動の定着状況

『MSリーダーズ活動報告書』（2002年度～2016年度）から，MSリーダーズ活動への参加校と登録生徒数を確認し，「学校の参加率」「生徒の登録率」「1校あたりの平均登録生徒数」を算出した。全高等学校数・全生徒数は，岐阜県教育委員会ホームページ「県内学校の現況」（各年度5月1日現在のデータ）の数値を用いた。なお，特別支援学校とその在学生徒は除いて集計した。

学校の参加率は，全県で始まった最初の年（2002年）には80.0％であったのが，2003年以降は約90％で推移しており，2016年度は100％である。生徒の登録率は，年度進行に伴って生徒の登録率も高くなり，2010年度からは約1割の

表８－３　MSリーダーズ活動の定着状況

	学校の参加率（単位：％）	生徒の登録率（単位：％）	１校あたりの平均登録生徒数（単位：人）
2001年	8.6	0.1	10.1
2002年	80.0	2.3	18.6
2003年	87.6	3.7	26.9
2004年	87.4	4.5	32.1
2005年	88.7	5.3	38.7
2006年	87.6	6.0	42.8
2007年	89.2	7.0	49.7
2008年	88.3	8.1	57.3
2009年	87.4	8.9	62.3
2010年	89.5	10.0	68.6
2011年	89.5	10.6	72.5
2012年	89.5	10.5	72.6
2013年	90.5	11.8	82.1
2014年	98.9	12.7	83.7
2015年	100.0	12.7	81.2
2016年	100.0	12.9	83.0

生徒がMSリーダーズに登録しており，近年は微増傾向にある。１校あたりの平均登録生徒数は，「生徒の登録率」と同様，年度進行に伴って１校あたりの平均登録生徒数も多くなり，2013年度以降は80人を超えるまでになっている（表８－３）。

(5)　MSリーダーズ活動の取り組み状況の経年変化

『MSリーダーズ活動報告書』（2002年度～2012年度）から，MSリーダーズ活動として取り組んだ活動を，「非行防止活動」「地域安全活動」「防犯活動」「環境美化活動」「交通事故防止活動」「薬物乱用防止活動」「モラル向上活動」「交

表８－４　実践した学校の割合

（単位：％）

	2002年	2003年	2004年	2005年	2006年	2007年	2008年	2009年	2010年	2011年	2012年
交通安全マナーの呼びかけ	34.5	30.4	52.2	65.9	83.5	77.1	77.1	84.3	72.9	80.0	74.1
地域清掃	58.3	56.5	64.4	78.8	70.6	72.3	74.7	65.1	67.1	71.8	71.8
挨拶運動	17.9	17.4	22.2	32.9	43.5	61.4	61.4	66.3	63.5	64.7	62.4
自転車点検	16.7	9.8	24.4	31.8	29.4	30.1	32.5	33.7	37.6	30.6	28.2
地域安全のための啓発活動	20.2	26.1	20.0	21.2	22.4	19.3	18.1	27.7	1.2	25.9	17.6
自転車盗難防止活動	10.7	17.4	8.9	15.3	18.8	31.3	24.1	20.5	18.8	23.5	20.0
青少年非行防止啓発活動	16.7	39.1	46.7	18.8	23.5	15.7	34.9	12.0	23.5	15.3	1.7
青少年健全育成啓発活動	29.8	19.6	21.1	21.2	5.9	9.6	16.9	13.3	14.1	15.3	21.2
駐輪場の整理	11.9	7.6	7.8	9.4	11.8	16.9	13.3	12.0	7.1	15.3	11.8

流活動」「社会貢献活動」「地域イベント支援活動」に大きく分類した。そして，それぞれの具体的な活動に関して，全県・地区別（岐阜・西濃・中濃・東濃・飛騨）に，実践した学校数（率），実践回数（１校あたりの平均実践回数）を算出した。ここでは，2002年度と2012年度について，全県の実践した学校の割合と１校あたりの平均実践回数を示す。

実践した学校の割合について，2012年度の現状としては，「交通安全マナーの呼びかけ」を実施している学校が74.1%，以下，「地域清掃」71.8%，「挨拶運動」62.4%と続いた。2002年度と比較すると，５項目で割合が高くなっているが，「青少年非行防止啓発活動」「青少年健全育成啓発活動」はあまり変化がなく，むしろ低調になっていることがわかる（表８－４）。

１校あたりの平均実践回数について，2012年度の現状としては，「遅刻防止の呼びかけ」25.5回がもっとも多く，以下，「身だしなみ向上の呼びかけ」16.2回，「挨拶運動」15.9回，「駐輪マナーの呼びかけ」14.5回と続いた。ここに提示したすべての項目で，2002年度よりも回数が増加している。総じて，2002年度と2012年度の状況を比較すると，さまざまな活動に取り組む学校が増加し，また，その活動頻度も多くなっていることがわかる（表８－５）。これは，MSリーダーズ活動の定着・発展を意味しているといっても過言ではない。ただ，当初からMSリーダーズ活動として取り組むものとされていた非行防止啓

表８-５　１校あたりの平均実践回数

（単位：回）

	2002年	2003年	2004年	2005年	2006年	2007年	2008年	2009年	2010年	2011年	2012年
挨拶運動	2.3	4.3	5.3	4.3	7.4	7.5	7.4	6.4	6.7	8.9	15.9
横断歩道等の安全誘導	1.0	1.0	8.5	4.0	3.0	3.5	1.2	14.8	3.4	6.3	2.7
遅刻防止の呼びかけ	1.0	1.0	1.3	1.0	1.0	1.0	4.0	1.0	5.7	6.0	25.5
身だしなみ向上の呼びかけ	1.0	1.0	17.0	3.0	1.5	4.6	12.0	10.3	8.7	6.0	16.2
交通安全マナーの呼びかけ	1.6	3.1	4.6	4.3	6.0	9.0	7.5	6.3	5.9	5.5	9.3
駐輪マナーの呼びかけ	0.0	1.0	1.0	2.0	1.0	1.8	7.0	1.5	13.7	5.0	14.5
駐輪場の整理	2.0	5.1	2.0	1.1	1.5	4.0	2.7	4.7	3.5	4.7	12.0
地域清掃	1.9	2.0	2.3	2.7	2.9	3.7	3.9	3.6	4.2	3.2	7.8
鉄道乗車指導	1.0	1.0	1.1	1.6	1.3	1.3	0.0	0.0	1.0	3.0	1.0
乳幼児との交流	0.0	0.0	0.0	1.0	4.8	1.0	1.5	1.0	2.0	2.5	1.5
募金活動	1.0	1.8	2.7	1.4	2.3	1.8	1.3	7.5	1.3	2.4	1.3

発活動について，実践する学校の割合に大きな変化が認められないことは，今後の検討課題である。

２．MSリーダーズ活動の効果

(1)　警察資料からみるMSリーダーズ活動の効果

岐阜県警察本部生活安全部少年課「少年非行の現況」から，刑法犯少年として検挙・補導された高校生について，県下全高校生に占める比率を確認した。MSリーダーズ活動が始まる少し前（1998年）まで増加傾向にあり，その後，いったん減少するものの増加に転じた（2005年頃まで）。しかし，2005年を境に，その後は減少している。「MSリーダーズ活動に関連する動向」で，MSリーダーズ活動を積極的生徒指導として捉えていたが，治療的生徒指導の側面も有しているようである。高校生の交通事故発生推移のなかで，負傷者数について，県下全高校生に占める比率を確認した。1999年に全県で「高校生による交通安全推進大会」が実施されるに至る背景として，高校生の交通事故の多発傾向があるとされたが，それが確認できる。全体としては，増加傾向は続いており，MSリーダーズ活動が全県に定着し，交通安全啓発活動を積極的に行っているが，それが負傷者比の低下に直接はつながっていないことがうかがえた。

(2) 生徒指導上の諸問題からみるMSリーダーズ活動の効果

岐阜県における「児童生徒の問題行動等生徒指導上の諸問題に関する調査」結果から，「暴力行為」「いじめ」「不登校」「中途退学」に着目して，その現況を確認する。

「暴力行為」の加害生徒の比率は，0.3％を境に前後しており，MSリーダーズ活動の開始前後で顕著な変化は見られない。ただ，学校の対応としては，友人関係の改善や規範意識の醸成など，積極的生徒指導がなされるようになっている（表8－6）。「いじめ」1校あたりの発生／認知件数について，2005年度までは発生件数，2006年度からは認知件数であることに留意する必要があるが，2003年度から2007年度まで増加傾向にあったものが，2007年度以降は，わずかではあるが減少傾向に変わった。ちなみに，2007年度以降，1校あたりのMSリーダーズ平均登録生徒数が約50人を超えるようになっている。不登校率については，特に顕著な特徴はみられなかった。中途退学率について，2008年度まで1.5％を下回ることはなかったが，2009年度には1.25％となった。2006年度以降，おおむね微減傾向にあるといえる。なお，「不登校率」も，2007年度か

表8－6 「暴力行為」加害生徒に対する学校の対応

（単位：％）

	2008年	2009年	2010年	2011年
被害者等に対する謝罪指導	90.3	77.0	83.2	96.1
友人関係を改善するための指導	50.0	53.1	62.4	72.1
ルールの徹底や規範意識を醸成するための指導	78.5	91.3	95.3	100.0
個別に学習支援	29.2	23.5	25.5	29.5
当該生徒が意欲をもって活動できる場を用意	21.5	30.6	29.5	34.1
教職員との関係改善	18.1	10.2	14.1	16.3
保護者の協力を求めて，家族関係等の改善・調整	26.4	7.7	20.8	24.0

ら2009年度にかけて減少傾向にあった。

以上，「暴力行為」「いじめ」「不登校」「中途退学」の経年変化を概観したが，際立った大きな変化はなく，MSリーダーズ活動との明確な関係も見出すことが困難であった。見方を変えれば，学校内における特定の生徒を対象とした治療的・矯正的生徒指導とMSリーダーズ活動は結びつかないのかもしれない。ただ，警察資料から読み取れたように，学校外における生徒指導とは，関係がありそうであることは留意しておきたい。

(3)　生活実態・意識調査報告書からみるMSリーダーズ活動の効果

岐阜県高等学校教育相談研究協議会・岐阜県高等学校生徒指導研究会「生活実態・意識調査報告書」(1998・2003・2008年度）から，MSリーダーズ活動の効果を検証してみる。1998年度は，MSリーダーズ活動が始まる前の状態，2003年度（学校参加率87.6%，生徒登録率3.7%，平均登録生徒数26.9人）と2008年度（同88.3%，8.1%，57.3人）は，MSリーダーズ活動が定着した頃の状態として解釈できる。

学校での掃除の取り組みについて，「まじめにやっている」「一応やっている」の合計をみると　1998年度が74.8%であったのが，2003年度84.8%，2008年度88.0%となっており，掃除の取り組み状況が向上している。MSリーダーズ活動として取り組んでいる地域での清掃活動の成果が表れているものと思われる。

複数回答で「してもいいと思っていること」を聞いた結果が表８-７であるが，すべての項目で年度進行に伴って「してもいいと思う」割合が低下している。これは，規範意識が高まっている証左である。

高校に入学してから取り組んだボランティア活動について，複数回答で聞いたところ，「清掃活動」(1998年度7.6%，2003年度9.8%，2008年度9.8%）で微増傾向が認められるものの，「災害復旧活動」(同0.8%，0.5%，0.6%)，「資源回収」(同3.6%，3.5%，3.3%)，「一人暮らしの高齢者宅・福祉施設等の訪問」(同8.9%，5.2%，2.8%）については減少傾向にある。ただ，「したことがな

表8-7　してもいいと思っていること

（単位：%）

	1998年度	2003年度	2008年度
授業中に他のことをする	29.0	19.7	16.5
宿題の答えを友人に借りて写す	52.7	37.8	33.7
教科書やノートを学校におきっぱなしにしておく	81.5	74.9	71.4
学校へ週刊誌やマンガを持ってくる	62.7	52.2	38.4
学校で菓子類を食べる	67.4	61.5	61.0
制服を変形したり，頭髪を変色したりする	43.2	28.3	16.2
学校へ化粧をしてきたり，アクセサリーやピアスなどを持ってくる	41.8	32.7	18.6
無断で他人の物を使う	4.3	2.7	2.3
親に無断で友人の家に泊まる	12.2	7.7	5.7
上記のことはすべてしてはいけない		8.4	10.4

い」割合をみると，1998年度73.9%，2003年度73.7%，2008年度69.3%となっており，その比率は減少している。このことから，選択肢として提示された活動ではない，別の何らかのボランティア活動に取り組む（取り組んだ）生徒が増えているものと考えられる。

以上，「学校での掃除の取り組み」「してもいいと思っていること」「高校入学以後に行ったボランティア活動」を概観すると，規範意識が高まっており，MSリーダーズ活動の成果が表れていると推察される。

本章のまとめ

MSリーダーズ活動のMはManners（規範，礼儀作法），SはSpirit（意識，精神）の頭文字で，岐阜県の高校生が組織する規範意識啓発委員のことである。

経緯としては，2000年度に岐阜県で開催された「全国高校総合体育大会」の存在がある。その大会運営において，高校生によるボランティア活動「高校生一人一役活動」が県民に大きな共感を与えたことを契機に，高校生を主体にした社会参加活動を展開することで，規範意識の向上，非行防止につなごうとの機運が高まった。警察からの提言により，岐阜県教育委員会等と協議し，「社会参加活動は教育の一環」との結論に達し，2001年秋に飛騨地区の高等学校を皮切りに県内全域に広がっていった。

警察と高等学校との関わりに着目すると，MSリーダーズの制度開始当初までは，交通安全講話や防犯講話等での講師招聘，生徒の問題行動時の対応等にとどまっており，所轄警察署との関わりが希薄であった。しかし，MSリーダーズ活動を通して，警察のみならず，地域等との関係も一層良好になってきた。街頭パトロールや防犯指導，地域清掃活動の際の警察の関与について，所轄警察署が直接的に主導して関わることはないが，地域，学校やPTA等の要請により参加し，連携して諸活動に関わるようになった。

MSリーダーズ活動が全県的に定着するに伴って，その活動も発展・拡大するようになってきた（「高校生による交通安全推進大会」「高校生のびのびプロジェクト」など）。また，県内の地区レベルにおける発展・拡大も見られるようになった。

効果に着目すると，学校内における特定の生徒を対象とした治療的・矯正的生徒指導としてより，すべての生徒を対象にした開発的生徒指導として機能している側面が諸データから示された。

注

(1)　平成12年度全国高等学校総合体育大会　岐阜県「高校生一人一役」推進委員会『2000年岐阜総体 「一人一役」活動の記録』，p. 184.

(2)　前掲（1），p. 184.

(3)　文部科学省・警察庁「非行防止教室等プログラム事例集」2005の中でMSリーダーズ活動について紹介した事例8「警察と連携し高校生ボランティアが中心となった規範意識啓発の取組」（高等学校）では，保健所や警察との連携による薬物乱用防止教室の実施は，総合的な学習の時間の位置づけとなっていることが明記されている。

(4)「学警連」とは，「高等学校警察連絡協議会」の略称で，各高等学校の生徒指導主事と各地区の警察署の少年課少年担当とが顔合わせをし，情報交換をする場である。

地区（警察署管内）単位で組織化されているが，年度初め・終わりに会合が持たれる程度で，日常的に頻繁に行われているわけではない。

(5) 坂本靖夫「MSリーダーズ活動　そのアプローチ　高校生に体験的感動を！」(2002/1/20)『みちびき』36，pp. 81-83.

＊本章は，林幸克「高校生の規範意識を育む生徒会活動―岐阜県における『MSリーダーズ活動』の事例―」『岐阜大学教育学部研究報告―人文科学―』62(1)，2013，pp. 241-253を大幅に加筆・修正したものである。

第9章 MSリーダーズ活動の教育的意義

第1節　MSリーダーズ活動と規範意識

本章は，前章で確認した岐阜県におけるMSリーダーズ活動の事例に基づきながら，高校生の規範意識・自尊感情について，質問紙調査から実証的に考察するものである。規範意識に着目すると，教育基本法第6条に，「学校においては，教育の目標が達成されるよう，教育を受ける者の心身の発達に応じて，体系的な教育が組織的に行われなければならない。この場合において，教育を受ける者が，学校生活を営む上で必要な規律を重んずるとともに，自ら進んで学習に取り組む意欲を高めることを重視して行わなければならない」とあり，規律を重んずること，すなわち，規範意識の醸成を重視していることがわかる。これまで概観してきたように，発達段階の進行に伴って自尊感情が低下していること，国際的にみて日本の高校生の規範意識・自尊感情が比較的低いことが明らかになってきた。この現状を詳細に分析し，原因の解明を試みたさまざまな知見の蓄積があるので，その一端を確認する。

規範意識を違反・逸脱に関連づけた論考として，部活集団への所属が，校則違反や授業中の違反行為の抑止にプラスの影響を及ぼすことを示したもの(1)や，「たとえそれが規範に関する意識や行動であったとしても，まわりから浮いた行動をとらないことが『人間関係の維持』において最も重要になっている」として，軽微な逸脱行動に至るプロセスを考察した研究(2)，高校生における万引きへの意識に及ぼす影響について，「家族の否定的反応と友人の否定的反応，親の受容的養育態度が規範意識につながるといえ，規範意識を高めるには家族や友人が否定的に反応することや受容的養育態度が重要である」ことを示した論考[(3)]がある。これらは，さまざまな人間関係が規範意識へ影響を及ぼしていることを明示した知見である。また，日本の高校生の方が，韓国の高校生より，自己肯定度が高くなるに伴って校則の遵守態度が良好になっていることを示し，「適切な規範学習は，生徒（または少年）非行が成人犯罪に転移することを強く抑止することに寄与するであろう。犯罪防止にきわめて経済効率が高く，しかも成功可能性の高い手段として，学校における規範教育を捉えなおす必要があり，ここに，小・中・高校の規範教育の重要性や意義が存する」とした研究[(4)]や「学校のきまりが守れず，注意されることが多い児童・生徒は，自信をもてず，やる気につながらない姿が見られる」ことなどから，規範意識の向上が，自尊感情や自己肯定感の向上に寄与することを明らかにした研究[(5)]は，規範意識の向上に，学校教育の果たす役割が看過できないことを示唆している。自尊感情に関する先行研究としては，自尊感情の保持のために，「友人から傷つけられないように防衛的な関係を持ちつつ，これに基づいて相手を傷つけないように配慮することで，他者からの受容感を得て，もともと低かった自尊感情を高揚させている」ことを明らかにしたもの[(6)]があり，他者との関わりの中で自尊感情を捉えている。また，「集団での豊かな体験が得られる学校生活のなかに，学習だけでなく部活動や学校行事など各自の異なる力が発揮できるような多様な機会を設け，生徒一人ひとりが自尊感情を高めるような仕掛けを学校として用意することが重要である」とした研究[(7)]や看護科と普通科の高校生を比較して，自尊感情得点に有意差はないものの，「３年生では，看護科生徒に自尊感情の高い傾向があった。看護科生徒は実習の中で看護の喜びや，やりがいを感じることにより自己の有用性を確認し自尊感情を高めていくことができる」と結論づけた論考[(8)]，「自分自身に対する自分によるバロメーターともいえる自尊感情が，『学級からの受容感』と大きく関わっている」ことを示したもの[(9)]があり，自尊感情は他者との交流を通した体験の在り方に依拠していることを示唆している。

一連の研究を概観すると，学校内・学級内における人間関係との関連から規範意識について論じている点が共通しているといえる。いずれも有益な知見が提示されているが，規範意識の醸成に関して，学校内・学級内を射程に収めるだけでは，不十分な側面があるのではないかと思われる。

生徒指導提要（2010）に，「規範意識の醸成や校内規律に関する指導は，学級担任・ホームルーム担任だけでなく，全教職員の共通理解・共通行動に基づく協力体制を整えるとともに，外部の専門機関と連携した生徒指導体制の確立が求められています」とあるように，学校外の専門機関等と連携し，諸資源を活用することを視野に入れることが不可欠である。東京都教職員研修センターの研究でも，「幼児・児童・生徒の自尊感情を高めるためには，学校における指導・援助とともに，家庭・地域との連携を図ることで，より効果的になる」という見解を示し[(10)]，「自己概念の形成に影響を与える他者の存在は，望ましい自尊感情をはぐくむ上でも重要である。子供を社会全体で育てるという観点からも，だれもが適切なかかわり，声かけができるよう学校教育と社会教育が連携し，協力していく必要がある」として，学校の外部との連携の必要性を説いている[(11)]。

しかしながら，具体的にどのような形でそれを具現化できるのか，また，そうした実践はどのような効果をもたらすのか，検証を試みた論考は管見のかぎりない。そこで本研究では，外部の専門機関である警察と学校が連携した実践である岐阜県のMSリーダーズ活動に着目して，その現状と課題について考察する。また，それを踏まえて，高校生の規範意識・自尊感情を高めるための方策の在り方を検討する。

第２節　研究方法・内容

2013年11月から12月にかけて，地域性を勘案しながら，岐阜県公立高等学校６校（普通科２校（Ａ校・Ｂ校），専門学科２校（Ｃ校・Ｄ校），総合学科１校（Ｅ校），普通科・専門学科併設１校（Ｆ校））の生徒を対象に，郵送法による質問紙調査を行った。６校の生徒564名から回答を得て，そのうち，553名分を有効回答として集計した。

回答者の内訳は，男子49.2%・女子50.8%，１年生40.1%・２年生31.6%・３年生28.2%であった。また，MSリーダーズ活動との関連で示した内訳は，「現在登録している」(248人)：男子19.9%・女子25.0%，１年生15.7%・２年生14.3%・３年生14.8%，「過去に登録していたが現在は登録していない」(25人)：男子3.6%・女子0.9%，１年生0.7%・２年生1.6%・３年生2.2%，「登録したことはない」(280人)：男子25.7%・女子25.0%，１年生23.7%・２年生15.7%・３年生11.2%であった。

質問項目は，高校入学後から今までに取り組んだことがあること（14項目），規範意識に関するものとして，今の高校生が強く意識した方がいいと思うこと（８項目），自尊感情に関するものとして，今の自分の気持ち（22項目）[12]などである。

第３節　結果・考察

MSリーダーズ活動の登録状況に関して，「過去に登録していたが現在は登録していない」生徒が，他の２項目と比べて極端に少ないので，本研究では，「現在登録している」生徒と「登録したことはない」生徒を対象に比較検討を試みることとする。

１．高校入学後から今までに取り組んだことがあること

高校に入学してから，どのような活動に取り組んだことがあるのかを複数回答で聞いた（表９-１）。その結果，「現在登録している」生徒で「あてはまる」割合が有意に多かった項目は，「通学路や学校周辺の地域清掃」「あいさつ運動」「交通安全マナーの呼びかけ」「青少年の健全育成・非行防止キャンペーン活動」「地域の安全のための防犯キャンペーン活動」の５項目であった。この中でも，特にキャンペーン活動は警察と連携して行うMSリーダーズ活動の特徴的な実践である。他方，「登録したことはない」生徒では，「自転車の安全点検」と「高齢者との交流」の２項目で有意に多かった。第８章（表８-４，表

表9-1　高校入学後から今までに取り組んだことがあること（複数回答）（「あてはまる」割合）

（単位：%）

	現在登録している	登録したことはない	χ^2値 (df = 1)
1　通学路や学校周辺の地域清掃	54.4	33.2	24.14**
2　あいさつ運動	51.2	13.2	88.67**
3　交通安全マナーの呼びかけ	24.2	4.3	44.26**
4　地域のイベント（お祭りやスポーツ大会など）の参加・補助	43.1	36.8	2.22
5　自転車の安全点検	31.5	49.6	17.98**
6　駅の駐輪場の整理・整頓	6.0	4.6	0.52
7　施錠確認や二重ロック推奨などの自転車盗難防止活動	12.9	11.8	0.15
8　青少年の健全育成・非行防止キャンペーン活動	11.3	1.1	24.85**
9　地域の安全のための防犯キャンペーン活動	6.9	1.1	12.07**
10　薬物乱用防止キャンペーン活動	4.0	2.1	1.60
11　高齢者との交流	8.1	17.9	10.97**
12　乳幼児との交流	6.0	8.9	1.56
13　障害者との交流	4.0	4.3	0.02
14　募金活動	13.3	15.7	0.61

**$p<.01$

8-5）で確認したMSリーダーズ活動の具体的な活動内容で，比較的多くの学校で取り組まれている「自転車・歩行者への交通安全マナーの呼びかけ」や「清掃活動（除雪も含む）」「あいさつ運動」に関して，「現在登録している」生徒の取り組み経験が多いことが明らかになり，学校の組織レベルの実践と生徒の個人レベルの実践が合致することが示されたといえる。

その一方で，「登録したことはない」生徒に多かった2項目についてであるが，調査対象校の教育活動の影響があるのではないかと思われる。6校中の3

校（A校・C校・F校）は，「自転車の安全点検」を学校行事に位置づけている。また，ボランティア系部活動（たとえばC校のインターアクトクラブ，F校のインターアクト・ユネスコ部など）の活動の定着やユネスコスクールの認可を目指して福祉教育を重視している学校（B校）の存在，総合学科の福祉系列で福祉施設実習があること（E校）などを背景に，MSリーダーズ活動への登録状況に関係なく，取り組んだことのある生徒が多くなっているものと思われる（表9－1）。

「現在登録している」生徒と「登録したことはない」生徒の間で有意差の認められなかった内容に着目すると，総じて警察との連携がそれほど強く必要と思われない内容（たとえば，乳幼児や障害者との交流，募金活動など）への取り組みであると思われる。なお，「地域のイベント（お祭りやスポーツ大会など）の参加・補助」も有意差はなかったが，取り組みそのものは40％前後で比較的多くの生徒が取り組んでいることがわかった。これも，各校の教育活動として，部活動（たとえばB校のボランティア部，C校の地域振興部，E校の吹奏楽部など）がイベントに参加する機会があること，生徒会活動としてスポーツ大会や地域のお祭りでボランティアをしていること（B校），専門学科の学びの一環としてお店を出店する実践が行われていること（C校）などがあり，それらが取り組みの高さに結実しているのではないかと考えられる。

2．今の高校生が強く意識した方がいいと思うこと

規範意識に相当する内容として，「今の高校生が強く意識した方がいいと思うこと」について，複数回答で聞いた。その結果，「現在登録している」生徒で「あてはまる」割合が有意に多かった項目は，「制服の着方などのみだしなみ」「身近な人へのあいさつ」「スマートフォンの使用などの情報モラル」の3項目であった。「登録したことはない」生徒で有意に多かった項目はなかった。「身近な人へのあいさつ」に関して，前述した「高校入学後から今までに取り組んだことがあること」で，「あいさつ運動」の経験度合いが高いことから，そうした実践を通して必要性が意識化されているのではないかと考えられる。

表９-２　今の高校生が強く意識した方がいいと思うこと（複数回答）（「あてはまる」割合）

（単位：％）

	現在登録している	登録したことはない	χ^2値 (df = 1)
1　制服の着方などの身だしなみ	49.6	41.1	3.86*
2　時間を守ること	47.6	49.6	0.22
3　身近な人へのあいさつ	62.1	48.9	9.22**
4　自転車の乗り方などの交通安全マナー	45.6	48.2	0.37
5　スマートフォンの使用などの情報モラル	54.4	43.6	6.21*
6　電車・バスなどの乗車マナー	45.6	40.7	1.26
7　薬物乱用防止に関すること	35.5	35.4	0.00
8　いじめに関すること	46.8	47.5	0.03

**p<.01, *p<.05

また，「制服の着方などのみだしなみ」や「スマートフォンの使用などの情報モラル」も，MSリーダーズ活動として警察と一緒に取り組んでいる各種キャンペーン活動を行うにあたり，自分自身が模範とならなくてはいけないという思いが醸成され，意識化されている側面があるものと思われる（表９-２）。

その一方で，表８-４で「（自転車・歩行者への）交通安全マナーの呼びかけ」は80％近くの学校が取り組んでいることが示されているにもかかわらず，強く意識した方がいいと思う割合は50％弱で，「現在登録している」生徒と「登録したことはない」生徒に有意差はなかった。学校として実践する際は，比較的大人数で取り組むことが多いため，場合によっては，その場にはいるが，特に役割もなく何もしないでいても咎められない生徒が出てくること，いわば，社会的手抜きの状態になっていることは容易に推察できる。すなわち，全体の活動に生徒個々が埋没することになり，必要性の意識化に至っていないのではないかと考えられる。釘原(13)は，社会的手抜きを防止するために，以下の４点を挙げている。

①　個人の貢献がわかるようにすること

② 課題に対する自我関与を高めること

③ 他者に対する信頼感を持つこと

④ 集団全体のパフォーマンスの変動についての情報が成員個々人に与えられること

MSリーダーズ活動の在り方を考える際，これらの指摘，特に前者２つを意識し，個と集団の関係性，その在り方を吟味する必要があると思われる。

3．今の自分の気持ち

自尊感情に相当する内容として，「今の自分の気持ち」について４件法で質問した。平均点に着目すると，「私は今の自分に満足している」と「私には自分のことを必要としてくれる人がいる」の２項目で「現在登録している」生徒が有意に高かった。有意水準を10％にして有意傾向のある項目まで入れると，「現在登録している」生徒に有意傾向があった項目は，「人の意見を素直に聞くことができる」「私は自分のことが好きである」「自分の中には様々な可能性がある」「私には自分のことを理解してくれる人がいる」の４項目があった。「登録したことはない」生徒では，「人と違っていても自分が正しいと思うことは主張できる」で有意傾向があった（表９－３）。

これらの結果から，「現在登録している」生徒は，「私は今の自分に満足している」に代表されるような等身大の自分を受け入れ，肯定的に捉えている側面と，「私には自分のことを必要としてくれる人がいる」に代表されるような，他者との関わり・関係性の中で自分自身の存在意義を見出す側面があると考えられる。後者は，先行研究の知見とも合致するものである。また，MSリーダーズ活動との関連で，警察をはじめとした学校外のさまざまな人びととのつながりが，この背景にあるのではないかと思われる。蘭[14]は，自尊感情は自己概念の中に含まれるとしたうえで，自己概念の形成要因を３点挙げている。

① 他者からの評価・承認による気づき

② 同一視に基づく取り入れ

③ 役割遂行やさまざまな経験による気づき。

表９-３　今の自分の気持ち（比較）

（上段：平均点（４点満点），下段：標準偏差）

	現在登録している	登録したことはない	t値
1．私は今の自分に満足している	2.59 (0.78)	2.40 (0.85)	2.69**
2．人の意見を素直に聞くことができる	3.05 (0.61)	2.94 (0.63)	1.96†
3．人と違っていても自分が正しいと思うことは主張できる	2.73 (0.73)	2.84 (0.68)	1.76†
4．私は自分のことが好きである	2.41 (0.80)	2.28 (0.80)	1.78†
5．私は人のために力を尽くしたい	3.10 (0.68)	3.05 (0.72)	0.71
6．自分の中には様々な可能性がある	2.68 (0.69)	2.56 (0.77)	1.96†
7．自分はダメな人間だと思うことがある	2.82 (0.85)	2.91 (0.84)	1.35
8．私はほかの人の気持ちになることができる	2.89 (0.66)	2.85 (0.67)	0.64
9．私は自分の判断や行動を信じることができる	2.73 (0.67)	2.74 (0.69)	0.23
10．私は自分という存在を大切に思える	2.89 (0.69)	2.81 (0.76)	1.27
11．私には自分のことを理解してくれる人がいる	3.23 (0.69)	3.12 (0.74)	1.75†
12．私は自分の長所も短所もよく分かっている	2.90 (0.74)	2.88 (0.72)	0.32
13．私は今の自分が嫌いだ	2.53 (0.86)	2.53 (0.83)	0.08
14．人に迷惑がかからないよう，いったん決めたことには責任をもって取り組む	3.04 (0.65)	3.00 (0.65)	0.65
15．私は誰にも負けないもの（こと）がある	2.61 (0.85)	2.55 (0.91)	0.74
16．自分には良いところがある	2.86 (0.67)	2.83 (0.74)	0.55
17．自分のことを見守ってくれている周りの人々に感謝している	3.46 (0.56)	3.37 (0.67)	1.62
18．私は自分のことは自分で決めたいと思う	3.28 (0.60)	3.27 (0.61)	0.14
19．自分は誰の役にも立っていないと思う	2.30 (0.72)	2.34 (0.73)	0.58
20．私には自分のことを必要としてくれる人がいる	2.95 (0.69)	2.78 (0.72)	2.73**
21．私は自分の個性を大事にしたい	3.20 (0.69)	3.16 (0.67)	0.68
22．私は人と同じくらい価値のある人間である	2.94 (0.72)	2.85 (0.73)	1.48

**p<.01，†p<.10

本研究に即して捉えると，等身大の自己受容は③に，他者との関係性からの自己存在意義は①に，両者に共通して，一緒に活動している警察関係者等の存在が②に相当するものと思われる。結果的に自己概念の形成要因に合致したが，今後，これをより明確に意識したMSリーダーズ活動を展開することで，さらに自尊感情が涵養されるようになるのではないかと思われる。

なお，「現在登録している」生徒は，警察や少年サポートセンターを身近に感じますか」という設問に対して，「はい」と回答した割合が23.4％で，「登録したことはない」生徒（13.9％）より有意に多かったことから，警察に対して親和的であることが示された。

本章のまとめ

規範意識について，「現在登録している」生徒の活動は，「通学路や学校周辺の地域清掃」や「あいさつ運動」などの取り組みが比較的多かったこと，また，「青少年の健全育成・非行防止キャンペーン活動」や「地域の安全のための防犯キャンペーン活動」といった警察と連携した各種キャンペーン活動等の実践が多かった。そうした体験を背景に，「身近な人へのあいさつ」や「スマートフォンの使用などの情報モラル」「制服の着方などの身だしなみ」といった日常生活に密着した規範意識が高かった。また，自尊感情に関して，「現在登録している生徒」は，「私は今の自分に満足している」のように自分自身を内省して等身大の自分を受け入れている側面と，「私には自分のことを必要としてくれる人がいる」のような他者との関係性を通して自分の存在価値を認識する側面があることが明らかになった。

個々の関わりがより明確になるよう活動の在り方を再考する余地はあるものの，現状，自己概念の形成要因を押さえているMSリーダーズ活動は，高校生の規範意識・自尊感情の涵養に有効であると考えられる。生徒指導提要には，外部の専門機関と連携した生徒指導体制の確立が謳われているが，本章で，警察との連携で規範意識や自尊感情を醸成できることが例証できたといえる。

注

(1)　作田誠一郎「学校社会における高校生の対人関係と規範意識に関する考察」『やまぐち地域社会研究』9，2012，pp. 159-170.

(2)　崎野優「高校生の規範的行動と同調傾向との関係―「空気を読む高校生」の“学校適応”―」『日本高校教育学会年報』17，2010，pp. 6-15.

(3)　大久保智生・宮前淳子・宮前義和「青少年の万引きに関する心理的要因の学校段階別の検討―家族および友人関係と攻撃性が万引への意識に及ぼす影響―」『生徒指導学研究』11，2012，pp. 57-67.

(4)　広瀬卓爾「高校生の規範意識に関する日韓比較―自己観念との関連―」『社会学部論集』42，2006，pp 113-125.

(5)　東京都教職員研修センター「自尊感情や自己肯定感に関する研究（4年次）」『東京都教職員研修センター紀要』11，2012，pp. 3-38.

(6)　岡田努「現代青年の友人関係と自尊感情の関連について」『パーソナリティ研究』20(1)，2011，pp. 11-20.

(7)　新井肇・古河真紀子・浅川潔司「高校生の学校生活適応感に関する学校心理学研究」『兵庫教育大学研究紀要』34，2009，pp. 57-62.

(8)　炭谷靖子・笹野京子・成瀬優知「高校生の社会的スキルおよび自尊感情の状況と思いやり行動の関連―課程別（看護科，普通科）比較―」『富山医科薬科大学看護学会誌』5(1)，2003，pp. 61-72.

(9)　本多公子・井上祥治「高校生の学級集団帰属意識の構成要因が精神健康及び学校生活適応感に及ぼす効果」『岡山大学教育実践総合センター紀要』6，2006，pp. 111-118.

(10)　東京都教職員研修センター「自尊感情や自己肯定感に関する研究―幼児・児童・生徒の自尊感情と自己肯定感を高める指導の在り方―」『東京都教職員研修センター紀要』8，2009，pp. 3-26.

(11)　東京都教職員研修センター「自尊感情や自己肯定感に関する研究（第2年次）」『東京都教職員研修センター紀要』9，2010，pp. 3-26.

(12)　今の自分の気持ち（22項目）については，慶応義塾大学「自尊感情や自己肯定感に関する研究」報告書（2010）の「自尊感情測定尺度（東京都版）」を使い，「あてはまらない」（1点）～「あてはまる」（4点）の4件法で質問した。

(13)　釘原直樹『グループ・ダイナミックス　集団と群集の心理学』有斐閣，2011，pp. 45-47.

(14)　蘭千壽「対人行動と自己」対人行動学研究会編『対人行動の心理学』誠信書房，1986，pp. 234-239.

＊本章は，林幸克「高校生の規範意識・自尊感情に関する一考察―岐阜県におけるMSリーダーズ活動に着目した分析―」『学習院大学教職課程年報』２，2016, pp. 5-16を大幅に加筆・修正したものである。

補　論　大学生との比較から見えるもの

第1節　大学生と比較する意味

規範意識・自尊感情に関わる子どもの意識・実態に着目すると，文部科学省・国立教育政策研究所「平成28年度全国学力・学習状況調査報告書　質問紙調査」(2016) では，自尊意識（「難しいことでも，失敗を恐れないで挑戦していますか」「自分には，よいところがあると思いますか」）で小学生と比較して中学生がやや低いことが示されているが，その他の項目では，小学生・中学生ともすべてで90％を超えている（表補-1）。

また，文部科学省「平成26年度『児童生徒の問題行動等生徒指導上の諸問題に関する調査の確定値』について」(2016) では，暴力行為の加害児童生徒に対する学校の対応「指導等の内容」で，「被害者等（被害者の関係者も含む）に対する謝罪指導」や「ルールの徹底や規範意識を醸成するための指導」が比較的多いことが示された。特に高等学校では，学校の内外を問わず，「ルールの徹底や規範意識を醸成するための指導」が最上位となっていた（表補-2）。なお，平成27年度調査には上記に該当する設問等はみられなかった。

規範意識・自尊感情についての先行研究を概観すると，兄井ら[(1)]は，小学生・中学生対象調査を行い，自尊感情について，小学生では学年進行に伴い得点が低下し，中学生では学年間の変化が小さいこと，規範意識について，中学3年生男子を除いて小学生・中学生とも学年進行に伴い得点が低下し，女子の方が一貫して高い値であることを示した。

表補-1　平成28年度全国学力・学習状況調査にみる「自尊意識」と「規範意識」

		小学6年生	中学3年生
自尊意識	ものごとを最後までやり遂げて，うれしかったことがありますか	90.9	94.2
	難しいことでも，失敗を恐れないで挑戦していますか	76.1	69.5
	自分には，よいところがあると思いますか	76.4	69.3
規範意識	学校のきまり（規則）を守っていますか	91.5	94.5
	友達との約束を守っていますか	97.2	97.2
	いじめは，どんな理由があってもいけないことだと思いますか	96.5	93.5
	人の役に立つ人間になりたいと思いますか	93.8	92.8

（注）　表中の数値は，「当てはまる」と「どちらかといえば当てはまる」の合計（%）である。

表補-2　暴力行為の加害児童生徒に対する学校の対応「指導等の内容」（抜粋）

（単位：%）

		小学校	中学校	高等学校
被害者等（被害者の関係者も含む）に対する謝罪指導	学校内	70.8	76.2	71.1
	学校外	78.1	63.9	68.7
友人関係を改善するための指導	学校内	53.6	46.3	58.6
	学校外	58.1	35.0	56.3
ルールの徹底や規範意識を醸成するための指導	学校内	68.1	67.0	77.8
	学校外	69.3	62.0	77.0

（注）　表中の数値は，各々の指導に該当する人数を，加害児童生徒数で割って，筆者が算出したものである。

小学生・中学生・高校生を対象とした研究では，洲﨑ら(2)が，質的分析から，「自己認識」は「自己—他者関係」との関連の中で高まること，「自己認識」の高まりは「自己理解」を超え，「自己肯定」につながることを明らかにしたもの，齋藤ら(3)が，学年進行に伴って，インターネットの学習で得た知識が自らの行動規範となり得ていないことを示した研究がある。中学生と高校生に焦点を当てた論考は，馬居ら[4]が，中学生は既存規範に同調傾向にあり，高校生は関係志向が強いことを明示したもの，田中[5]が，規範意識は，高校生の方が中学生よりも曖昧で，問題行動の許容性も高校生の方が高いことを明らかにした研究がある。また，朴[6]は，高校生対象調査から，「級友や仲間との関係が良好であることが，問題行動への同調を引き起こす可能性（を向上させること）があると予測できる」と結論づけた。

このように，小学生・中学生・高校生を対象としたり，それらを比較した知見は散見される。しかし，大学生までを射程に収めた検証については，関水[7]が，「不良行為」に関しては高校生の方が厳しい判断をしており，「敬語の不使用」は大学生の方が厳しい判断であったことを示した論考などがあるが，比較的少ない状況で，研究成果の蓄積が潤沢であるとは言い難い。そこで本書では，その研究成果の蓄積の一助とすべく，高校生と大学生を対象にした質問紙調査から，両者の規範意識・自尊感情の異同を実証的に検証することを試みる。これは，高校生と大学生の各々の発達段階に即して，規範意識・自尊感情を育むためにいかなる支援が必要であるのかを明らかにすることになり，規範意識・自尊感情の育成の観点から高大接続の在り方を検討する一助となるという意義がある。なお，後述するMSリーダーズ活動を共通体験としている高校生と大学生の実態を考察しているが，管見のかぎり，そうした対象を分析の俎上にのせたものはなく，研究の独自性がそこにあるものと考えている。

第２節　調査対象・方法・内容

本節における調査は，高校生と大学生の規範意識・自尊感情を明らかにし，両者の異同を踏まえた規範意識・自尊感情の育成支援の在り方を考察するために行うものである。

2013年11月から12月にかけて，岐阜県公立高等学校６校（普通科２校，専門学科２校，総合学科１校，普通科・専門学科併設１校）の生徒を対象に，郵送法による質問紙調査を行った。６校の生徒564名から回答を得て，そのうち，558

名分（男子49.1％女子50.9％，１年生40.1％・２年生31.6％・３年生28.3％）を有効回答として集計した。また，2014年２月に，国立大学教育学部の３年生を対象に，講義「特別活動と学級経営」内で自記式の質問紙調査を行った。学生239名から回答を得たが，本書では，岐阜県内の高等学校出身者173名分（男子42.2％・女子57.8％）を集計した。

質問項目は，高校生に対しては，高等学校入学後から今までに取り組んだことがあること（14項目），大学生に対しては，高校生が在学中に取り組んだ方がいいと思うこと（14項目），高校生・大学生共通で規範意識に関するものとして，今の高校生が強く意識した方がいいと思うこと（８項目），同じく共通で自尊感情に関するものとして，今の自分の気持ち（22項目）[8]などである。

第３節　結果・考察

１．大学生のMSリーダーズ活動の認識

大学３年生が高校生時代のMSリーダーズ活動に対して，どのように捉えていたのかを確認する。「(1) MSリーダーズ活動を知っている」割合は56.3％（男子54.1％，女子57.8％），「(2) 高校在学中，MSリーダーズ活動をしたことがある」割合は3.4％（同2.7％，3.9％），「(3) 今の高校生がMSリーダーズ活動をしている場面を見たことがある」割合は21.0％（同14.9％，25.5％）であった。

第Ⅲ部第８章のデータから，大学３年生の多くが高校生であった2008年度から2010年度は，学校参加率87.4％～89.5％，生徒登録率8.1％～10.0％，１校あたりの平均登録生徒数57.3人～68.6人であったことがわかる。９割近くの学校がMSリーダーズ活動に取り組み，約１割の生徒が登録していた状況からすると，認知状況も体験状況もやや低調である。また，2013年度の学校参加率(90.5％)，生徒登録率（11.8％），１校あたりの平均登録生徒数（82.1人）から，県内各地で日常的に活動状況を見る機会がありそうであるが，生活パターンの違いからか，大学生がそうした場面を目にすることは少ないようである。あるいは，高校生時代にMSリーダーズ活動と疎遠であったために，大学生の時点で，そうした活動が展開されていても気づいていないのかもしれない。

表補-3　高校在学中に感じたMSリーダーズ活動に対する「温度差」

（単位：%）

		全体	男子	女子
生徒間の「温度差」	あった	34.1	32.4	35.3
	なかった	9.7	13.5	6.9
	わからない	55.7	52.7	57.8
教師間の「温度差」	あった	13.6	16.2	11.8
	なかった	9.7	12.2	7.8
	わからない	76.1	70.3	80.4
生徒と教師の間の「温度差」	あった	19.3	20.3	18.6
	なかった	10.2	12.2	8.8
	わからない	69.9	66.2	72.5

そうした大学生が高校生時代のMSリーダーズ活動を振り返ったときに，「温度差」を感じていたか否かをみてみると，「わからない」割合が多かった。先述したように，やや活動に疎遠であったために，「温度差」を認識するまでには至っていなかったのではないかと考えられる。

「温度差」について有無を明示した回答に着目すると，生徒間の「温度差」は，「あった」が「なかった」より24.4ポイント高かった。以下，教師間の「温度差」は3.9ポイント，生徒と教師の間の「温度差」は9.1ポイント，「あった」方が高かった。この結果から，活動の当事者である生徒間の「温度差」が比較的大きかったと感じていたこと，特に女子（「あった」割合が28.4ポイント高かった）にその傾向が強いことが明らかになった（表補-3）。

2．高等学校入学後から今までに取り組んだことがあること

高校生が高等学校入学後から今までに取り組んだことがあることを複数回答で聞いた。大学生には，高校生が在学中に取り組んだ方がいいと思うことを複数回答で聞いた。後述の男女比較，学年比較，高校生・大学生比較については，

表補-4　高校生の高等学校在学中の取り組み

（単位：%）

	高校生							大学生			高校生と大学生の比較		
	男子	女子	χ^2値 (df = 1)	1年生	2年生	3年生	χ^2値 (df = 2)	男子	女子	χ^2値 (df = 1)	高校生	大学生	χ^2値 (df = 1)
1．通学路や学校周辺の地域清掃	46.7	41.5	1.51	39.3	36.4	59.5	21.57**	19.2	30.0	2.61	44.1	25.4	19.20**
2．あいさつ運動	44.9	21.5	34.58**	35.3	25.0	38.6	7.87*	30.1	31.0	0.01	33.0	30.6	0.33
3．交通安全マナーの呼びかけ	17.2	10.2	5.71*	17.4	9.7	12.7	5.21	19.2	29.0	2.18	13.6	24.9	12.23**
4．地域のイベント（お祭りやスポーツ大会など）の参加・補助	33.2	46.1	9.71**	37.9	35.2	47.5	5.74	39.7	56.0	4.47*	39.8	49.1	4.74*
5．自転車の安全点検	44.9	38.7	2.17	55.4	45.5	18.4	53.61**	28.8	34.0	0.53	41.8	31.8	5.49*
6．駅の駐輪場の整理・整頓	4.7	6.7	0.98	4.9	9.7	2.5	8.29*	24.7	29.0	0.40	5.7	27.2	62.93**
7．施錠確認や二重ロック推奨などの自転車盗難防止活動	17.5	8.1	11.14**	19.2	11.9	4.4	18.34**	15.1	25.0	2.53	12.7	20.8	6.90**
8．青少年の健全育成・非行防止キャンペーン活動	4.4	7.0	1.83	8.0	4.0	4.4	3.70	24.7	27.0	0.12	5.7	26.0	57.61**
9．地域の安全のための防犯キャンペーン活動	5.1	2.1	3.62	5.8	1.7	2.5	5.50	17.8	21.0	0.27	3.6	19.7	49.84**
10．薬物乱用防止キャンペーン活動	4.0	1.8	2.54	4.0	3.4	0.6	4.08	19.2	24.0	0.57	2.9	22.0	70.40**
11．高齢者との交流	9.1	16.9	7.42**	13.8	14.8	10.1	1.77	30.1	62.0	17.15**	13.1	48.6	98.53**
12．乳幼児との交流	5.5	10.2	4.31*	5.4	10.2	8.9	3.51	21.9	40.0	6.30*	7.9	32.4	67.04**
13．障害者との交流	3.6	4.2	0.12	4.9	4.0	2.5	1.39	34.2	63.0	13.96**	3.9	50.9	227.46**
14．募金活動	13.5	15.8	0.61	16.1	14.8	12.7	0.86	20.5	34.0	3.76	14.7	28.3	16.67**

**$p<.01$, *$p<.05$

χ^2検定を行った。

高校生の男女比較をすると，男子の回答が有意に多かった項目は「2.あいさつ運動」「3.交通安全マナーの呼びかけ」「7.施錠確認や二重ロック推奨などの自転車盗難防止活動」の3項目，女子の回答が有意に多かった項目は「4.地域のイベント（お祭りやスポーツ大会など）の参加・補助」「11.高齢者との交流」「12.乳幼児との交流」の3項目だった。学年比較では，「1.通学路や学校周辺の地域清掃」で3年生の回答が有意に多いこと，「2.あいさつ運動」で2年生の回答が有意に少ないこと，「5.自転車の安全点検」「7.施錠確認や二重ロック推奨などの自転車盗難防止活動」の2項目で3年生の回答が有意に少ないこと，「6.駅の駐輪場の整理・整頓」で2年生の回答が有意に多いことが示された。大学生の男女比較では，「4.地域のイベント（お祭りやスポーツ大会など）の参加・補助」「11.高齢者との交流」「12.乳幼児との交流」「13.障害者との交流」の4項目で女子の回答が有意に多かった。高校生と大学生を比較すると，「1.通学路や学校周辺の地域清掃」「5.自転車の安全点検」の2項目で高校生の回答が有意に多く，「2.あいさつ運動」を除く11項目で大学生の回答が有意に多かった（表補-4）。

3.今の高校生が強く意識した方がいいと思うこと

規範意識に関するものとして，今の高校生が強く意識した方がいいと思うことを複数回答で聞いた。また，「第3節の2.高等学校入学後から今までに取り組んだことがあること」と同様にχ^2検定を行った。高校生の男女比較をすると，「1.制服の着方などの身だしなみ」「4.自転車の乗り方などの交通安全マナー」の2項目で男子の回答が有意に多かった。学年比較では，「3.身近な人へのあいさつ」「5.スマートフォンの使用などの情報モラル」の2項目で3年生の回答が有意に多かった。また，「6.電車・バスなどの乗車マナー」については，学年進行に伴って約10ポイントずつ増加していることがわかった。大学生の男女比較では，「6.電車・バスなどの乗車マナー」で女子の回答が有意に多かった。

表補-5　今の高校生が強く意識した方がいいと思うこと

（単位：%）

	高校生							大学生			高校生と大学生の比較		
	男子	女子	χ^2値（df = 2）	1年生	2年生	3年生	χ^2値（df = 2）	男子	女子	χ^2値（df = 1）	高校生	大学生	χ^2値（df = 1）
1．制服の着方などの身だしなみ	51.8	40.8	6.76**	42.4	46.0	51.9	3.36	30.1	34.0	0.29	46.2	32.4	10.36**
2．時間を守ること	50.4	48.2	0.25	52.7	45.5	48.7	2.08	35.6	29.0	0.85	49.3	31.8	16.31**
3．身近な人へのあいさつ	59.1	53.2	2.01	51.3	54.0	65.2	7.68*	45.2	45.0	0.00	56.1	45.1	6.43*
4．自転車の乗り方などの交通安全マナー	51.8	41.9	5.52*	42.0	53.4	46.2	5.21	52.1	49.0	0.16	46.8	50.3	0.65
5．スマートフォンの使用などの情報モラル	51.5	47.5	0.86	44.6	48.3	57.6	6.36*	64.4	72.0	1.14	49.5	68.8	19.85**
6．電車・バスなどの乗車マナー	44.2	43.3	0.04	34.4	45.5	55.1	16.43**	54.8	73.0	6.17*	43.7	65.3	24.64**
7．薬物乱用防止に関すること	38.7	33.8	1.44	35.7	35.8	37.3	0.12	27.4	22.0	0.67	36.2	24.3	8.44**
8．いじめに関すること	50.0	44.0	2.01	50.4	43.2	46.2	2.14	49.3	48.0	0.03	47.0	48.6	0.14

**$p<.01$, *$p<.05$

高校生と大学生を比較すると，「1．制服の着方などの身だしなみ」「2．時間を守ること」「3．身近な人へのあいさつ」「7．薬物乱用防止に関すること」の4項目で高校生の回答が有意に多く，「5．スマートフォンの使用などの情報モラル」「6．電車・バスなどの乗車マナー」の2項目で大学生の回答が有意に多かった（表補－5）。

4．今の自分の気持ち

自尊感情に関するものとして，今の自分の気持ちを聞いた。男女比較と高校生・大学生比較についてはｔ検定，学年比較はTukey法による多重比較を行った。

高校生の男女比較をすると，すべての項目で有意差は認められなかった。学年比較では，主に，「5．私は人のために力を尽くしたい」「11. 私には自分のことを理解してくれる人がいる」「17. 自分のことを見守ってくれている周りの人々に感謝している」「20. 私には自分のことを必要としてくれる人がいる」の4項目で3年生の得点が有意に高いこと，「7．自分はダメな人間だと思うことがある」で1年生の得点が有意に低いことが示された。大学生の男女比較では，「3．人と違っていても自分が正しいと思うことは主張できる」「21. 私は自分の個性を大事にしたい_ の2項目で男子の得点が有意に高かった。

高校生と大学生を比較すると，高校生の得点が有意に高かった項目は，「13. 私は今の自分が嫌いだ」「19. 自分は誰の役にも立っていないと思う」の2項目であった。大学生の得点が有意に高かった主な項目は，「4．私は自分のことが好きである」「6．自分の中には様々な可能性がある」「10. 私は自分という存在を大切に思える」「16. 自分には良いところがある」「20. 私には自分のことを必要としてくれる人がいる」など12項目であった（表補－6）。

5．規範意識について

高校生の回答が有意に多かった「1．制服の着方などの身だしなみ」「2．時間を守ること」「3．身近な人へのあいさつ」の3項目は，学校生活に密着した

表補-6　今の自分の気持ち

（上段：平均点（4点満点），下段：標準偏差）

	高校生							大学生			高校生と大学生の比較		
	男子	女子	t値	1年生	2年生	3年生	Tukey法による多重比較	男子	女子	t値	高校生	大学生	t値
1．私は今の自分に満足している	2.53 (0.82)	2.43 (0.84)	1.34	2.54 (0.90)	2.43 (0.85)	2.44 (0.69)	—	2.36 (0.73)	2.49 (0.80)	1.14	2.48 (0.83)	2.43 (0.77)	0.64
2．人の意見を素直に聞くことができる	3.04 (0.61)	2.95 (0.63)	1.71	3.00 (0.67)	2.95 (0.58)	3.02 (0.58)	—	3.00 (0.65)	2.94 (0.65)	0.60	2.99 (0.62)	2.97 (0.65)	0.46
3．人と違っていても自分が正しいと思うことは主張できる	2.77 (0.74)	2.81 (0.67)	0.67	2.87 (0.70)	2.80 (0.71)	2.67 (0.70)	1年生＞3年生**	3.08 (0.64)	2.73 (0.55)	3.79**	2.79 (0.71)	2.88 (0.61)	1.54
4．私は自分のことが好きである	2.34 (0.83)	2.34 (0.78)	0.09	2.40 (0.84)	2.30 (0.81)	2.30 (0.74)	—	2.73 (0.82)	2.65 (0.73)	0.63	2.34 (0.80)	2.68 (0.77)	5.09**
5．私は人のために力を尽くしたい	3.02 (0.73)	3.09 (0.72)	1.21	2.95 (0.77)	3.05 (0.72)	3.20 (0.63)	1年生＜3年生** 2年生＜3年生*	3.22 (0.63)	3.29 (0.62)	0.73	3.05 (0.72)	3.26 (0.63)	3.41**
6．自分の中には様々な可能性がある	2.60 (0.75)	2.63 (0.74)	0.45	2.54 (0.86)	2.71 (0.70)	2.61 (0.61)	1年生＜2年生*	2.97 (0.62)	2.89 (0.58)	0.88	2.62 (0.75)	2.93 (0.60)	4.98**
7．自分はダメな人間だと思うことがある（逆転項目）	2.85 (0.87)	2.87 (0.82)	0.27	2.72 (0.93)	2.98 (0.79)	2.93 (0.76)	1年生＜2年生** 1年生＜3年生*	3.00 (0.71)	3.02 (0.67)	0.19	2.86 (0.84)	3.01 (0.68)	2.15*
8．私はほかの人の気持ちになることができる	2.83 (0.64)	2.86 (0.70)	0.60	2.81 (0.72)	2.81 (0.65)	2.93 (0.62)	—	2.95 (0.55)	3.02 (0.59)	0.86	2.85 (0.67)	2.99 (0.57)	2.53*
9．私は自分の判断や行動を信じることができる	2.75 (0.69)	2.70 (0.69)	0.82	2.80 (0.78)	2.70 (0.65)	2.67 (0.59)	—	3.03 (0.60)	2.85 (0.66)	1.84	2.73 (0.69)	2.93 (0.64)	3.48**
10．私は自分という存在を大切に思える	2.88 (0.77)	2.82 (0.70)	0.95	2.83 (0.84)	2.84 (0.71)	2.89 (0.59)	—	3.14 (0.67)	3.06 (0.60)	0.78	2.85 (0.74)	3.09 (0.63)	3.92**
11．私には自分のことを理解してくれる人がいる	3.14 (0.75)	3.17 (0.70)	0.43	3.04 (0.75)	3.15 (0.70)	3.34 (0.67)	1年生＜3年生** 2年生＜3年生*	3.22 (0.69)	3.33 (0.70)	1.04	3.16 (0.72)	3.28 (0.70)	2.08*
12．私は自分の長所も短所もよく分かっている	2.90 (0.75)	2.89 (0.72)	0.11	2.91 (0.76)	2.84 (0.72)	2.93 (0.70)	—	2.99 (0.70)	2.97 (0.69)	0.15	2.89 (0.73)	2.98 (0.69)	1.36
13．私は今の自分が嫌いだ（逆転項目）	2.51 (0.85)	2.55 (0.85)	0.66	2.41 (0.89)	2.57 (0.83)	2.66 (0.81)	1年生＜3年生**	2.23 (0.86)	2.38 (0.76)	1.17	2.53 (0.85)	2.32 (0.81)	2.98**
14．人に迷惑がかからないよう，いったん決めたことには責任をもって取り組む	3.00 (0.66)	3.04 (0.63)	0.84	2.99 (0.68)	3.01 (0.65)	3.08 (0.58)	—	3.16 (0.62)	3.07 (0.64)	0.97	3.02 (0.64)	3.11 (0.63)	1.63
15．私は誰にも負けないもの（こと）がある	2.58 (0.90)	2.54 (0.89)	0.48	2.51 (0.95)	2.64 (0.90)	2.53 (0.80)	—	2.70 (0.78)	2.57 (0.82)	1.05	2.56 (0.89)	2.62 (0.80)	0.92
16．自分には良いところがある	2.85 (0.75)	2.84 (0.70)	0.20	2.82 (0.81)	2.85 (0.69)	2.87 (0.63)	—	3.15 (0.62)	3.05 (0.63)	1.05	2.84 (0.72)	3.09 (0.62)	4.07**
17．自分のことを見守ってくれている周りの人々に感謝している	3.40 (0.63)	3.42 (0.63)	0.44	3.34 (0.69)	3.39 (0.61)	3.54 (0.52)	1年生＜3年生** 2年生＜3年生*	3.51 (0.53)	3.64 (0.56)	1.59	3.41 (0.63)	3.58 (0.55)	3.25**
18．私は自分のことは自分で決めたいと思う	3.28 (0.63)	3.29 (0.58)	0.36	3.28 (0.62)	3.27 (0.61)	3.30 (0.58)	—	3.26 (0.73)	3.20 (0.62)	0.57	3.28 (0.61)	3.23 (0.67)	1.04
19．自分は誰の役にも立っていないと思う（逆転項目）	2.32 (0.76)	2.32 (0.71)	0.04	2.29 (0.84)	2.41 (0.68)	2.27 (0.63)	—	2.03 (0.76)	2.10 (0.63)	0.67	2.32 (0.73)	2.07 (0.69)	4.17**
20．私には自分のことを必要としてくれる人がいる	2.82 (0.75)	2.87 (0.69)	0.80	2.77 (0.75)	2.82 (0.71)	2.98 (0.68)	1年生＜3年生** 2年生＜3年生*	3.01 (0.66)	3.12 (0.62)	1.07	2.85 (0.72)	3.08 (0.56)	4.00**
21．私は自分の個性を大事にしたい	3.20 (0.69)	3.16 (0.66)	0.73	3.17 (0.71)	3.15 (0.68)	3.25 (0.63)	—	3.38 (0.54)	3.20 (0.57)	2.15*	3.18 (0.68)	3.28 (0.56)	1.67
22．私は人と同じくらい価値のある人間である	2.93 (0.74)	2.85 (0.71)	1.46	2.89 (0.78)	2.84 (0.72)	2.94 (0.66)	—	3.04 (0.68)	3.05 (0.61)	0.08	2.89 (0.73)	3.05 (0.64)	2.56*

**p<.01　*p<.05

内容で，表補－4の在学中の取り組みで「1．通学路や学校周辺の地域清掃」「2．あいさつ運動」が比較的多く，MSリーダーズ活動を通して培われた意識ではないかと推察される。自分が直接的にMSリーダーズ活動を行っている場合はもちろん，たとえ取り組んでいなくても，活動の様子を見聞することから間接的に影響を受けているのではないかと考えられる。また，高校生という立場で，日頃から教師等から指導されていることの反映なのかもしれない。他方，大学生，特に教育学部に在籍して，教育実習を終えた大学生にしてみれば，指導する立場で規範意識を捉えていると考えられる。調査対象の大学生の多くは公共交通機関での通学で，最寄駅から大学まで約35分間をバスで通学し，その沿線に複数の高等学校があり，高校生の乗降が日常的にある。そこでのさまざまな見聞を背景にして，「5．スマートフォンの使用などの情報モラル」「6．電車・バスなどの乗車マナー」について意識が有意に高くなっているものと思われる。なお，この2項目について，高校生の学年別の結果をみると，学年進行に伴って回答している割合が多くなっており，大学生の回答に近づいていることがわかる。

高校生と教育学部で学ぶ大学生で規範意識の捉え方に差があるということは，高校生と現場の教師の認識にも同様かそれ以上に差異があると思われる。木村(9)は，その差異を各種データから実証し，定義の解釈の違いが要因であることを指摘している。その知見を踏まえると，規範意識に関する事象として項目を提示する場合に，たとえ表記・音声は同一でも，その捉え方は個々によって異なり得ることを自覚する必要がある。そのうえで，指導する立場・指導される立場といった立場の違いに関係なく，見解の齟齬を埋めることが，規範意識の育成には不可欠であると考えられる。ただ，本節では，教師の規範意識については調査等していないため推測の域を脱しないが，重要な論点であると思われるので，今後の検証が求められる。

6．自尊感情について

高校生の得点が有意に高かった「13．私は今の自分が嫌いだ」「19．自分は誰の役にも立っていないと思う」の２項目はともに逆転項目であることを勘案すると，おおむね，大学生の自尊感情の方が高いと考えられる。特に，「４.私は自分のことが好きである」「６.自分の中には様々な可能性がある」「16.自分には良いところがある」「10.私は自分という存在を大切に思える」で高校生との得点差が大きく，大学生はありのままの自分を受け入れる意識が強いものと思われる。その一方で，「３.人と違っていても自分が正しいと思うことは主張できる」「14.人に迷惑がかからないよう，いったん決めたことには責任をもって取り組む」「18.私は自分のことは自分で決めたいと思う」の３項目では両者に有意差はなく，自己主張・決定に関しては顕著な違いがないといえる。高校生の学年比較に着目すると，「５.私は人のために力を尽くしたい」「11.私には自分のことを理解してくれる人がいる」「17.自分のことを見守ってくれている周りの人々に感謝している」「20.私には自分のことを必要としてくれる人がいる」の４項目では，学年進行に伴って得点が上昇し，特に３年生の得点が有意に高かった（表補-6）。内容面で捉えると，３年生になるほど，他者との関わりを通して自分の存在意義を見出す意識が強くなっていると思われる。MSリーダーズ活動との関連で捉えると，学校外の警察関係者と一緒に活動に取り組むことが特色であることから，学年進行に伴い，質的にも量的にもそこでの関わり方が深化・拡大され，他者との関わりの中で自己を認識するようになったことが背景にあるのではないかと考えられる。

自尊感情といっても，その内実は，大学生，あるいは高校生の学年進行によって異なる部分があることが示された。近藤[(10)]が，自尊感情を基本的自尊感情と社会的自尊感情に区分けして捉えて，育成の在り方について論究しているように，自尊感情の構成要素等を吟味したうえで，その特性を考慮しながら涵養することが求められると思われる。

今後の課題

本書では，岐阜県の高校生・大学生を対象とした質問紙調査から，規範意識・自尊感情の実態を検証した。その結果，両者の異同および高校生の学年進行に伴う知見を提示することができたが，その過程で課題もみえてきた。

第１に，岐阜県の高校生・大学生に限定していることで，MSリーダーズ活動等を媒介とした具体的な考察が可能であったことはよかったが，その反面，一般化して解釈することはできない。本稿の成果を基盤に，全国調査へ発展させるなど，継続・拡大した研究を進める必要がある。第２に，第１の課題とも関連するが，高校生の在学する高等学校の学科（普通科，専門学科，総合学科など）やタイプ（全日制，定時制，通信制）による比較検討も必要である。それぞれの独自性を明らかにすることができれば，施策を展開する方向性がより具体的にみえてくるものと思われる。大学生についても然りである。学年や専門性などを勘案して考察することが求められよう。第３に，本稿では基本的に単純集計を中心に考察を進めてきたが，解釈を深めるには限界がある。サンプル数の蓄積を図りながら，多変量解析等を行い，詳細な分析を行うことも残された課題である。第４に，青少年の捉え方に関することがある。本稿では，高校生・大学生という在学青少年を対象としている。しかし，進学率が上昇しているとはいえ，高校生・大学生相当年齢で働いている中卒・高卒勤労青少年も一定数存在する(11)。そうした勤労青少年も対象に研究を進めることが本来あるべき形であろう。ところが，自戒の念を込めて言えば，無意識のうちに青少年を在学青少年に限定してしまうことがあることは否めない。勤労青少年も視野に入れた研究の構想・実践が課題として残された。

注

(1)　兄井彰・須崎康臣「福岡がめざす子ども尺度の作成」『生活体験学習研究』13, 2013, pp. 85-92.

(2)　洲﨑洋昭・伊藤安浩・軸丸勇士「体験学習法が子どもの『自己─他者関係』『自己認識』に及ぼす影響に関する研究─湯布院町ジュニアリーダー育成プログラムの分析を通して─」『生活体験学習研究』８, 2008, pp. 33-46.

(3)　齋藤長行・新垣円「青少年のインターネット利用における規範意識を育てるための協働学習についての研究」『情報文化学会誌』18(2), 2011, pp. 60-67.

(4)　馬居政幸・松永由彌子・一杉浩史・三澤茂子「青少年の規範意識に関する調査研究」『静岡大学教育学部研究報告　教科教育学篇』34, 2003, pp. 11-31.

⑸　田中寛二「青少年の規範意識の測定に関する研究―年齢・性別比較―」『人間科学』5（琉球大学），2000，pp. 11-37.

⑹　朴賢晶「仲間集団に着目した青少年の規範意識と問題行動との関係―志望モラリティ・義務モラリティを中心に―」『愛知文教女子短期大学研究紀要』30，2009，pp. 51-62.

⑺　関水しのぶ「高校生と大学生の規範意識の研究―道徳的及び慣習的，個人的側面と多重比較（Multiple Standard）の関係―」『早稲田大学大学院教育学研究科紀要別冊』9-2，2002，pp. 59-71.

⑻　今の自分の気持ち（22項目）については，慶応義塾大学「自尊感情や自己肯定感に関する研究」報告書（2010）の「自尊感情測定尺度（東京都版）」を使い，「あてはまらない」（１点）～「あてはまる」（４点）の４件法で質問した。

⑼　木村好美「高校生と高校教師の規範意識」友枝敏雄・鈴木譲編著『現代高校生の規範意識』九州大学出版，2003，pp. 11-36.

⑽　近藤卓『自尊感情と共有体験の心理学』金子書房，2010，pp. 3-6.

⑾　平成28年度学校基本調査によると，高等学校等進学率・大学等進学率は各々98.7％・54.7％，中学校・高等学校の卒業者に占める就職者の割合は各々0.3％・17.9％となっている。

＊本章は，林幸克「青少年の規範意識・自尊感情に関する実証的研究―岐阜県の高校生・大学生対象質問紙調査結果に基づく考察―」『青少年教育研究センター紀要』４，2016，pp. 22-31を大幅に加筆・修正したものである。

第Ⅳ部

高校生の社会参画意識の育成

第10章

社会参画意識を育む生徒会活動

第1節　生徒会活動の役割

第Ⅰ部第2章で概観したように，日本の青少年は，政治に対する関心度，とりわけ能動的な参画に関する意識が低い。この政治に関する意識について，世代間の差異に着目すると，「あてはまる」と「ややあてはまる」を合計した割合が，「13～19歳」の10代は，「ふだんから政治に対して関心がある」（13～19歳15.0%，20代26.3%，30代29.9%，40代33.3%，50代44.7%，60代61.0%）ではもっとも少なく，「政治のことは難しすぎて自分にはよくわからない」（同77.1%，67.9%，65.5%，61.4%，56.9%，51.3%）はもっとも多くなっており，他年代と比較して政治に対する関心・理解が低調であることが明示された(1)。

このような意識が如実に表れているのが選挙の投票率である。最近の国政選挙の投票率を年齢階層別にみると，若年層，特に20歳代・30歳代の投票率が他の年齢層と比較して低いことが一目瞭然である(2)。公職選挙法が改正され，選挙権年齢が18歳以上に引き上げられて初めて行われた国政選挙（第24回参議院議員通常選挙，2016）でも，10歳代の投票率は46.8%（18歳は51.3%）で，40歳代以上と比較して，決して高い投票率とはいえない。こうした状況を勘案すると，主権者教育のさらなる充実など，早急な対応が求められているといっても過言ではない。

こうした動向に呼応するかのように，中央教育審議会に対して「初等中等教育における教育課程の基準等の在り方について」（2014）が諮問され，「国家及び社会の責任ある形成者となるための教養と行動規範や，主体的に参画し自立して社会生活を営むために必要な力を，実践的に身に付けるための新たな科目等の在り方」の中で，「より高度な思考力・判断力・表現力等を育成するための新たな教科・科目の在り方」について議論することが求められた。それは，次期学習指導要領改訂の動向の中で，高等学校における新科目「公共」の設置の検討へと至った。中央教育審議会答申「幼稚園，小学校，中学校，高等学校及び特別支援学校の学習指導要領等の改善及び必要な方策等について」(2016)では，「主権者教育において重要な役割を担う教科として選挙権年齢の18歳への引き下げに伴い財政や税，社会保障，雇用，労働や金融といった課題への対応にも留意した政治参加，少子高齢化等による地域社会の変化などを踏まえた教育内容の見直しを図ることが必要である」と明示された。新科目「公共」は，その主権者教育の中核として，規範意識や社会制度を学び，そのうえで主体的に社会参画する意欲・能力を涵養することが目指されており，そこに寄せられる期待は大きいが，現在の教育現場でも，上述した由々しき事態に対する教育が可能である。その実践の場となるのが，生徒会活動である。

しかしながら，高校生の社会・政治参加を推進する動向がありながら，「シティズンシップ教育と言いつつ，肝心の学校生活における参加を，生徒会という正規の機関を通じて実現する道筋の重要性や理論を提示したものがほとんど存在しない」ことを危惧し，「シティズンシップ教育の中に生徒会活動を明確に位置づけ，政治教育の推進と生徒会活動の活性化を区別しながら，学校における生徒の自治的活動を拡げることが重要なのである」とする見解がある(3)。

そうした論考も踏まえて，生徒会活動に着目したい。高等学校学習指導要領解説特別活動編（2009）をみると，生徒会活動で育てたい「望ましい人間関係」について，「ボランティア活動など奉仕の精神を養う社会的活動への参画や協力，他校や小学校・中学校との交流，地域の人々との幅広い交流など，学校外における活動を通して，他者を尊重し，共によりよい集団生活や社会生活を築こうとする開かれた人間関係である」と捉えられている。また，集団としての意見をまとめるなどの話合い活動を充実するためには，「生徒会のリーダー研修会や会議運営の講習会等を計画的に実施していくことも考えられる」としている。

そこで言及されているリーダー研修会の現況に着目すると，名称や規模，実施形態等はさまざまであるが，全国的な広がりを見せ始めている。たとえば，香川県教育委員会は，2009年度から３年に１度，県内すべての小・中学校の代表が参加する「いじめゼロ子どもサミット」を開催しており，「児童会・生徒会活動を中心とした自主的・自発的活動を推進するもので，実行委員の子どもたちが２年間かけて当日のプログラムを企画し，中心となって運営する」事例が紹介されている(4)。また，福島県いわき市教育委員会「いわき生徒会長サミット事業」は，目的を「各校の生徒会活動を活性化させると共に，20～30年後のいわき市を担うリーダーを育成するため，各学校の子供たちが選んだ生徒会長を中心としてリーダーシップの育成を図り，いわきを支え，いわきから世界へはばたく，人材を育成すること」として，他地域中学生との交流事業，海外派遣事業，リーダー研修などを通して，「互いの交流を深めると共に，各校の生徒会活動の特色ある活動を共有し，自校に生かすことができるようになった」ことなどを成果として示した(5)。その他にも，鹿児島県南さつま市では，中学校の生徒会組織が中心となり，中学校区の小学校の児童も参加する児童・生徒会サミットを行っている。2014年度はいじめ問題について議論し，いじめ撲滅に向けたサミット宣言を採択した。その成果として，「各学校において，児童会，生徒会が主体となった意見箱設置や縦割り交流活動などを通して，自尊感情や自己肯定感を高める機会が増えた」ことが指摘されている(6)。

また，研究的視点から成果の検証を試みた論考も散見される。中学校の生徒会サミット（生徒会交流）に着目し，その有効性を検証し，生徒対象の質問紙調査から，社会性の構成要素のうちコミュニケーションに関して向上があったことを示した研究(7)，高等学校における生徒会フォーラムについて，活動方針や学校祭などの活動実績の報告・質疑応答，「日頃抱えている問題や悩み事を他校と共有し問題解決を行って」，回を重ねるに伴って，「毎年参加している常連校生徒会執行部や新規参加の生徒会執行部の生徒も増え，活動に深みと内容の充実が加わった」ことを報告したものがある[8]。あるいは，「フォーラムニューリーダー」に参加した生徒会役員について，「参加した各校の生徒会役員に就く生徒は，常日頃の生徒会に関する活動を経て，それぞれの高校に在学する一般の高校生よりも，『人や組織と協同するために欠かせない資質・能力』を測る指標であるヒューマンコミュニティ創成マインドの諸能力が高いこと」「他校の生徒会役員と主体的に関わることができるグループワークを中心とした事業のプログラムによって，『人や組織と協同するために欠かせない資質・能力』を測る指標であるヒューマンコミュニティ創成マインドの諸能力を高めること」を明示した論考[9]，政治的市民性の育成の観点からの実践事例報告[10]もある。

これらの事例や先行研究を概観すると，単発の実践報告や検証はあるものの，翌年度以降への継続性とそれに伴う経年変化への着目はなされておらず，あるとしても教師の主観的な見解が示されているにすぎない。

そこで本章では，複数の高等学校の生徒会が交流することによって，どのような成果が得られるのかを質的分析と量的分析から考察する。それを踏まえたうえで，社会参画意識を育むための高等学校の生徒会活動を活性化させる方策を考察する。

第2節　研究方法・内容

1．定性的調査

(1)　参与観察

2012年12月から2014年12月にかけて，岐阜県内2地区6回の高等学校生徒会交流会・研修会，3地区4回の高校生による交通安全推進大会，3地区3回のMSリーダーズ交付式，1地区3回の学外活動の参与観察を行った。本研究では，その中の可茂地区で行われた生徒会交流会（4回）で得られた知見を中心に扱う。

表10-１　参与観察一覧

年	日	時	内　容
2012	12月19日(水)	13：00～16：50	平成24年度第２回可茂地区高等学校生徒会交流会（於　可茂総合庁舎・美濃太田駅）
	12月20日(木)	13：30～16：50	平成24年度恵那地区高校生による交通安全推進大会・第２回恵那地区高等学校生徒会研修会（於　恵那総合庁舎）
2013	６月10日(月)	16：00～17：00	恵那地区MSリーダーズ交付式（於　恵那警察署）
	６月11日(火)	17：00～17：30	可茂地区MSリーダーズ交付式（於　可児警察署）
	６月13日(木)	16：00～17：00	中津川地区MSリーダーズ交付式（於　中津川警察署）
	７月11日(木)	14：00～17：00	平成25年度可茂地区高校生による交通安全推進大会・第1回可茂地区高等学校生徒会交流会（於　加茂自動車学校）
	９月９日(月)	16：00～17：00	名鉄可児駅合同清掃及び自転車施錠調査活動（於　名鉄可児駅）
	９月24日(火)	７：30～８：30	交通安全啓発活動（秋の交通安全一斉強化指導の一環）（於　新太田橋）
	10月１日(火)	16：00～17：00	「いのちの石碑プロジェクト」募金（於アピタ美濃加茂店・バロー美濃加茂店）
	12月12日(木)	13：30～16：00	多治見地区高校生による交通安全推進大会（於　大原自動車学校）
	12月19日(木)	13：00～16：30	平成25年度第２回可茂地区高等学校生徒会交流会（於　可児市福祉センター）
2014	７月28日(月)	13：30～16：00	平成26年度第１回可茂地区高等学校生徒会研修会（於　可茂総合庁舎）
	12月18日(木)	13：30～17：00	平成26年度可茂地区高校生による交通安全推進大会・第２回可茂地区高等学校生徒会研修会（於　可茂総合庁舎）

表10-2　可茂地区高等学校生徒会交流会の参加者

回・開催日	平成24年度第1回 2012年7月12日				平成24年度第2回 2012年12月19日				平成25年度第1回 2013年7月12日				平成25年度第2回 2013年12月19日				平成26年度第1回 2014年7月28日				平成26年度第2回 2014年12月18日			
会場	可児自動車学校				可茂教育事務所				加茂自動車学校				可児市福祉センター				可茂教育事務所				可茂教育事務所			
学校ID	役職	ID	学年	性	役職	ID	学年	性	役職	ID	学年	性	役職	ID	学年	性	役職	ID	学年	性	役職	ID	学年	性
A	執行委員	A1	2	女	執行委員長	A1	2	女	生徒会	A6	2	女	副執行委員長	A7	2	女	執行委員	A9	3	女	執行委員長	A10	2	男
	執行委員	A2	2	女	副執行委員長	A2	2	女	生徒会	A7	2	女	執行委員長	A9	2	女	執行委員	A12	2	女	執行委員	A12	2	女
	執行委員	A3	2	男	執行委員	A5	2	男	生徒会	A8	2	男	執行委員	A10	1	男	執行委員	A13	2	男	執行委員	A14	2	男
	執行委員	A4	1	男	執行委員	A4	1	男	生徒会	A9	2	女	執行委員	A11	1	男	執行委員	A14	2	男	執行委員	A15	2	男
B	会長	B1	3	女	会長	B5	2	男	会長	B3	3	女	副会長	B10	2	男	副会長	B13	3	男	会長	B16	2	男
	副会長	B2	3	女	副会長	B3	2	女	生徒会	B6	3	男	会計	B11	2	男	書記	B14	2	女	執行部	B17	1	男
	書記	B3	2	女	書記	B6	2	男	生徒会	B5	3	男	会計	B12	2	男	生徒会	B15	3	男	執行部	B18	1	女
	会計	B4	3	女	会計	B7	2	女	生徒会・MSL	B9	3	女												
					会計	B8	1	女																
C	会長	C1	3	男	会長	C5	2	男	会長	C5	3	男	会長	C11	2	男	副会長	C12	3	男	会長	C18	2	男
	副会長	C2	3	男	副会長	C6	2	男	副会長	C6	3	男	副会長	C12	2	男	書記	C15	3	男	副会長	C19	2	男
	書記	C3	3	女	副会長	C7	2	女	生徒会	C9	3	男	副会長	C13	1	男	会計	C16	3	男	副会長	C20	2	男
	会計	C4	3	女	会計	C8	2	男	生徒会	C10	3	女	会計	C14	2	男	会計	C17	3	男	会計	C21	2	男
D	会長	D1	3	男	会長	D5	2	男	会長	D7	3	女	会長	D10	2	女	会長	D10	3	女	会長	D14	2	女
	副会長	D2	3	男	副会長	D6	2	男	生徒会	D9	3	男	副会長	D11	2	男	副会長	D11	3	男	副会長	D15	2	男
	事務局長	D3	3	男	事務局長	D7	2	女	生徒会	D10	2	女	事務局長	D12	2	男	生徒会	D13	3	男	事務局長	D16	2	女
	財務局長	D4	3	男	財務局長	D8	2	女	生徒会	D11	2	男	財務局長	D13	2	男	生徒会	D14	2	女	財務局長	D17	1	男
E	副会長	E1	3	男	書記	E5	2	女	会長	E3	3	女	会長	E8	2	女	会長	E7	3	女	会長	E12	2	女
	副会長	E2	3	女	書記	E6	1	女	生徒会	E6	2	女	書記	E9	2	女	副会長	E8	3	女	副会長	E10	2	女
	書記	E3	2	女	会計	E7	1	女	生徒会	E7	2	女	会計	E10	1	女	書記	E9	3	女	書記	E13	2	女
	会計	E4	2	女	会計	E8	1	女	生徒会	E8	2	女	会計	E11	1	男					書記	E14	1	男
F	会長	F1	3	女	副会長	F4	2	男	生徒会	F4	3	男	会長	F5	2	女	書記長	F9	2	男	会長	F12	2	男
	副会長	F2	3	女	会計長	F5	1	女	生徒会	F5	2	女	書記長	F9	1	男	会計長	F10	2	男	会計長	F14	1	男
	会計	F3	3	男	書記	F6	2	男	生徒会	F7	2	女	会計長	F10	1	男	書記	F12	2	男	書記	F15	2	女
	会計	F4	2	男	会計	F7	1	女	生徒会	F8	2	男	書記	F11	2	女	会計	F13	2	男	会計	F16	2	男
G	会長	G1	3	男	会長	G3	2	男	会長	G7	3	男	会長	G10	2	女	会長	G13	3	男	会長	G14	2	男
	会計	G2	2	男	副会長	G4	2	男	生徒会	G8	3	男	体育委員長	G9	2	男	副会長	G11	2	男	副会長	G11	2	男
	風紀委員長	G3	2	男	書記	G5	1	女	生徒会	G9	2	男	副会長	G11	1	男	書記	G14	2	男	書記	G15	1	男
	体育委員長	G4	2	男	文化委員長	G6	1	男	副会長	G10	2	女	会計	G12	1	男	体育委員長	G9	3	男	文化委員長	G16	1	男
H	会長	H1	3	男	不明	H1	3	男	生徒会	H12	3	女	会長	H15	2	女	会長	H17	3	男	会長	H21	2	男
	副会長	H2	2	男	不明	H7	3	女	会長	H13	3	女	副会長	H16	2	男	書記	H19	2	男	副会長	H22	1	男
	書記	H3	2	男	不明	H8	3	女	MSL	H14	3	男	書記	H17	2	男	MSL代表	H20	1	女	書記	H20	1	女
	MSL	H4	2	男	不明	H9	1	男					MS代表	H18	2	女								
	MSL	H5	2	女	不明	H10	1	男																
	MSL	H6	2	女	不明	H11	1	男																
I	会長	I1	3	女	会長	I5	2	男	会長	I9	3	男	会長	I11	2	男	会長	I18	3	男	会長	I25	2	男
	副会長	I2	3	男	副会長	I6	2	女	副会長	I8	3	男	副会長	I12	2	女	副会長	I19	3	男	副会長	I26	2	女
	書記	I3	3	女	書記	I7	2	女	副会長	I6	3	女	副会長	I13	2	男	副会長	I20	2	男	副会長	I27	2	男
	会計	I4	3	男	会計	I8	2	男	生徒会	I10	3	男	書記	I14	2	男	書記	I21	3	女	会計	I28	2	女
													書記	I15	2	女	書記	I22	2	女	会計	I22	2	女
													会計	I16	2	男	会計	I23	3	男	書記	I29	2	男
													会計	I17	2	男	会計	I24	3	女	書記	I30	2	男
J	会長	J1	3	男	会長	J5	2	女	会長	J5	3	女	会長	J10	2	男	副会長	J12	3	男	会長	J11	2	男
	副会長	J2	2	女	副会長	J6	2	女	生徒会	J9	1	男	副会長	J12	2	男	庶務	J14	3	男	副会長	J9	2	女
	副会長	J3	2	女	書記	J7	2	女	生徒会	J10	2	男	副会長	J13	2	男	書記	J11	2	男	副会長	J16	2	女
	会計	J4	2	女	庶務	J8	2	女	生徒会	J11	1	男	庶務	J14	2	男	書記	J15	1	女	会計	J17	2	女

(2)　面接調査

2014年2月から3月にかけて，高等学校教員（生徒会担当）3名，高校生（生徒会役員・執行部）3名，高等学校教員OB（元校長・地域担当生徒指導主事）1名に対して，それぞれ約60分間の半構造化インタビューを実施した[11]。

3者共通の内容として，生徒会交流会の意義と課題などを聞いた。高等学校教員と高校生に共通の内容として，生徒会交流会の成果を共有・還元する方法，小学校の児童会や中学校の生徒会との交流についての考えなどを聞いた。高等学校教員と高等学校教員OBに共通の内容として，生徒会活動を活性化させるための方法などを聞いた。

2．定量的調査

(1)　質問紙調査法

2013年11月から12月にかけて，岐阜県公立高等学校6校（普通科2校，専門学科2校，総合学科1校，普通科・専門学科併設1校）の高校生を対象に，郵送法による質問紙調査を行った。6校の生徒564名から回答を得て，そのうち，539名分を有効回答として集計した。また，本研究では，生徒会役員・執行部での活動経験の有無に着目して分析しており，その内訳は，活動経験のある生徒が51名（男子49.0%・女子51.0%，1年生29.4%・2年生41.2%・3年生29.4%），活動経験のない生徒が488名（男子48.6%・女子51.4%，1年生41.0%・2年生30.9%・3年生20.1%）である。

質問項目は，高等学校入学後から今までに取り組んだことがあること（14項目），今の高校生が強く意識した方がいいと思うこと（8項目），今の自分の気持ち（22項目）[12]などである。

第3節　結果・考察

1．生徒会交流会[13]の実施状況

男女別では，平成25年度第1回まではほぼ同数であったが，平成25年度2回目以降は，男子が65%前後，女子が35%前後となっている。学年別では，各年

度，第１回は３年生が55％前後，２年生が40％前後，１年生が５％前後となっている。第２回になると，２年生が80％弱，１年生が20％強となっている（平成24年度を除く）。７月の段階では，２・３年生，特に３年生を中心に運営されていたのが，12月では，１・２年生，特に２年生を中心にしていることがわかる。複数回参加に着目すると，各回によってばらつきはあるものの，おおよそ「２回目」が20％前後，「３回目」が５％前後で，参加している生徒の約20〜30％は複数回参加していることがわかる。

表10-３　参加者内訳

（上段：人数，下段カッコ内：％）

		平成24年度		平成25年度		平成26年度	
		第１回	第２回	第１回	第２回	第１回	第２回
性	男子	22 (52.4)	20 (46.5)	20 (51.3)	29 (69.0)	27 (67.5)	26 (63.4)
	女子	20 (47.6)	23 (53.5)	19 (48.7)	13 (31.0)	13 (32.5)	15 (36.6)
学年	１年生	1 (2.4)	12 (27.9)	2 (5.1)	9 (21.4)	2 (5.0)	9 (22.0)
	２年生	18 (42.9)	28 (65.1)	15 (38.5)	33 (78.6)	15 (37.5)	32 (78.0)
	３年生	23 (54.8)	3 (7.0)	22 (56.4)	0 (0.0)	23 (57.5)	0 (0.0)
合　計		42 (100.0)	43 (100.0)	39 (100.0)	42 (100.0)	40 (100.0)	41 (100.0)
複数回参加	２回目		8 (18.6)	14 (35.9)	7 (16.7)	10 (25.0)	10 (24.4)
	３回目			2 (5.1)	2 (4.8)	5 (12.5)	2 (4.9)
	４回目				0 (0.0)	1 (2.5)	0 (0.0)

表10-4　生徒会交流会の主な内容

実施回		主な内容
平成24年度	第１回	(1)　全体会① 学校祭事例紹介 (2)　グループ討議 1）生徒会の特徴ある取り組み・活動について 2）学校祭に関する情報交換 (3)　全体会② 1）グループ討議の内容発表 2）可茂地区生徒会のシンボルマークの選定
	第２回	(1)　全体会① 学校祭事例紹介 (2)　グループ討議① 学校祭（文化祭，体育祭）の様子についての情報交換 (3)　グループ討議②（議題例１）～５）から選択） 1）MSL と生徒会の具体的な取り組みとして何ができるか 2）各学校のボランティア活動として今後どのようなことができるか 3）各学校の改善点はどのような点か 4）可茂地区全体が協力してどのような取り組みができるか 5）いじめ防止に関わる自主的な活動について何ができるか (4)　全体会② グループ討議①②の内容発表
平成25年度	第１回	(1)　グループ討議 1）各地域の高校同士，共同で取り組めること 2）生徒会役員だから，MSL だから　質問・お悩み相談 (2)　全体会 グループ討議の内容発表
	第２回	(1)　グループ討議 1）各地区での夏からの取り組みについて総括・反省 2）来年の夏に向けての方針作り 3）学校行事（文化祭，体育祭など）の様子についての情報交換 (2)　全体会 グループ討議の内容発表：来年度の夏に向けての活動方針発表
平成26年度	第１回	(1)　グループ討議 1）各地域の高校同士，共同で取り組めること 2）生徒会役員だから，MSL だから　質問・お悩み相談 3）スマホ等の使用について，生徒会として取り組めること (2)　全体会 グループ討議の内容発表
	第２回	(1)　グループ討議① 各地区の取り組みについて反省および今後の取り組みについての話し合い (2)　全体会① グループ討議①の内容発表：７月の生徒会研修会以降，各地区で取り組んだことの発表 (3)　グループ討議② 学校祭や体育大会等，生徒会が中心となって運営している学校行事についての意見交換 (4)　全体会② グループ討議②の内容発表：各学校の取り組みを発表

詳細は後述するが，平成24年度と平成25・26年度では，内容・進め方が変わっている。端的に言えば，平成24年度はその場で完結する内容を10グループ（1グループ5名前後）で取り組んでいたが，平成25・26年度は，第1回・第2回に連続性を持たせる内容で，学校の所在地域を加味した3グループ（1グループ15名前後）で取り組むようになった。

2．生徒会交流会に関する見解

聞き取り調査の結果から，生徒会交流会について，教員・高校生がどのような認識でいるのかを確認する。なお，口述記録中の下線は筆者が付記したものである。

(1) 生徒会交流会を始めるきかっけ

まず，どのような意図で生徒会交流会が開催されるに至ったのか，地域担当生徒指導主事として主導した高等学校教員OBのコメントからみてみる。

教員OB

身だしなみ，挨拶，交通マナーっていうことを，自分たちで意識させたかったのです。この取り組みを地区の生徒指導研究会（各校の生徒指導主事の研究会）で話し合ううちに生徒会なら，生徒会の顧問の方が窓口になれば生徒も動くし，生徒会顧問も生徒指導に深く関わってもらえる。という話になって，地区の生徒会顧問を招集し趣旨説明をした。しかし生徒指導を表面にだしたら生徒が動く訳が無いと，要は，先生の手先になって生徒に「やれ」って言うだけでは生徒は動かない。生徒たちが興味あるのは，やっぱり自分たちが運営している学校祭など。その情報だったら，彼らは乗ってくる。ということで，ここから始めることになった。そういうところから，彼ら自身が，身だしなみや交通マナー，挨拶もきちんとしなあかんと気が付いてくれたら良い。

なぜ，生徒会交流会で学校祭を話題にしたのか。教員側にしてみれば，本来は，身だしなみや交通マナーなどについて取り上げたい意向があったが，いきなり高校生がそれを議論するのはむずかしいと判断した。そのため，高校生にとって，共通の話題にしやすく，自らが運営に関わり，話しやすいテーマということで，学校祭が取り上げられることになった。平成24年度第１回・第２回で学校祭の様子がDVDで紹介されるなど，事例報告がトピックになっているのはそのためである。そこでの議論をきっかけにして，高校生の気づきに期待を寄せながら，自己指導能力の育成という本来の目的に近づけていこうという意図があったことが推察される。高等学校の生徒会活動による文化祭の取り組みを分析し，学びの場の重要性を指摘した知見[14]があるように，初期段階としては適切な話題提示であったと考えられる。

(2)　生徒会交流会の運営形態の変更

生徒会交流会の本来意図した目的へ移行することと関連して，平成24年度から平成25年度にかけて，進め方が変わったことに着目したい。

Ｇ校教員

今年度の１回目から，初めてちょっと地区ごとに分けてみようかと。それで，各校から，要するに自分の学校，代表みたいな感じで，そのグループの中に１人ずつ，全10校，10名の人間が来るよりも，自分の学校の同じ仲間がおった方がわりかし，もう少しいけるんじゃないかなっていうことと，そんな形で，やってみたっていうとこです。

今までは，本当に参加している10校とか11校が必ずばらけるようにして，話してたんですけど。「何かせっかくこうやって交流としてやってるんだから，ただ話し合ってるだけでなくて，何か一緒にやりましょうよ」っていう話をＡ高校の○○先生がなさって，それで，とりあえずこっち側で，もうお膳立てして，冬の交流会（平成24年度第２回：筆者補記）の時に，美濃太田駅あるいは総合庁舎周辺で歳末助け合いの募金活動を，それも前もってお願いするのでもなく，ゲリラ的に，あんなのいいのかなあとは思いながら，２回程やりましたかね。ただ，何かいかにも生徒が，それはやったらやったで一生懸命やるけど，全く生徒が企画しないで，あてがいぶちっていうんですか。そんな感じで，用意したものをただぽいっていうんじゃなくて，せっかくだったら，自分たちで，こんなことやってみようよっていうふうに企画することをやらせたいと。そうなった時に，一挙に可茂地区の10校ではできないので，もう少し，地域っていうことでやったんですけど。

やっぱり今年，こういう形にひとつしてみたっていうのも，地区ごとのグループ討議っていう形にしてみたひとつの理由として，ちょっとマンネリっていうか。だから，ほんとに，生徒会交流会があるよって言われるから生徒が出てきて，それで行事のことについて，情報交換しましょうねって言うから，行事のことについて情報交換したりしているっていうだけで，非常に何か参加してる生徒の全体の雰囲気が…。要するに，ルーティンワークみたいな形で，これやってるだけみたいなところがあったので。

F校教員

せっかくだから，地区ごと，何か協力してできることをっていうことで，協力してできることを考えるっていうことで，より交流できたりとかするんじゃないかっていうことだったんですが，それまでだと，グループに分かれた時に，その学校の代表者がそのグループに１人しかいないとかっていう感じだったので，そうすると，なかなか話せなかったりとかして，ちょっと大変だったらしい。結局，グループに分かれているけれども，話す内容が同じなので，同じ内容を違う場所でただ話しているだけ，人が違うっていうだけなので，それよりは，学校が固まっていた方が，また意見も言いやすいだろうとか。あとは，学校の様子，この子はこういうふうに言えるけど，この子だったら違うふうに言えるとか，いろいろあると思うので，そうなったところは，生徒のアンケート[15]を見ていても，話しやすかった，よかったっていうふうに言ってたので，「ああ，そうかあ，そういう形は，やっぱり生徒としても安心なのかな」と思いました。

教員の見解として，地理的に近い学校同士で集まって，具体的に一緒に何かに取り組むという形にすることで，形式的な話し合いからの脱却を図ろうとしていたことがうかがえる。そうすることで，話し合いの質の向上とそれに伴う高校生の参画意識の向上につながると捉えていることがわかる。なお，平成25年度より，地域担当生徒指導主事も代わっている。話し合いの質を高めるという意味で，グループ編成の仕方が変わったことは注目すべき点である。こうすることによって，高校生は安心感を抱き，情報発信がしやすくなったものと考えられる。高校生の見解をみてみよう。

Ｆ５

去年と比較してみると，去年は各学校ごとに集まってというのがあったんですけど，なんか，一人ずつ，少人数？「いろんな学校と交流しましょう」っていうふうになっていたので，私もそうですけど，みんな，同じ学校の４人がばらばらになって，４グループできてたんで，なんか，それはやっぱ，１年生だったし，「何，話していいんだろう」って不安になっちゃったんですけど，今年になって，同じ学校の仲間がいて，なおかつ，近くの３つの学校で集まるっていうふうだったので，しゃべりやすかったです。すごく自分の意見も言うことができるし，自分が不安な点でも，その仲間にフォローしてもらえて，○○高のよさと言うものを伝えることができたので。少人数で，それぞれの学校が集まるんじゃなくて，同じ学校のメンバーが一緒で，少人数で集まって，これからどうしていくかっていうことを話し合った方が，先が見えるので，それはよかったと思っています。

１年生の一番，最初の時は，ばらばらだったんだ，４人が。同じ学校の子がばらばらだったので，自分が考えないとアピールできないという気持ちがあったので，一生懸命考えてたんですけど，今年は全員が集まっちゃったので，考える気がない人がやっぱ，出てきちゃってるんですね。そこが弱いかなっていうのは，感じます。

生徒会交流会で行う議論の活性化にも関連するが，机上の空論で終わらせることなく，具体的な実践へ向けた話し合いをすることで，生徒の参画意識の向上が期待できる。また，議論の展開に関しても，生徒が安心感を持てる配慮が必要である。その意味では，運営形態を変更して，実践を意識した議論にシフトしたことは有効であったと考えられる。それに伴い，学校祭中心から，本来の目的へのシフトチェンジにもなりつつあるのではないかと考えられる。生徒の意識としても，この変更を肯定的に受け止めていることがわかる。アンケート結果(16)の中の「進行やグループ形式についての意見」に次のような回答があり，グループ編成の変更が功を奏していることが推察される。

○「同じ学校の生徒が同席ということで，同じ学校同士で話し合ってから発表するという形式で良かった。」（C 6）

○「地区ごとにグループに分けるのはとても良い。共同活動も行え，各地区の事情をわかったうえで話し合えたので内容が濃くなったと思う。今後もこのように地区ごとに分けてもらいたい。」（F 7）

○「地区ごとに分かれたグループだったので話がしやすくて良かった。具体的な内容や活動場所がわかりやすく，スムーズに話し合いをすることができた。」（I 8）

○「地域別に分かれての話し合いは，『地域密着型』という感じがして，今後も続けていきたいと感じました。」（J 11）

(3) 生徒会交流会の意義

それでは，教員や高校生が，生徒会交流会にどのような意義を見出しているのかを確認してみる。

G11

実際に何をしたらいいのかとか，生徒会がどういうふうなのかなってのが，意外と分からなかったりする。そういうときに，他の学校で生徒会の経験を積んでいる先輩方とか，同年代でも中学校から生徒会，やってるという方たちとかいるので，そういった人とか，話とかを聞くと，生徒会はこういうことを，こういうふうなんだなとか，具体的にいうと，生徒会だから，何か，そんな偉いとかといったことは，あんまり感じられなくて，あくまで生徒の代表である一生徒であるみたいな雰囲気をやっぱり全員持っていたんで，そこまで難しく考えなくていいのかなというのが，気づけたり。

D校教員

他の学校の活動を聞いたり，またいろんな資料を見せてもらったりして，刺激が得られるということですね。また，その取り組みに対しての意義ですとか，どういうやり方をすれば，他の生徒たちに分かってもらえるかという方策などが分かるということもあります。あとは，教員同士のネットワークもそこで作れるということになるかと思います。生徒会関係の先生って，続けられる人も多いんですけど，でも入れ替わりがあったり，以前のことがその学校の中で連携されていなかったりとかってありますので。だから，生徒会顧問会議は年に２回しかありませんので，そのあと，いろいろ連絡取り合ったりとかっていうことを考えると，ここでネットワークを作るってことは大事だと思います。

文化祭だとかそういったことでもいいですし，それから，社会問題についてのいろんな取り組みだとかやってるところがあれば，そういったところとつながってみるのも，生徒たちの関心やほんとは持ってる行動力であったり，心だったり，そういったものを引き出すことに，すごく活かせるんじゃないかなとは思いました。

D10

自分たちの学校にはない，行事での取り組み方などとかも，普通に聞けたりするので，勉強にはなります。意見を交流するので，各学校の行事での取り組み方とか，そういうのを聞けて，それを取り入れて，こちらもやることができますし，ボランティアというか，募金なんですけど，話し合いをやったんですけど，そういった３校で協力してやるっていう話し合いとかもするのが，いいと思います。

Ｆ校教員

他校の生徒と交流することで，自分たちの学校の生徒会活動はどうかということが考えられたりとか，あとは，もっと，他の学校にも負けないように，どんどん自分たちで活動していこうとか，こういう活動をしているんだったら，自分たちにも取り入れておこう，みたいな，そういう，やっぱ，他からの刺激を受けるっていうのが，一番よいところかなというふうに感じます。

他校の生徒会と交流することを通して，刺激を受けることが，大きな意義として示されている。そして，その刺激から，自校の実践へ反映・還元することができたり，改めて，自校の生徒会等を見つめ直すきっかけとすることができると捉えていることがわかる。また，純粋に，考え方・見方を広げたり，人間関係が広がったり，高校生の個人的資質の向上にも寄与している側面があることがうかがえる。

そうした影響からか，生徒会役員・執行部の経験者は，他校・異校種の生徒会・児童会と交流することについて，必要性があると捉えていることが示され

表10-５　生徒会活動等での交流「必要である」

（単位：％）

	生徒会役員・執行部での活動経験		χ^2値（df＝１）
	あり	なし	
１．他校（高校）の生徒会と交流することは必要である	98.0	62.3	26.17**
２．他校（中学校）の生徒会と交流することは必要である	100.0	37.5	73.42**
３．他校（小学校）の児童会と交流することは必要である	74.5	31.8	36.71**

p<.01**

た。

生徒会同士がつながるといっても，高校生が主体となって，生徒会交流会の企画・運営を行う段階になるまでには，時間がかかるであろうし，ノウハウの蓄積なども必要である。諸側面からの生徒会顧問の支援が不可欠であると思われる。高校生レベルでのネットワークの前に，まずは，教師レベルでネットワークを構築することが求められる。では，誰がそのネットワークの要となるのか。それは，地域担当生徒指導主事であると考えられる。高等学校教員OBの見解をみてみよう。

教員OB

交流会が継続されていることはうれしいな。生徒たちがいろいろな仲間たちと議論し合い，自己指導力を高めていくことが大切なことだと思う。そういう支援をすることが先生の役目ではないか。そんな先生が増えていくことを願っています。

地担（地域担当生徒指導主事の略：筆者補記）次第です。自分が何のために地担でいるのかよく考え，この立場で各学校をいかに活性化させるか。日々考えていることが大切です。学校の実態を把握しそれにあった助言をしていくのです。そのためには多くの情報を自ら得ることです。

生徒会顧問のコーディネーターとして地域担当生徒指導主事が果たす役割は大きく，生徒会顧問の共通理解・実践を促すような働きかけをするのは，地域担当生徒指導主事にしかできないといっても過言ではないかもしれない。

(4)　生徒会交流会での学習成果の還元

生徒会交流会の存在意義を高めるためには，地域担当生徒指導主事を中心とした教員の支援が必要であることは首肯できよう。その一方で，高校生にもできることはある。アンケート結果[17]をみてみよう。

○「生徒会交流会を行うごとに，各校の生徒会の活動が活発になっていくの

で良かった。今回の交流会の成果をすぐに採り入れたい。」（A 9）

○「多くの学校が集まって交流して，他校の取り組みについて知ることができたので，今後は自分たちの活動に活かしていきたい。」（A10）

○「来年度は今の活動内容をさらによくするように取り組んでいきたい。新しい考えも出てきたので頑張りたい。」（I 14）

○「他校の生徒会の人たちに会えて，他校の活動など，いろいろ聞くことができて良かったです。今まで，他校のことを何も知らなかったので，知ることができ今後に活かそうと思いました。」（J 16）

生徒会交流会での学びを活かすという視点で考えると，その成果をいかに還元するかが重要になる。還元の方向性として，同一学校内の生徒会役員・執行部への還元（次世代への引き継ぎ）と一般生徒(18)への還元の２方向があると思われる。

① 生徒会役員・執行部への還元

G11

特に具体的なアドバイスというものはなかったですけど，ただ，参加したらどんな感じなのかって，そういった雰囲気のことについては，聞かしてもらいました。

D10

１回目は，自分はほとんど聞いてる立場でしたが，２回目はもう会長ですし，ほかの初めての２人をサポートする上にあたっても，意見をどんどん出すとか，そういうことを心掛けました。

F校教員

やっぱり顔見知りとかが増える分，何かできるといいなと思いますが，新しい子も結構，入ってくるので，やっぱりそこら辺が難しいのかな。今回，１回しか行かない子とかも多分多いと思うので。もちろん，前期，後期で役員自体も替わってしまうので，ちょっとそこら辺の人が替わるってところが，すごいむずかしいところな気がします。今回も，12月は７月の活動について，ちょっと話したりしたことをしたんですが，７月に出てた子自体が２人，とかだったんで，その活動に参加した子とかも，２人になってしまうわけなので，そういう状態で話をするっていうのが，ちょっと難しいな。それでも，その話を聞いて思うこと，言ったりとかもしていたので，それはそれで次につながる形にはなっていた気がします。

Ｆ５

今回も静かにしてた子が多かったので，ちょっと黙ってて，「あ，僕も一緒です」「僕も一緒です」「僕，初めてなので分かりません」だとかいう子がいっぺんに来ちゃうので，やっぱ学校内での交流がうまくいってなかったみたいで，前年度のことが全く分からないとか，そういう子がいたので，まずは学校で，去年のことを振り返ってみたりとかする時間があればいいと思います。学校内でのつながりっていうのが弱いのが，ちょっとネックかなって思う。

生徒会交流会に関する生徒会役員・執行部の先輩から後輩への引き継ぎ，学年に関係なく参加経験のある生徒から初めて参加する生徒への助言など，適切に行われているとはいえない状態であることがうかがえる。この繰り返しであると，議論や実践の積み上げが困難で，活動内容のレベル向上につながりにくいのではないかと考えられる。見方を変えれば，先入観なしで参加することができるので，斬新なアイデアなどが出しやすいという側面もあるかもしれない。それにしても，例えば，１校あたり４人が参加するとして，４人とも何も引き継ぎがなされていないという状態は憂慮すべきであろう。

②　一般生徒への還元

教員OB

グループに分けて，それぞれの思いを話し合うときに，ある高校が，電車の乗車マナーの件でみんなから非難されてた。大丈夫かなと心配して見ていたら。その学校の生徒会長が「恥ずかしいです。学校へ帰って，われわれ生徒会のメンバーに報告し対処します」と，真摯に受け止めていた。彼ら自身，自分の学校はきちんとした高校になって欲しいという意識がある。あとは，生徒会の顧問が，この生徒交流会の意義を理解し，生徒たちのやる気を奮起させることである。生徒会執行部が考えたことを，彼らの声で全校生徒に呼びかける場を与えてやることである。

G校教員

「共有しましょう，共有できたらいいですね」だと思います。実際のところは。例えば，この生徒会交流会だけじゃなくて，交通安全大会なんかも，もっとものすごいあれは還元できそうなところなんですけど，正直な話，そこまで，学校に戻ってきて，一般生徒の中に還元していくっていうか，そういったところまでは，実際まだほんとに全然です。新聞部が新聞は作っていますけれど，生徒会執行部が新聞とか，生徒会通信便りみたいなの出してないんです。

G11

クラス全体に生徒会として「行って来ました」っていう会話とかはしてる時間がないです。

D校教員

彼らの目に見える，体で分かる形で伝えることが，うちの学校の場合は一番だと思うので，行事であるとか，またボランティア活動であるとか，そういったところに，なるべくみんなを巻き込むようにしています。例えば，今回交流会でやってきたことを，じゃあ本校で実際にやってみようという形でしています。あとは，7月の夏の交流会では，交通安全啓発活動みたいなこともやってますので，その宣言文を集会時に代読したりとか，そういった形でみんなに訴えることもあります。『生徒会なう』という通信が，本当に行事があるたびに，月2回というくらいのスパンでよく書いていました。（中略）自分たちで考えて，記事を打ってくれていました。それに写真を入れてという形でまとめて出していましたが，うちの子たちは残念ながら，なかなか文章を読まないんで。はじめは力を入れて，一生懸命文章打ってたんですが，「あかんわ。これ，読まんわ」と思い，後半からは，盛大にたくさん写真を入れるようにしました。

D10

割と，生徒会の中っていったら，すぐに「こういうことやったよ」とか言えるんですけど，やっぱり普通の他の子たちは，あまり自分のクラスとかじゃないと，すぐ気軽に話せませんし。でも，取り組み面としての工夫なら，全体でやるなら，そんな難しい，細かいのはできないから，大まかに，分かりやすい感じで取り組みをやりたいとか思いますけど。

『生徒会なう』ってものがありましたね。要は，行事によって，生徒会の役員が，その行事によって文章を書いたりだとか，今月，こういうことがありますよ，ありましたよ，みたいな記事を書くんです。

（筆者からの反響の有無についての問いに対して）

うーん，まあ，「見たよ」ってか，自分のクラスでの友だちに聞くと，「わあ，名前が載ってる」みたいなそういう感じの反応が。あと，これからの行事とかも書いてあるので，「へえ，こういう，次，こういうのがあるんだ」みたいな感じで，反応してくれたりはしてます。

F校教員

特にこういうことをしてきましたみたいな具体的な発表の場を持つことはできないですが，うちの場合は，『トライスクル』っていうものを発行しているので，そこで，「こんなことをしてきましたよ」とかっていうことは，写真を載せたりとかしながら，各クラスに，一人ひとりに配布するわけではないので，各クラスに掲示するっていう形で，あと，階段のところに掲示するっていう形で，伝えるっていうふうにはしています。『トライスクル』自体を見る子も，全員が全員見るわけではないと思うので，本当にもうちょっと，何か還元ができたらいいなと思うんですが。『トライスクル』があること自体は，把握してると思いますが。どこまで読んでるかってのは，ちょっとこちらの方でも把握しきれていないので。

F５

一応，『トライスクル』というものがあるので，それに話し合いの内容とかは，書いて出しているんですけど，クラスに１枚ずつなんだけど，見る人が少ないというのが，これは，ちょっと，この学校の特徴でして。だから発信はしているんですけど，見る人がほんとうにごくわずかなので，発信しきれてないところがあります。

本当に，一方的に発信だけしてるっていうことで，『トライスクル』自体も，担任の先生が，ペターっと貼っておくだけとか，「ほら，見とけよ」っていう程度でやっているので，なんか，こんなんで，「よし，見ようぜ」っていう感じでは，そういう面白い文章ではないので，『トライスクル』というものは。だから，見る人が少ないっていうのが，すごく，今。

３校のうち２校は，生徒会通信に相当するもの（『生徒会なう』『トライスクル』）で，一般生徒への情報発信をしているが，それがどこまで浸透しているのかは把握できていない状態である。生徒に認知はされているが，あまり読まれていないようで，一般生徒への還元が十分にできているとは言い難い状況である。発行頻度，サイズ，配布対象，掲示場所，内容など，検討の余地があるように思われる。

そうした中で，Ｄ高校の学習成果の還元の具体例は示唆に富むものと思われる。

Ｄ校教員

生徒会交流会で得た，例えば，考え方であったり，啓発活動だったり，そういったことを説明して「分かってね」っていうだけでは，やっぱり動かないし，なかなか受け止めてもらえない。それよりも，行事だとか，そういった活動を実際に通じて，生徒たちを動かす，他の子たちにそういうことを体験してもらうっていうことの方が，うちの学校においては意味があるのかなと思います。だから，例えば，今年は文化祭の研究をなかなか見てもらえない，ということで。

D10

スタンプラリーを。「TRICK or TREAT」っていうスタンプラリーをやりまして，各教室とか部活動の方で，展示とかあるんですけど，それを見てったら，スタンプを押してもらう。生徒会役員に。ゴールが体育館で，全部集めた人はお菓子がもらえるっていう。ちょうどハロウィンの日でしたので。そうやって，見てもらうっていう目的でスタンプラリーの活動をしました。

D校教員

それも確かこの生徒会交流会で，どこの学校だったかな。そういう「スタンプ，押してやったよ」っていう話を聞いて。「あ，それ，いいな」と思ってて，じゃあ，それ，活かしてみようって形で。そしたらやっぱり例年よりも，展示見てくれてる人が多かったですし。

言葉での説明じゃなく，やっぱり，実際に生徒会は動いてみて，みんなにもやってもらう。そして，そこで何かを挑戦するっていう，そういった活動の方が，うちの場合は合ってるのかな。それが，いってみれば，この交流会で得たものをみんなに共有していくっていう形になっているのかなと思うんです。

生徒会通信のような言葉・写真だけではなく，生徒会交流会で得た成果を，文化祭の具体的な取り組みを通して体感してもらうことは，ユニークな試みであると思われる。デールの経験の円錐[19]を援用すると，高度な抽象的経験であるVerbal symbols（言語的抽象）ではなく，認知的プロセスの原点の直接体験であるDirect Purposeful Experiences（直接的な目的的体験）によって，具体的な学びを通して還元しているということになる。さまざまな情報発信のチャンネルを用意して，時期や内容などを加味しながら，できるだけ具体的に伝えることは有効であると考えられる。

また，生徒会交流会での議論の場面にも，還元のためのヒントがある。たとえば，平成24年度第２回の学校祭についての意見交換では，各校が口頭での説明に終始しており，同席している他校の生徒はメモを取るのに精一杯の様子で，議論そのものに深まりがなかった。各校が持ち帰ることができて，なおかつ説明しやすい具体的な資料やデータ等を持参・交換することで還元もしやすくなるものと思われる。

(5) リーダーとしての生徒会役員・執行部の在り方

インタビューの中で，３校とも生徒会役員・執行部が選挙によって選ばれることなく，信任投票で選出されていることがわかった。選挙による投票で生徒会役員・執行部を選出する形が本来あるべき姿であるが，複数人の立候補者が出ることがなく，一人の立候補者に対して信任するか否かを投票して決定しているのが実態である。信任投票の形態は，生徒によって構成された選挙管理委員会の運営のもと，全校生徒が一堂に会した場において，立候補者が演説を行い，生徒が投票するという流れである。こうした現状からも，生徒会役員・執行部の担い手の養成・確保に苦慮している声が聞かれた。そこで，“リーダー”に着目して，活発な活動が展開されることが多い部活動のリーダーと，活動の認知度があまり高くない生徒会役員・執行部とを比較して，どのような差異がそこにはあるのかを聞いてみた。

G11

部活とかって，入りたい部活に入って，やってくわけですから，自分の好きなことで。応援団長だと，体育祭っていうその大きな舞台で活躍できるじゃないですか。生徒会だと，企画っていうか，縁の下の力持ちっていうか，裏方の準備だとか，運営，進行だとか，そういう地味なとこに回っちゃうから。部活のキャプテンや応援団長は，やることが派手じゃないですか。そういう，みんなから注目浴びて，「うおー，すげえー」とか「かっけー」とかいわれる存在ですけど，生徒会入って，裏方，地味な仕事していて，気づいて，「うおー」「かっけー」とかいわれるかっていったら，そんなことないんで，そういうとこじゃないですかね。仕事が地味だから，大変っていうイメージがしみついた結果だから。

D10

部活動はその部活動だけのメンバー，気心の知れたメンバーをまとめてやるっていうんですけど，やっぱり生徒会長とかは，学校の代表なので，生徒の数が半端ないですね。まとめるのが多分，イメージ的に，むずかしいんじゃないかっていう。まとめたり，仕事とか大変そうだなっという。仕事とか大変そうだなっていう，ことが一番なのかなって。

規模が違うのがありますし，すごい提案とかしなきゃいけないのかなとか，そういう意見を，ちゃんと言えないといけないんですけど，意見もたくさん出して，取り組んでいかなきゃいけないのかなという。そんな感じがプレッシャーなんですかね。

F5

大きな理由としては，規模の違いです。部活っていうものは，自分の好きなことに打ち込んでられる。その中で，友達とか，後輩っていう中で，仲良くなれるっていうのがあるじゃないですか。同級生にしても，みんなでつくりあげるっていうことができるんですけど，学校単位になると，名前も知らない，どんな人かもわからない人たちを束ねていく，いかなければならない。なおかつ，行事とかで案を出さなきゃいけないとか，人の前に出るのが苦手という子とかもいるので，そういう子たちが，多分，違いに大きく出てくるんではないかなと思います。

生徒会役員・執行部の担い手がいないのは，生徒会役員・執行部の仕事・役

表10-6　高等学校入学後から今までに取り組んだことがあること

（単位：％）

	生徒会役員・執行部での活動経験		χ^2値（df = 1）
	あり	なし	
1．通学路や学校周辺の地域清掃	66.7	41.8	11.58**
2．あいさつ運動	70.6	28.5	37.33**
3．交通安全マナーの呼びかけ	31.4	11.9	14.80**
4．地域のイベント（お祭りやスポーツ大会など）の参加・補助	56.9	37.9	6.93**
5．自転車の安全点検	33.3	43.4	1.93
6．駅の駐輪場の整理・整頓	11.8	4.7	3.23
7．施錠確認や二重ロック推奨などの自転車盗難防止活動	11.8	12.9	0.05
8．青少年の健全育成・非行防止キャンペーン活動	19.6	4.5	16.24**
9．地域の安全のための防犯キャンペーン活動	9.8	3.1	4.12*
10．薬物乱用防止キャンペーン活動	7.8	2.3	3.47
11．高齢者との交流	25.5	11.7	7.79**
12．乳幼児との交流	17.6	6.8	6.17**
13．障害者との交流	17.6	2.7	22.79**
14．募金活動	35.3	12.9	18.12**

$p<.01^{**}$　$p<.05^{*}$

割のイメージがあまり肯定的に認識されていないことに要因があるようである。それに関連して，まとめる規模が全校単位で大きくなることも負担感を増幅させ，担い手不在を招いている要因となっていることがうかがわれる。それだけ，生徒会役員・執行部に求められる資質・能力が高いというイメージもあるようである。「2.あいさつ運動」や「1.通学路や学校周辺の地域清掃」「14.募金活動」などを中心に，生徒会役員・執行部経験のある生徒の方が活動経験が豊富であることがわかる。こうした現実も，一般生徒にしてみれば負担に思われ，生徒会役員・執行部を敬遠する遠因になっているものと思われる（表10-６）。

本章のまとめ

生徒会交流会の現状を概観すると，学校祭を話題に意見交換を進め，生徒のそこでの学びが，身だしなみやマナーといった自己指導能力に目が向くことを期待して生徒会交流会が始まった。その後，交流の仕方が変わったことで，すなわち地理的に近隣の学校が集まり意見交換することによって，議論したことを具体的な実践に発展することができるようになり，生徒会交流会に連続性が生まれた。参加している生徒は他校の生徒会から刺激を受けて，交流する意義を見出している一方で，そこでの学びを学校に持ち帰って還元・共有する段階にまでは至っていなかった。また，生徒会役員・執行部が活動すればするほど，一般生徒からは敬遠され，役員の担い手が出てこないことも課題としてみえてきた。

こうした実情を踏まえて，生徒会活動の活性化に向けて何ができるかを検討しよう。日本特別活動学会研究開発委員会「特別活動の改善に関する調査報告書―調査結果に基づく提言―」(2014) をみると，高等学校関係者は，小学校・中学校関係者と比較して，高校生の生徒会活動への参加意欲が低調であること，また，生徒会活動が十分に行われていないことなど，生徒会活動が活発ではないことを自認していることがわかる（表10-７）。

表10-７　各学校関係者の児童会活動・生徒会活動の捉え方

（単位：％）

	児童生徒は次の特別活動に意欲をもって参加していると考えますか。				最近の児童・生徒会活動は十分行われていると思いますか。			
	かなりそう思う	ややそう思う	そう思わない	まったくそう思わない	かなり十分	やや十分	やや不十分	かなり不十分
小学校の児童会活動	39.1	51.7	8.7	0.4	19.9	41.2	32.7	6.2
中学校の生徒会活動	34.3	48.6	17.1	0.0	14.7	44.1	41.2	0.0
高等学校の生徒会活動	14.3	32.1	42.9	10.7	7.7	38.5	38.5	15.4

しかしながら，そうした生徒会活動も，生徒会役員・執行部の経験をした生徒の方が，一般生徒よりも自尊感情が高いという結果が示されている。特に，「15. 私は誰にも負けないもの（こと）がある」や「９. 私は自分の判断や行動を信じることができる」「14. 人に迷惑がかからないよう，いったん決めたことは責任をもって取り組む」などはその差が比較的大きかった。こうした意識は，成功も失敗も含めた生徒会役員・執行部経験の蓄積が裏付けとなっているものと思われる（表10-８）。

全校生徒全員が生徒会役員・執行部経験を積むことは非現実的であると思われるので，生徒会役員・執行部と一般生徒が，共通理解のもとで共通実践ができるようにすることが肝要である。その手だてとして，本研究でみたように，改善の余地はあるものの生徒会通信の活用を通して，また具体的な活動を媒介にして成果を共有することが求められる。

また，学校内外の諸活動のすべてを生徒会役員・執行部がやろうとするのではなく，一般生徒と共有する姿勢を持つことが重要である。平成25年度第２回の議論の際，あるグループで募金活動の実施について，具体的な日程調整をしている場面があった。しかし，部活動やアルバイト，塾・習い事の関係で，その調整は難航していた。これは，生徒会役員・執行部自らが実践しようとするから生じる困難であり，自校の全校生徒に呼びかけて，文字通りボランティアで参加者を募るようにすれば解決できるものであると思われる。

生徒会役員・執行部の経験が豊富であることはすでに確認したとおりである。生徒会役員・執行部が率先垂範することはもちろん重要であるが，そこからさらに一歩進んで，調整役を担う発想を持つことも同様に求められる。そうすることで，一般生徒との共通理解が進み，共通実践が可能となり，ひいては，後進の育成にも寄与するのではないかと考えられる。生徒会役員・執行部は「パフォーマー」としてではなく，「コーディネーター」として，一般生徒の体験の場を確保・提供する役割を担うことで，課題であった学びの成果の還元も可能になるものと思われる。生徒会役員・執行部が前面に出て，「パフォーマー」として，自らが主導して企画したことを実践すれば，大過なく進めることがで

表10-８　今の自分の気持ち

（上段：平均点（５点満点），下段：標準偏差）

	生徒会役員・執行部での活動経験		t値
	あり	なし	
1．私は今の自分に満足している	2.61 (0.83)	2.46 (0.84)	1.21
2．人の意見を素直に聞くことができる	3.16 (0.76)	2.98 (0.61)	1.96
3．人と違っていても自分が正しいと思うことは主張できる	3.04 (0.75)	2.77 (0.70)	2.46*
4．私は自分のことが好きである	2.55 (0.97)	2.33 (0.79)	1.87
5．私は人のために力を尽くしたい	3.31 (0.81)	3.03 (0.71)	2.40*
6．自分の中には様々な可能性がある	2.84 (0.76)	2.59 (0.75)	2.23*
7．自分はダメな人間だと思うことがある	2.78 (1.06)	2.87 (0.83)	0.67
8．私はほかの人の気持ちになることができる	3.08 (0.85)	2.83 (0.65)	2.49*
9．私は自分の判断や行動を信じることができる	3.12 (0.68)	2.69 (0.67)	4.30**
10．私は自分という存在を大切に思える	3.04 (0.75)	2.84 (0.74)	1.85
11．私には自分のことを理解してくれる人がいる	3.24 (0.76)	3.16 (0.72)	0.69
12．私は自分の長所も短所もよく分かっている	2.94 (0.81)	2.90 (0.72)	0.37
13．私は今の自分が嫌いだ	2.33 (0.97)	2.55 (0.84)	1.51
14．人に迷惑がかからないよう，いったん決めたことには責任をもって取り組む	3.33 (0.71)	2.99 (0.64)	3.33**
15．私は誰にも負けないもの（こと）がある	3.04 (0.92)	2.53 (0.88)	3.80**
16．自分には良いところがある	3.04 (0.82)	2.83 (0.70)	1.75
17．自分のことを見守ってくれている周りの人々に感謝している	3.51 (0.67)	3.41 (0.62)	0.97
18．私は自分のことは自分で決めたいと思う	3.33 (0.68)	3.29 (0.60)	0.49
19．自分は誰の役にも立っていないと思う	2.43 (0.83)	2.31 (0.72)	0.99
20．私には自分のことを必要としてくれる人がいる	2.92 (0.82)	2.84 (0.71)	0.66
21．私は自分の個性を大事にしたい	3.41 (0.73)	3.16 (0.67)	2.36*
22．私は人と同じくらい価値のある人間である	3.14 (0.78)	2.87 (0.71)	2.33*

$p<.01^{**}$　$p<.05^{*}$

きて，成果も得られやすいであろう。しかしながら，比較的少人数の生徒会役員・執行部で取り組むのでは，活動を拡大・発展させることには限界がある。そこで，自らも実践しながら，「コーディネーター」として，活動に共感・賛同している生徒も巻き込んで，そうした生徒が無理なく活動に取り組むことができるように調整することで，活動に広がりと深みが生まれ，定着することが期待できる。既存のリーダーシップに関する諸理論の中で，PM理論[20]に着目・援用して捉えるとすれば，「パフォーマー」はP（Performance，課題達成）機能，「コーディネーター」はM（Maintenance，集団維持）機能との関わりが強いといえよう。P（本章の「パフォーマー」）とM（本章の「コーディネーター」）の両面が強いことが理想的であるが，リーダーとしての生徒会役員・執行部の在り方は，Mをより重視することが求められているのではないかと思われる。

公職選挙法が改正され，選挙権を持つ年齢が18歳以上に引き下げられた今日，生徒会活動の体験とそこから得る学び・気づきは重要である。文部省通達「高等学校における政治的教養と政治的活動について」(1969)[21]において，高校生の政治活動は禁止されていたが，政治的活動が望ましくないとする理由のひとつとして示されている「生徒は未成年者であり，民事上，刑事上などにおいて成年者と異なった扱いをされるとともに選挙権等の参政権が与えられていないことなどからも明らかであるように，国家・社会としては未成年者が政治的活動を行なうことを期待していないし，むしろ行なわないよう要請しているともいえること」は，教育における“流行”に相当する内容であり，今日の時代状況に適合しない。ただ，同通達の指導上の一般的留意事項である「ホームルーム，生徒会活動などにおける討論を通じて自己の意見を正しく表明するとともに，他人の意見にじゅうぶん耳を傾け，これを尊重するという態度を身につけさせるようにすること」や「ホームルーム，生徒会などの集団活動に生徒が積極的に参加し，活動することを通じて望ましい人間関係が育成されるようにすること」，これはすなわち“不易”に相当する内容で，今日でも重視すべきことである。

こうした経緯や動向を踏まえたうえで，「生徒会は異年齢で構成される自治的活動である。全生徒が参加して運営するので，在学中の集団生活の教育ばかりでなく，将来の国民の政治参加として議会制民主主義の訓練になる」という指摘[22]があるように，改めて，教師と生徒の間で，また，生徒間で，生徒会活動の意義について，知識的な理解に留まらず，体験を通した実践的な理解にすることが求められている。

注

(1)　総務省情報通信政策研究所「平成26年情報通信メディアの利用時間と情報行動に関する調査報告書」2015

(2)　総務省ホームページ
URL:http://www.soumu.go.jp/senkyo/senkyo_s/news/sonota/nendaibetu/（最終閲覧日　2017年6月15日）

(3)　杉浦正和「シティズンシップ教育の動きと高校生生徒会活動の変遷，政治教育との関連についての研究―社会的問題に対する知的関心および参加意識を育てるためのカリキュラム・指導法研究Ⅵ―」『高校・中学教育研究報告書＜平成21年度版＞』芝浦工業大学，2010，pp. 17-36.

(4)　内閣府『平成26年度子ども・若者白書』2014，pp. 188-189.

(5)　福島県いわき市教育委員会「地方発！　我が教育委員会の取組　未来のふるさとを支える人材育成～『いわき生徒会長サミット事業』の挑戦～」『教育委員会月報』66(4)，2014，pp. 28-32.

(6)　鹿児島県南さつま市教育委員会「南さつま市児童・生徒会サミットの取組～子どもたちの　子どもたちによる　子どもたちのための　いじめ撲滅サミット宣言～Declaration Summit Of the Student,By the Student and For the Student」『教育委員会月報』67(1)，2015，pp. 90-93.

(7)　瀬戸健一「話し合い活動で育成する社会性の研究―中学校の生徒会サミット（生徒会交流）に着目して―」『日本特別活動学会紀要』14，2006，pp. 35-45.

(8)　生徒部「キャリア形成の視点から生徒会活動の意義を考察」『名古屋大学教育学部附属中高等学校紀要』51，2006，pp. 97-102.

(9)　及川未希生「高等学校生徒会役員を対象とした宿泊研修の教育的効果―教育事業『フォーラムニューリーダー』の事例から―」『青少年教育研究センター紀要』2，2013，pp. 67-76.

(10)　越野章史「高等学校におけるシティズンシップ教育としての特別活動実践」『和歌山大学教育学部教育実践総合センター紀要』No. 21，2011，pp. 125-134.

(11)　地域担当生徒指導主事は，岐阜県内6教育事務所に，教育支援課課長補佐として，それぞれに高等学校担当1名，小・中学校担当1名が配置されている（岐阜教育事務所のみ高等学校担当２名）。各地区の小中高の生徒指導連携の強化，地域の生徒指導や安全教育，学校安全体制整備などを担当している。また，面接対象者の属性に関して，高等学校教員（生徒会担当）３名は，Ｄ校（普通科・単位制）勤務の女性，Ｆ校（普通科）勤務の女性，Ｇ校（専門学科）勤務の男性である（アルファベットは表10-４に対応）。高校生（生徒会役員）３名は，表10-４中のＤ10（女子，インタビュー時２年生），Ｆ５（女子，同２年生），Ｇ11（男子，同１年生）である。調査日時は，高等学校教員OBが2014年１月21日，Ｄ校の教員・高校生が２月20日，Ｆ校の教員・高校生が２月24日，Ｇ校の教員・高校生が２月６日である。

⑿　今の自分の気持ち（22項目）については，慶應義塾大学「自尊感情や自己肯定感に関する研究」報告書（2010）の「自尊感情測定尺度（東京都版）」を使い，「あてはまらない」（１点）～「あてはまる」（４点）の４件法で質問した。

⒀　生徒会交流会は，2014年度より，生徒会研修会に名称変更された。生徒会交流会の時は，可茂地区生徒指導研究会会長（校長）が，地区内の生徒会担当教員を招集する形で，教員の出張旅費は各学校のPTA会費等で捻出していた。県は，この形式の場合，生徒の引率時等の不測の事態（事故など）への対処に問題があると判断し，教員は年休を取得して出席する形にして，出張扱いにできないという見解を示した。そのため，「研修」の意味合いを強調すべく，名称を生徒会研修会に変更し，県が出張旅費を負担する形とした。
（2014年７月28日平成26年度第１回生徒会研修会時における地域担当生徒指導主事への聞き取り）

⒁　買尼沙汗，買買提「生徒会活動による『学び』の回復―大阪・千代田高校の文化祭事例から―」『教育学論集』37（大阪市立大学），2011，pp. 1-11.

⒂　「生徒のアンケート」とは，生徒会交流会に参加した高校生対象に行うもので，後日，それが集約された冊子となる。ここでは，「2013年度第１回可茂地区高等学校生徒会交流会」後のアンケート結果について言及されている。

⒃　前掲 ⒂.

⒄　「平成25年度第２回可茂地区高等学校生徒会交流会　分科会・アンケート報告」より.

⒅　本研究では，便宜的に，生徒会役員・執行部での活動経験がない生徒を「一般生徒」と表記することとする。

⒆　野田一郎編『視聴覚教育』（現代図書館学講座12）東京書籍，1988

⒇　三隅二不二「リーダーシップPM理論」日本学術振興会『学術月報』1990年６月号，pp. 38-43.

㉑　政治活動に関しては，文部省通達「高等学校生徒に対する指導体制の確立について」（1960）の中で，「外部からの不当な勢力に乗ぜられて生徒会や生徒などが，政治活動にまきこまれることのないよう教職員一体となって生徒の指導体制を確立し，高等学校教育の本来の目的の達成にいっそう努力する必要があると思われる。」と

記してある。また，生徒会活動の在り方について，「高等学校の生徒会活動は，特別教育活動として，学校の教育課程として行なわれる教育活動であり，その目的は，当該高等学校の学校生活を豊かにするためのものであって，学校外の問題を対象とするものではない」と明示されている。なお，1969年通達は，2015年10月に発出された「高等学校等における政治的教養の教育と高等学校等の生徒による政治的教養等について」(通知) によって廃止され，高等学校等の生徒による政治的活動等は，必要かつ合理的な範囲内で制約を受けるものの認められることになった。

(22)　織田成和「特別活動に関する現代的考察―改訂学習指導要領を根拠として―」『近畿大学工学部紀要　人文・社会科学篇』41，2011，pp. 39-61.

＊本章は，林幸克「高等学校の生徒会活動に関する一考察―岐阜県可茂地区高等学校生徒会交流会の事例に基づく検討―」『明治大学人文科学研究所紀要』79，2016，pp. 203-231を大幅に加筆・修正したものである。

第11章
社会参画意識を育む社会教育施設の活用

第1節　高校生の社会参画と社会教育施設

学校教育法第31条には，小学校において，「教育指導を行うに当たり，児童の体験的な学習活動，特にボランティア活動など社会奉仕体験活動，自然体験活動その他の体験活動の充実に努めるものとする。この場合において，社会教育関係団体その他の関係団体及び関係機関との連携に十分配慮しなければならない。」（中学校・高等学校にも準用）ことが示されている。それに関連して，高等学校学習指導要領（2009）には，社会教育施設の活用について，次の記述がある。

「生徒の自主的，自発的な参加により行われる部活動については，スポーツや文化及び科学等に親しませ，学習意欲の向上や責任感，連帯感の涵養等に資するものであり，学校教育の一環として，教育課程との関連が図られるよう留意すること。その際，地域や学校の実態に応じ，地域の人々の協力，社会教育施設や社会教育関係団体等の各種団体との連携などの運営上の工夫を行うようにすること。」（総則）

「年表，地図その他の資料を一層活用させるとともに，地域の文化遺産，博物館や資料館の調査・見学などを取り入れるよう工夫すること。」（地理歴史）

「各科目の指導に当たっては，大学や研究機関，博物館などと積極的に連携，協力を図るようにすること。」（理科）

「各科目の特質を踏まえ，地域や学校の実態に応じて，文化施設，社会教育

施設，地域の文化財等の活用を図ったり，地域の人材の協力を求めたりすること。」（芸術）

「学校図書館の活用，他の学校との連携，公民館，図書館，博物館等の社会教育施設や社会教育関係団体等の各種団体との連携，地域の教材や学習環境の積極的な活用などの工夫を行うこと。」（総合的な学習の時間）

「各教科・科目や総合的な学習の時間などの指導との関連を図るとともに，家庭や地域の人々との連携，社会教育施設等の活用などを工夫すること。」（特別活動）

小学校学習指導要領（2008）や中学校学習指導要領（2008）にも同様の記述があり，学校教育における社会教育との連携，とりわけ社会教育施設の活用を視野に入れていることが示されている。また，中央教育審議会教育課程企画特別部会論点整理（2015）において，さらに，中央教育審議会答申「幼稚園，小学校，中学校，高等学校及び特別支援学校の学習指導要領等の改善及び必要な方策等について」（2016）においても，次期学習指導要領改訂の方向性に関して，学校の教育活動全体を通じて実施することが求められる事項に，地域社会との連携や社会教育施設等の活用が明記され，小学校学習指導要領（2017），中学校学習指導要領（2017）にそれが反映された。高等学校の次期学習指導要領も同様の内容が明示されるものと推察される。

この社会教育施設の活用に関連した先行研究では，小学校の科学教育で水族館を活用した実践[(1)]や自然の家における中学校の科学実践講座の報告[(2)]，科学教育の視点から開発した少年自然の家を活用した環境教育プログラムの紹介[(3)]など，科学教育における活用の事例報告がある。あるいは，中学校の美術科教員と美術館の学芸員の人的ネットワークを活かした美術科の授業を構想した報告[(4)]や学社融合の観点から公民館を活用した小学校のクラブ活動の実践を報告した論考[(5)]，小学校教諭対象の聞き取り調査から特別活動における社会教育施設の活用を明示した研究[(6)]，不登校児の治療教育の一環として，青年の家において海洋宿泊研修を実施した成果を紹介したもの[(7)]などがある。

これらを概観すると，学校教育において，社会教育施設が具体的にどのように活用されているのかを理解する一助となっていることがわかる。また，社会教育施設の専門職員等との関わりがあることもわかり，実社会とのつながりを考える契機となり得ること，さらには，社会参画意識を育むきっかけにもなり得ることが推察される。

高校生の社会参画に関する論考としては，第Ⅳ部第10章で言及した18歳選挙権に伴う主権者教育との関連から，模擬投票を取り上げたものがある。たとえば，鳥取県教育委員会は，国政選挙と連動した模擬投票について，事前準備・事前学習・模擬投票・開票及び結果の公表・事後学習の手順を踏んで実施し，「地域社会を良くしていくため，自分自身で努力したり，働きかけたりしたいか」に対して肯定的な回答をする生徒が増加するなど，社会参画意識を醸成する一助となったことを明らかにした(8)。

また，社会教育との関連から社会参画に着目した研究には，高校生が青森ねぶた祭に参加しなかった理由の約４割が「特に興味がなく参加しなかった」「参加する意義や必要性を感じないので参加しなかった」であることを明らかにし，その状況を打破するために，「子どもへの長期的な働きかけを，社会教育等の場で展開し，ねぶたに意欲を持つ子どもの層を拡大していくこと」や「計画的にねぶた祭の大切さ・参加方法・制作体験などを子どもたちに伝授する機会を多く設け，伝統を継承するための基盤を社会教育の中から確立していく方向性をさらに整備していくこと」を示したもの(9)や学社連携・融合の観点から高校生の位置づけを検討し，「家庭や学校の制約を離れ主体的に決断し，自己の力を確認できるような場を通じて自主性を育て，異年齢の仲間との集団行動を通じてその社会性を育成するところに社会教育の役割がある。そのためにも，さまざまな活動が展開できるような自然環境や文化的，科学的な興味・関心を追求できる施設が用意されなければならない」とした報告がある(10)。さらに，社会教育施設との関わりから知見が示された研究として，中学生・高校生が地域（商店街）をフィールドにボランティア活動等に取り組み，その成果として「活動を通じて，幅広い年齢層の人に関わらざるを得ない状況の中で，参加者が確実にコミュニケーションスキルを高めていった。また，人との出会いや地域の人の温かい言葉かけが，参加者の活動意欲を高めていた」ことを指摘し，社会参画を促す契機となったとした論考[11]や高等学校の芸術と小学校の図画工作が連携し，高校生が主体的・創造的に小学生を支援することで社会参画意識の涵養ができたこと，高校生の美術館・博物館に対する認識が，「単に鑑賞としてではなく，商工会議所や市民団体とのつながり，企画などの参画活動として美術館・博物館・公民館へと出向くようになり，社会参画意識の向上」を明示したものがある[12]。あるいは，中学生・高校生をパートナーとして捉え，彼らの「事前参画」を重視した事業を行っている公民館の事例が紹介されたものもある[13]。

これらの実践報告や事例研究から，高校生の社会参画意識を育むために地域社会や社会教育施設との連携が有意であると考えられる。社会教育施設との連携に着目すると，全国学力・学習状況調査報告書[14]のデータが示唆に富む。たとえば，「前年度までに，博物館や科学館，図書館を活用した授業を行いましたか」という設問に対して，「よく行った」と「どちらかといえば行った」を合計した割合が，小学校６年生46.2%，中学校３年生21.2%という結果が示されている。ただ，具体的な活用教科・領域，社会教育施設の種類，高等学校の実態までは明らかになっていない。社会教育調査[15]では，学校と社会教育施設との事業の共催状況について，事業を共催している社会教育施設の割合は，公民館10.3%，図書館4.4%，博物館8.3%，青少年教育施設2.9%であることが明らかにされている。しかしながら，具体的な共催内容は何であるのか，小学校から高等学校までのどの学校段階との共催であるのかは明らかにされていない。

以上の研究及びデータの蓄積状況を勘案すると，学習指導要領に社会教育施設の活用について明文化されているにもかかわらず，それがどの程度活用が進んでいるのか，詳細は明らかにされていないといえる。換言すれば，小学校・中学校・高等学校の学校段階別に，どの教科・領域で，どの社会教育施設を活用しているのかを明らかにすることは喫緊の課題であるといえる。

そこで，本章では，学校教育における教科・領域の中でも特に，前章で取り上げた生徒会活動が含まれている特別活動等に焦点を当てて，小学校・中学校・高等学校の特別活動等における社会教育施設の活用状況の現状と課題を明らかにすることを試みる。そして，高校生の社会参画意識を育むための社会教育施設の活用の在り方を考察する。

第2節　研究方法・内容

1．対　　象

本章で対象とする社会教育施設は，公民館，図書館，博物館，青少年教育施設の4施設である。それぞれの施設の役割等は次のように示されている。

公民館（社会教育法第20条）

「公民館は，市町村その他一定区域内の住民のために，実際生活に即する教育，学術及び文化に関する各種の事業を行い，もって住民の教養の向上，健康の増進，情操の純化を図り，生活文化の振興，社会福祉の増進に寄与することを目的とする。」

図書館と博物館に関しては，社会教育法第9条に「図書館及び博物館は，社会教育のための機関とする」とされている。それを踏まえて，以下のような役割が明示されている。

図書館（図書館法第2条抜粋）

「図書，記録その他必要な資料を収集し，整理し，保存して，一般公衆の利用に供し，その教養，調査研究，レクリエーション等に資することを目的とする施設」

博物館（博物館法第2条抜粋）

「歴史，芸術，民俗，産業，自然科学等に関する資料を収集し，保管し，展示して教育的配慮の下に一般公衆の利用に供し，その教養，調査研究，レクリエーション等に資するために必要な事業を行い，あわせてこれらの資料に関する調査研究をすることを目的とする機関」

青少年教育施設は，社会教育調査報告書に社会教育施設として位置づけられている。

「青少年のために団体宿泊訓練又は各種の研修を行い，あわせてその施設を青少年の利用に供する目的で，地方公共団体又は独立行政法人が設置した社会教育施設」

2．方法・内容

2013年８月から11月にかけて，岐阜県内の社会教育施設425館・施設を対象に郵送法による質問紙調査を行った。社会教育施設の内訳は，公民館306館，図書館71館，博物館23館，青少年教育施設25施設である。調査票の回収に関して，325館・施設から回答を得た（回収率76.5％）。社会教育施設別では，公民館225館（回収率73.5％），図書館58館（同81.7％），博物館23館（同100.0％），青少年教育施設19施設（同76.0％）であった。

質問項目は，特別活動等の具体的な内容17項目を提示し，小学校・中学校・高等学校別に，過去１年間に活用実績があったか否かを聞いた。また，紙幅の都合上，本章では扱っていないが，社会教育施設と児童・生徒との関わりとして，児童・生徒対象の社会教育施設の主催事業の有無，各学校への主催事業の広報の有無，主催事業の企画への児童・生徒の関わりの有無，児童・生徒の施設ボランティアへの登録の有無なども質問した。

3．岐阜県の社会教育施設の特徴

本章では，岐阜県の社会教育施設を対象に行った質問紙調査に基づいて考察する。それに際し，社会教育施設数や学校数などは，全国の実態と比較してどのような状況にあるのかを確認しておきたい。

表11-１の全国の学校数は平成23年度学校基本調査，社会教育施設数は平成23年度社会教育調査のデータである。岐阜県のデータは，学校数は平成25年度「県内学校の概況」（平成25年５月１日現在），社会教育施設数は岐阜県教育委員会提供（平成25年７月）のデータである[16]。なお，表中の比率は，各学校数を100とした場合の各社会教育施設の値である。この結果をみると，公民館・図書館・青少年教育施設では小学校・中学校・高等学校の全校種で岐阜県の値が

表11-１　学校及び社会教育施設の数・比率

		学校数	比率	社会教育施設							
				公民館		図書館		博物館		青少年教育施設	
				施設数	比率	施設数	比率	施設数	比率	施設数	比率
全国	小学校	21,721	100	15,399	71	3,274	15	1,262	6	1,048	5
	中学校	10,751	100		143		30		12		10
	高等学校	5,060	100		304		65		25		21
岐阜県	小学校	377	100	306	81	71	19	23	6	25	7
	中学校	197	100		155		36		12		13
	高等学校	83	100		369		86		28		30

大きいこと，博物館では，小学校と中学校は同じで，高等学校は岐阜県の値が大きいことがわかる。これは，おおむね岐阜県の方が全国よりも，学校あたりの社会教育施設数が多いことを意味する。すなわち，学校が社会教育施設を比較的活用しやすいケースであるということを付記しておく。

第３節　結果・考察

社会教育施設全体の活用状況を確認した後，公民館，図書館，博物館，青少年教育施設の各施設の活用状況を概観する（表11-２）。

１．社会教育施設全体の活用

小学校の活用状況は，「12. 地域行事への参画」が最も多かった。以下，「７. 遠足・社会見学」「９. 移動教室」と続いた。また，「10. 野外活動」，「４. 音楽や伝統芸能などの鑑賞会」「３. 音楽会・合唱祭」などが10％前後で比較的上位にあり，学校行事に関連した内容で活用されていることが多かった。中学校の活用状況は，小学校同様「12. 地域行事への参画」が最も多く，以下，「16. 職場体験・就業体験・インターンシップ」「１. クラブ活動・部活動の練習」と続いた。小学校と比較して，全般的に活用状況がやや低調であることがわかる。ただ，「16. 職場体験・就業体験・インターンシップ」（小学校より22.4ポイント

表11-2　特別活動等での社会教育施設の活用状況（過去1年間での活用実績がある活動）

（単位：%）

	社会教育施設			公民館			図書館			博物館			青少年教育施設		
	小学校	中学校	高等学校	小学校	中学校	高等学校	小学校	中学校	高等学校	小学校	中学校	高等学校	小学校	中学校	高等学校
1．クラブ活動・部活動の練習	10.8	23.1	14.8	13.8	27.1	12.4	0.0	5.2	8.6	0.0	8.7	17.4	21.1	47.4	57.9
2．学校の記念行事などの式	7.1	4.9	3.4	9.3	6.2	4.4	1.7	1.7	0.0	0.0	0.0	0.0	5.3	5.3	5.3
3．音楽会・合唱祭	9.2	14.2	3.1	12.0	17.8	3.6	3.4	6.9	1.7	4.3	4.3	0.0	0.0	5.3	5.3
4．音楽や伝統芸能などの鑑賞会	12.6	7.4	2.8	15.6	8.4	2.7	5.2	3.4	0.0	4.3	4.3	4.3	10.5	10.5	10.5
5．避難訓練・防災訓練	4.9	1.5	0.6	6.7	2.2	0.9	0.0	0.0	0.0	0.0	0.0	0.0	5.3	0.0	0.0
6．スポーツ大会	5.2	2.8	0.9	7.1	3.6	1.3	0.0	0.0	0.0	0.0	0.0	0.0	5.3	5.3	0.0
7．遠足・社会見学	33.8	6.2	3.4	20.4	2.2	0.4	60.3	0.0	0.0	87.0	56.5	43.5	47.4	10.5	0.0
8．修学旅行	3.1	3.1	2.2	1.8	0.9	0.0	0.0	0.0	0.0	26.1	34.8	30.4	0.0	0.0	0.0
9．移動教室	20.3	4.6	2.2	20.4	3.1	0.0	12.1	0.0	1.7	34.8	21.7	17.4	26.3	15.8	10.5
10．野外活動	12.6	5.8	2.2	12.4	3.6	0.4	5.2	0.0	0.0	17.4	21.7	17.4	31.6	31.6	10.5
11．集団宿泊活動	3.7	2.2	0.6	3.1	0.9	0.0	0.0	0.0	0.0	0.0	0.0	0.0	26.3	26.3	10.5
12．地域行事への参画	35.4	32.3	8.0	46.2	41.8	9.3	5.2	6.9	1.7	13.0	8.7	8.7	26.3	26.3	10.5
13．児童会・生徒会役員会	5.5	2.8	1.2	7.1	3.6	1.3	0.0	0.0	0.0	4.3	4.3	0.0	5.3	0.0	5.3
14．リーダー研修会	7.4	5.5	1.5	8.0	4.4	0.9	1.7	1.7	1.7	0.0	0.0	0.0	26.3	36.8	10.5
15．入学当初のオリエンテーション	2.2	0.9	1.8	2.2	0.4	0.4	0.0	0.0	0.0	0.0	0.0	4.3	10.5	10.5	21.1
16．職場体験・就業体験・インターンシップ	3.1	25.5	13.2	2.7	11.6	3.6	3.4	62.1	43.1	4.3	65.2	39.1	5.3	31.6	5.3
17．児童会・生徒会交流会，児童会・生徒会サミット	6.5	5.2	0.0	8.0	5.8	0.0	0.0	3.4	0.0	8.7	4.3	0.0	5.3	5.3	0.0

高い），「1．クラブ活動・部活動の練習」（同12.3ポイント高い）での活用については，小学校よりも多かった。高等学校の活用状況は，「1．クラブ活動・部活動の練習」が最も多く，以下，「16. 職場体験・就業体験・インターンシップ」「12. 地域行事への参画」と続いた。全体的に，中学校の活用状況よりもさらに低調であることがわかる。小学校と比較すると，学校行事に関連した内容での活用が少ないことも明らかである。ただ，中学校同様，「16. 職場体験・就業体験・インターンシップ」（小学校より10.1ポイント高い）での活用については，小学校よりも多かった。

公民館，図書館，博物館において，高等学校による活用が比較的少ないことが明らかになった。高等学校との関わりをいかに高めるか，活用をいかに活性化させるかを考えると，学校行事のような非日常的な活動だけではなく，学級活動やホームルーム活動のような日常的な活動での活用を促進することが必要になると思われる。また，小学校・中学校の活用についても，「7．遠足・社会見学」や「3．音楽会・合唱祭」以外の学習活動でいかに活用するか，その在り方を検討することが求められる。

2．公民館の活用

小学校の活用状況は，「12. 地域行事への参画」が最も多かった。以下，「7．遠足・社会見学」「9．移動教室」と続いた。その他の活動内容では，「4．音楽や伝統芸能などの鑑賞会」「10. 野外活動」「3．音楽会・合唱祭」が15%前後で比較的活用されており，学校行事に関連した内容で活用されていることが多かった。中学校の活用状況は，「12. 地域行事への参画」が41.8%で最も多く，以下，「1．クラブ活動・部活動の練習」「3．音楽会・合唱祭」と続いた。「1．クラブ活動・部活動の練習」（小学校より13.3ポイント高い），「3．音楽会・合唱祭」（同5.8ポイント高い），「16. 職場体験・就業体験・インターンシップ」（同8.9ポイント高い）の3項目で小学校より多く活用されていたが，他の項目では小学校の数値が高く，全般的に小学校よりも活用状況が低調であった。高等学校の活用状況は，中学校よりもさらに低調で，最も活用されていた内容は「1．クラブ活動・部活動の練習」であった。

公民館の活用に関しては，中学校の一部の活動を除き，学校段階の進行に伴い，活用される割合が減少傾向にあることがわかった。また，「8．修学旅行」で活用されることはほとんどないことも明らかになった。中学校と高等学校の合計数とおおむね同数であり，施設数で捉えると比較的多いといえる。学校や児童・生徒にとって身近にある施設であり，公民館が地域に根差した活動を展開する場合には，関わりが生まれやすい。小学校・中学校の活用で「12. 地域行事への参画」が多いのはそのためであると思われる。他方，「8．修学旅行」ではほとんど活用されていなかった。日常生活圏にある公民館に修学旅行へ行くことは皆無であろうから，然るべき結果であると思われる。

ただ，中学校の修学旅行の事前学習に関して，充てられる時間は「6～10時間」が47.8%で最も多く，総合的な学習の時間・特別活動を利用している学校の割合が93.2%であること，事後学習に総合的な学習の時間を使う学校の割合が58.1%で最も多いことなど(17)を勘案すると，修学旅行本番に向けての事前学習の場として，あるいは，事後学習の場として活用することは可能である。少なくとも学校を離れることで，たとえ身近な施設であっても，公共のマナーやルールなどに触れる機会となり，旅行・集団宿泊的行事での「公衆道徳などについての望ましい体験を積む」学習効果はあると考えられる。

3．図書館の活用

小学校の活用状況は，「7．遠足・社会見学」が最も多かった。以下，「9．移動教室」が続いた。中学校及び高等学校の活用状況は，「16. 職場体験・就業体験・インターンシップ」が多かった。

図書館の活用に関しては，公民館と比べて全般的に低調であることが示された。小学校の「7．遠足・社会見学」，中学校・高等学校の「16. 職場体験・就業体験・インターンシップ」以外にはほとんど活用されていなかった。図書館の施設・機能上の特質にも左右されるであろうが，「5．避難訓練・防災訓練」「8．修学旅行」「13. 児童会・生徒会役員会」「17. 児童会・生徒会交流会，児童会・生徒会サミット」などで活用されることはなかった。

児童・生徒のキャリア意識の涵養の場として位置づいているように思われる。小学校における「7．遠足・社会見学」や「9．移動教室」は単発の一時的な活動・見学の場として，中学校・高等学校における「16. 職場体験・就業体験・インターンシップ」は，中学校では実施期間が「1日」の割合が12.5%，高等学校では同じく27.5%であること(18)を加味すると，一定期間をかけた学習の場として活用されていると考えられる。これは，後述する博物館同様，図書館に期待されている役割であるともいえる。

他方，図書館活用の可能性を拡大するポイントは，児童会活動・生徒会活動での活用にあると思われる。中学校の生徒会サミットに参加した生徒の変容について「コミュニケーション」の向上があることを明らかにした研究(19)があるが，学校単独で行う「13. 児童会・生徒会役員会」でも，複数の学校が合同で行う「17. 児童会・生徒会交流会，児童会・生徒会サミット」でも，図書館の有する機能を活用することで，そうした「コミュニケーション」に加えて，生徒会活動の目標である「集団や社会の一員としてよりよい学校生活づくりに参画」することが可能になり，児童会活動・生徒会活動そのものの活性化にも寄与するものと思われる。すなわち，図書館の有する郷土の歴史・文化などに関する史料を手がかりに生徒間の議論を経て，そこから地域に根差した新たな活動を展開するヒントを得る機会とすることができるのではないかと推察される。教科などの調べ学習で培ったノウハウを生かして史料を検索・分析し，その成果を，児童会活動・生徒会活動の実践として，体験的に日常生活で具現化することは有意義であるといえる。

4．博物館の活用

小学校の活用状況は，「7. 遠足・社会見学」が最も多かった。以下，「9. 移動教室」「8. 修学旅行」と続いた。中学校の活用状況は，「16. 職場体験・就業体験・インターンシップ」が最も多く，以下，「7. 遠足・社会見学」「8. 修学旅行」となった。高等学校の活用状況は，「7. 遠足・社会見学」がもっとも多く，以下，「16. 職場体験・就業体験・インターンシップ」「8. 修学旅行」であった。

博物館の活用について，「8. 修学旅行」と「10. 野外活動」は学校段階による活用状況の差が比較的小さいことが明らかになった。その一方で，「2. 学校の記念行事などの式」や「5. 避難訓練・防災訓練」「14. リーダー研修会」などで活用されることはまったくなく，活用内容に偏りがあることが示された。図書館同様，児童・生徒のキャリア意識の涵養の場として活用されているのに加えて，学校行事，特に「8. 修学旅行」や「9. 移動教室」で，訪問先として位置づいていることがわかった。また，周辺の学校の活用はもちろんであるが，小学校などは特に，遠方の学校の活用も一定程度ある[20]。こうした役割を担いつつ，学校の活用を拡大するヒントは，やはり，現状で活用されていない内容にある。具体的には，「2.学校の記念行事などの式」と「5.避難訓練・防災訓練」に着目したい。

通常，儀式的行事は，会場の設営や他の教育活動との関連などから，学校内で行われることが多い。ただ，学校行事の目標に含まれている「公共の精神を養い」という側面に着目すれば，場所を博物館に移して行うことも一考の価値はある。「教育現場の持つ教育的価値は『場の提供』にある」として，儀式的行事の活性化のためには，「立ち止まることの価値を信じること」であるとした論考[21]がある。「立ち止まる」という意味では，学校の歴史などがわかる展示や周辺地域の環境の変化が概観できる展示の中で儀式的行事が行われれば，儀式的行事そのものの有する教育効果が高まり，内容的にも深みが生まれる。また，教科等への学習への動機づけにすることも期待できる。

同様に，避難訓練・防災訓練も学校内で実施されることが多いであろう。しかし，その成果を，学校外の場で応用できなければ意味がない。「児童・生徒や地域の被災者を津波被害から守るためには，学校に立て籠もるべきか，さらに安全な場所に避難すべきなのか，到底一筋縄では行かない難問であるように思われ」るとし，的確な避難行動のためには，綿密な事前計画が必要であること，避難路は事前に準備しておくこと，何度も実地訓練を重ねる必要があることが示されている[22]。博物館という日常的にはあまり行かない・使わない場所において，避難経路・場所の確認の重要性を学ぶことは大切である。また，一般の博物館活用者と避難訓練をすることで，地域全体で，市民のひとりとして避難することをよりリアルに体感することができる。学校の規模や博物館側との調整など，実施までにはクリアすべきさまざまな条件があると思われるが，検討の余地はあろう。特に，学校の所在地域と自分の居住地域が異なることが多いと考えられる高校生にとっては，地域を知るという意味でも重要な機会となるはずである。

5．青少年教育施設の活用

小学校の活用状況は，「７．遠足・社会見学」が最も多かった。以下，「10. 野外活動」「９．移動教室」「11. 集団宿泊活動」となった。中学校の活用状況は，「１．クラブ活動・部活動の練習」が最も多く，以下，「14. リーダー研修会」「10. 野外活動」「16. 職場体験・就業体験・インターンシップ」であった。高等学校の活用状況は，「１．クラブ活動・部活動の練習」が最も多く，以下，「15. 入学当初のオリエンテーション」と続いた。

青少年教育施設の活用に関して，学校段階によって活用内容が異なることがわかった。たとえば，「７．遠足・修学旅行」について，47.4％の施設が小学校によって活用されているのに対して，高等学校での活用はまったくなかったこと，「16. 職場体験・就業体験・インターンシップ」について，31.6％の施設が中学校によって活用されているのに対して，小学校・高等学校の活用は5.3％にとどまっていたことなどが挙げられる。また，「８．修学旅行」での活用がなかったことも明らかになった。

小学校に関しては，「７．遠足・社会見学」や「９．移動教室」「10. 野外活動」などでの活用が多く，図書館や博物館と同様の位置づけにあると思われる。また，高等学校にしてみれば，「１．クラブ活動・部活動の練習」や「15. 入学式のオリエンテーション」の場として活用されることが多かった。中学校は，「１．クラブ活動・部活動の練習」に加えて「16. 職場体験・就業体験・インターンシップ」の場として活用されることが多かった。その一方で，「８．修学旅行」ではまったく活用されていなかった。「10. 野外活動」や「11. 集団宿泊活動」など，自然体験の中で宿泊を伴う活動ができることが青少年教育施設の魅力であり，集団宿泊的行事では，豊な人間性やコミュニケーション力などの向上に有効であること(23)や自然体験活動や野外教育によって，自己概念の向上，社会性の育成，環境に対する理解と行動の向上が可能であること(24)が示されている。そうした教育効果が期待されながら，立地が郊外の自然環境豊かな場所で，修学旅行の日程に組み込みにくい側面があることも否定できない。しかし，独立行政法人国立オリンピック記念青少年総合センター(25)のように都市型の青少年教育施設もある。そうした施設を，公民館の場合と同様，修学旅行の事前学習・事後学習の場として位置づけることで，活用の可能性が広がるのではないかと考えられる。

本章のまとめ

小学校・中学校・高等学校の特別活動等における社会教育施設の活用の現況が明らかになっていない中で，本章でその実態の一端を提示し，活用を活性化させるための方途について考察できたことは一定の成果であると思われる。考察の中で，既存の活動の在り方を再考して，社会教育施設を活用した形態での実施を提示したが，学校・地域の実態など，考慮すべきさまざまな要素があることは確かである。OECD国際教員指導環境調査（TALIS）[26]の結果をみてみると日本の教員の負担の大きいこと，また，勤務実態調査[27]から，部活動指導などで学内勤務時間が増加していることがわかるが，社会教育施設を活用した活動を実施しようとすれば，さらに教員の負担が大きくなることが危惧される。クリアすべきハードルはあるが，特別活動の目標にある「集団や社会の一員としてよりよい生活や人間関係を築こうとする自主的，実践的な態度を育てる」ことに立ち返ると，社会教育施設の活用は必要不可欠である。市民性育成のためには，社会教育の視点からのアプローチが重要であることを示唆した論考[28]や地域社会を活用した学びについて，「自分たちの住んでいる地域社会にはどのような問題・課題が存在しているのか。まず，そのことを知ることが市民的資質の育成のはじまりである。そして，次の段階として，その課題解決のために自分ならどのような行動を起こすのか，どのような政策を立てるのかといったことを実際に考えていくための『知識』や『態度』の涵養，『行動（力）』の育成が，地域社会に学ぶことを通して可能になり，市民としての資質やシチズンシップを育むことにつながるのだ」とした研究[29]があることからもその重要性は推察される。

また，中央教育審議会答申「新しい時代の教育や地方創生の実現に向けた学校と地域の連携・協働の在り方と今後の推進方策について」（2015）において，アクティブ・ラーニングとの関連から,「高校生が地域課題の解決に取り組む活動に参画することは，高度な課題解決型の学習への意欲を喚起する上で有意義なものとなり得る」とされているように，社会教育施設は高校生の社会参画意識を促す役割を有していると捉えることができる。子ども・若者育成支援推進本部「子供・若者育成支援推進大綱～全ての子供・若者が健やかに成長し，自立・活躍できる社会を目指して～」(2016) では，社会形成に参画する態度を育む教育の推進について,「ボランティア活動を通じて市民性・社会性を獲得し，地域社会へ参画することを支援する」とされている。

公立学校を念頭に置くと，高校生は，小学生・中学生が住所と学校所在地が同一地域（市町村）の学校に徒歩・自転車等で通学しているのと異なり，通学区域が広域になり，公共交通機関等を利用するケースがある。そのため，高校生自身の住んでいる地域（市町村）と通学する学校の所在する地域（市町村）が必ずしも合致するとは限らない。高校生の社会参画意識を育成するためには，この“地域アイデンティティ”の確立が重要になると思われる。

高校生が住んでいる地域も，学校の所在地域も，ともに地域であるので，第一段階としては，それぞれの地域の現状・課題等を把握することが必要となる。また，高等学校には，小学校・中学校以上に地域を理解するための学習を進めることが求められるかもしれない。その取り組みを支援する一助となるのが社会教育施設の存在である。その社会教育施設の支援を受けた学びを通して，地域の実態に応じた，高校生だからこそできること，あるいは，高校生に期待されていること等を明らかにすることが，第二段階である。そうして得た理論知に関して，社会教育施設の専門職員等と協働して，それを具現化していく段階につなげて，実践知の獲得を目指すのである。中央教育審議会答申「チームとしての学校の在り方と今後の改善方策について」(2015) では，地域連携を担当する教職員について,「学校と地域との連携・協働を担う教職員を位置付けることにより，学校と地域の信頼関係の構築や組織的な地域連携活動の展開等の成果が見られるところであり，その役割の必要性や重要性に関する認識を高めていくことが重要である。そのため，地域連携担当の教職員の職務内容や位置付けを明確化するとともに，そのような教職員に社会教育主事の有資格者を活用することについても検討する必要がある」とされている。

高校生の社会参画意識を育むための社会教育施設の活用の在り方について，今後，実現可能な教育実践等を検討し，理論的・実証的に研究することが求められる。

注

(1) 牧野治敏・田中平・山田重隆・久々宮浩之・庄司峻介・柴田真「社会教育施設と連携した科学教育の展望と課題」『日本科学教育学会研究会研究報告』20(4)，2005，pp. 117-119.

(2) 奥井智久・伊藤俊夫・鈴木眞理・大堀哲・眞田勲・五十川隆夫「国公立自然の家・図書館等における科学教育プログラムの開発と実践（第2報）」『日本理科教育学会全国大会要項』47，1997，p. 111.

(3) 小林辰至「少年自然の家を活用した『総合的な学習の時間』のプログラムの開発」『日本科学教育学会研究会研究報告』15(3)，2000，pp. 35-38.

(4) 志藤浩仁「中学校美術科と美術館の連携についての研究―人的ネットワーク活用による新しい美術の授業の創出―」『美術教育学』34，2013，pp. 217-229.

(5) 林田匡「学社融合への新しい試みに関する考察―熊本市における小学校と社会教育施設における事例をもとに―」『佛教大学大学院紀要　教育学研究科篇』41，2013，pp. 37-54.

(6) 大西麗衣子「小学校の特別活動における社会教育施設の活用と連携」『尚美学園大学総合政策論集』17，2013，pp. 111-119.

(7) 栗原真洋「大島青年の家における不登校児海洋宿泊研修の一考察―変容のきっかけを海に求めて―」『日本特別活動学会紀要』21，2013，pp. 71-80.

(8) 鳥取県教育委員会「高校生の社会参画に係る実践力養成のための調査研究の推進事例」『中等教育資料』平成26年12月号，学事出版，2014，pp. 16-21.

(9) 立田健太・佐藤紘昭・大谷良光「ねぶた祭への高校生の観覧・参加状況と祭への意識（思い）調査～ハネト若者離れ問題を焦点として～」『弘前大学教育学部紀要』102，2009，pp. 105-114.

(10) 島田繁雄「高校生の社会参加に関する一考察―栃木県の職業高校生の実態について―」『宇都宮大学生涯学習教育研究センター研究報告』6/7，1999，pp. 99-117.

(11) 小暮恒二・小林浩・桝内勝利・田中豊・菅原康洋・竹内美紀「青少年教育施設における中・高校生の社会参画を促す事業―主催事業『青少年まちづくり・ボランティアワークショップ』の実践事例から―」『国立オリンピック記念青少年総合センター研究紀要』６，2006，pp. 217-228.

⑿　津田哲男「小・高連携事業における社会参画への可能性についての一考察―高校生による小学生への図工指導をとおして―」『美術科教育学』32，2011，pp. 135-147.

⒀　岡山県生涯学習センター「公民館で輝く中高生の出番づくり～事前参画とキーパーソン～」（社会教育に関する調査研究　若者の社会参画　実践事例集）2016.

⒁　文部科学省・国立教育政策研究所『平成28年度全国学力・学習状況調査報告書　質問紙調査』2016.

⒂　文部科学省『社会教育調査―平成27年度結果の概要』2017.

⒃　学校基本調査は毎年実施されるため，最新版のデータを用いるべきところではあるが，社会教育調査は３年に１回の実施で，現時点では平成23年度データが最新である。同一年度にするため，全国のデータは平成23年度のものとした。岐阜県のデータは，本研究の質問紙調査の実施時期と合わせるため平成25年度のものを用いた。

⒄　全国修学旅行研究協会「平成25年度研究調査報告　１　修学旅行の実施状況調査　２　修学旅行の課題調査」2014.

⒅　国立教育政策研究所生徒指導・進路指導研究センター「平成27年度における職場体験・インターンシップ実施状況等（概要）」2017.

⒆　瀬戸健一「話し合い活動で育成する社会性の研究―中学校の生徒会サミット（生徒会交流）に着目して―」『日本特別活動学会紀要』14，2006，pp. 35-45.

⒇　以下の資料の活用状況から確認できる。
岐阜市歴史博物館『岐阜市歴史博物館年報』27，2013.
美濃加茂市市民協働部文化振興課『みのかも文化の森年報』13，2013.

(21)　水口洋「学校における儀式的行事の存在価値」『教育研究』（国際基督教大学教育研究所），2013，pp. 43-53.

(22)　瀬尾和大「津波災害と学校：東日本大震災時の津波避難行動から学んだこと」『教育復興支援センター紀要』１（宮城教育大学），2014，pp. 1-14.

(23)　杉森伸吉「集団宿泊活動と人間形成」『体験の風をおこそう２』悠光堂，2013，pp. 33-39.

(24)　布目靖則「自然体験活動と人間形成」前掲 (22)，pp. 40-47.

(25)　http://nyc.niye.go.jp/outline/b1.html参照（最終閲覧日　2015年５月14日）

(26)　国立教育政策研究所編『教員環境の国際比較　OECD国際教員指導環境調査（TALIS）2013年調査結果報告書』明石書店，2014，p. 24によると，教員の仕事時間で，「一般的事務業務（教員として行う連絡事務，書類作成その他の事務業務を含む）に使った時間」は，参加国平均2.9時間であるのに対して，日本は5.5時間であった。

(27)　文部科学省「教員勤務実態調査（平成28年度）の集計（速報値）について」2017によると，平成18年度調査と比較して，小学校教諭・中学校教諭とも，土日の学内勤務時間が増加しており，特に，中学校教諭の部活動が１時間以上増えていることが特徴的である。

(28) 松尾祥子「イギリスの市民性教育に関する一考察―コミュニティ結合の取組を中心に―」『飛梅論集』（九州大学大学院教育学コース院生論文集）13, 2013, pp. 31-49.

(29) 大野順子「地域社会を活用した市民的資質・シチズンシップを育むための教育改革―地域の抱える諸問題へ関わることの教育的意義―」『桃山学院大学総合研究所紀要』31(2), 2005, pp. 99-119.

補論

参画とアクティブ・ラーニング

第1節　参画理論

第Ⅳ部で「高校生の社会参画意識の育成」について論じてきたが，ここで改めて，社会参画とは何か，「参画」に関する主要理論に着目して整理するとともに，アクティブ・ラーニングとの関係について確認する。「参画」に関する理論提唱者として，３人に着目する。

第１は，ロジャー・ハート[(1)]である。ロジャー・ハートは，子どもの参画をはしごの比喩を使って説明した。その中で，「1．操り参画」「2．お飾り参画」「3．形だけの参画」は非参画であるとした。そして，本物の参画モデルとして，５段階（「4．子どもは仕事を割り当てられるが，情報は与えられている」「5．子どもが大人から意見を求められ，情報を与えられる」「6．大人がしかけ，子どもと一緒に決定する」「7．子どもが主体的に取りかかり，子どもが指揮する」「8．子どもが主体的に取りかかり，大人と一緒に決定する」）を提示した。筆者の感覚からすると，８段目より７段目の方が参画レベルは高いように思われるが，ロジャーの見解は違った。７段目について，「子どもたちは，このようなプロジェクトを大人に隠れてこっそりやってしまうか，あるいはそういうことを始めることすらびくびくしてしまうことが多い。なぜなら子どもたちは，大人は自分たちの気持ちを理解しない，あるいは自分たちがそれをやってのける能力があることを理解しないだろうと恐れるからである。子どもたちが，これはこっそりやらなければならないと決めている場合がある」としている。８段目に関しては，

「自分たちが他人と協同する必要があることを認められるほど，子どもたちにコミュニティのメンバーとしての役割を果たす力と自信があることの表現とみるからである。10代の若者のよく組織されたグループは，たとえ自分たちにプロジェクトを実施できる力があっても，ある段階では社会的に力のある大人とともに活動する必要があるかもしれないと理解している。援助を提供しようとしている大人と援助を受けるより仕方ないと感じている子どもたちとの間にある一線は，たいていは漠然としたものだが，鋭い観察をしている大人は子どもたちに援助を提供することができる」とした。

すなわち，子どもだけで完結する参画よりも，大人の存在・役割を認めたうえで，子どもが主導権を持ちながら大人を巻き込む参画の方が，社会に還元される現実味を帯びたものになり得るため，「８.子どもが主体的に取りかかり，大人と一緒に決定する」段階を最上位の参画レベルとしたのである。

第２は，ジーン・レイヴ，エティエンヌ・ウェンガー(2)である。ジーン・レイヴ，エティエンヌ・ウェンガーは，正統的周辺参加の概念について，「学習者は否応なく実践者の共同体に参加するのであり，また，知識や技能の修得には，新参者が共同体の社会文化的実践の十全的参加へと移行していくことが必要だということである。『正統的周辺参加』は，新参者と古参者の関係，活動，アイデンティティ，人工物，さらに知識と実践の共同体などについての一つの語り口を提供するものである。これは新参者が実践共同体の一部に加わっていくプロセスに関係した話である。一人の人の学習意図が受け入れられ，社会文化的な実践の十全的参加者になるプロセスを通して学習の意味が形作られる」とした。

さまざまな社会的活動に関わる知識・技能を習得する実践過程について，初期の参加段階（正式な一員として認知され，その場に居合わすことを許され，部分的に役割を担うことを期待される段階）から，徐々に中心的な役割を担い・遂行することが求められる十全的参加段階へと深化していく状況的学習を提示したのである。

第３は，林義樹(3)である。林は，参加を３段階（参集・参与・参画）で捉えた。

参集は，その場にたまたまいるだけで「参加者同士，またはその学場の主催者（たとえば教師）との交流は行われず，情報は一方的に主催者から参加者に流れるだけ」であり，受動的な関わり方である。参与は，部分的・限定的ではあるが能動的な関わり方で，「参加者はその学場の主催者の準備にもとづき，主催者の決めたルールに従って，参加者同士，または主催者とインタラクティブな行動をとる」のである。参画は，「それまで主催者に任せてしまっていた学場の運営だけでなく，その計画・準備から後始末にまで責任をもって参加する」関わり方で，主体的・自律的な参加形態である。このように3段階を整理して捉えた。

これら3理論を概観すると，共通点が見出せる。それは，子どもなどの学習者個人のレベルで完結するのではなく，関わり合う他者から受容され，承認を受け，段階的に重要な役割・責任を担っていくことが，参画の本質であると捉えていることである。これは，後述するアクティブ・ラーニングの在り方を考察する際に重要な視点となる。

第2節　アクティブ・ラーニングへの注目

今日の教育政策動向との関連から俯瞰すると，第Ⅳ部第10章で触れたように，高等学校学習指導要領（2009）の特別活動（ホームルーム活動，生徒会活動）で参画について言及されている。また，国立教育政策研究所(4)は，21世紀型能力を実践力，思考力，基礎力の3要素から構成されるとして，実践力の中に「社会参画力」を位置づけた。社会参画力について，「社会参画力（倫理と責任）は，これからの社会において，グローバルあるいはローカルな場面で起こりうる様々な倫理的問題に積極的に関わり，市民的責任を自覚して行動する力である。（中略）社会のルールや倫理に従って行動し，日本及びグローバル社会の一員としての責任を自覚して行動する力を育成するとともに，様々な問題に協働して創造的に取り組み，新しい文化やよりよい社会を創る担い手となって持続可能な未来を拓く力を育てる」としている。さらに，文部科学省は，2013年度から「中・高校生の社会参画に係る実践力育成のための調査研究」を開始した。

その趣旨は「中学校・高等学校が，地域の関係者等と連携し，社会科，地理歴史科，公民科，技術・家庭科，家庭科，総合的な学習の時間や特別活動等の授業などを活用して，体験的・実践的な学習を行うためのプログラムを開発し，その成果を普及することにより，中学生・高校生の主権者意識を養うとともに，社会の形成に参画し，その発展に寄与する力の育成を図ること」とされている。2013年度・2014年度の実践事例を見ると，少子高齢化や地域の活性化等の地域の課題解決に向けた取り組みや模擬投票等を通じた主権者意識の育成を図る取り組みが多いことがわかる。また，「主権者教育の推進に関する検討チーム」中間まとめ（2016）では，「児童生徒の社会参画の態度を育むため，社会で自立し，持続可能な社会の形成に参画するために必要となる具体的な内容を習得し，地域の抱える具体的な課題の解決に取り組む体験的・実践的な学習プログラムを開発し，その成果を普及する」としている。

このように特別活動を中核とした取り組みから，教育課程のさまざまな領域で参画に資する取り組みを推進しようとしていることがうかがえる。その流れの中で，今日注目されているものがアクティブ・ラーニングである。

このアクティブ・ラーニングであるが，次の答申にあるように，元々は大学等高等教育改革との関連で着目された概念である。中央教育審議会答申「新たな未来を築くための大学教育の質的転換に向けて―生涯学び続け，主体的に考える力を育成する大学へ―」（2012）において，「生涯にわたって学び続ける力，主体的に考える力を持った人材は，学生からみて受動的な教育の場では育成することができない。従来のような知識の伝達・注入を中心とした授業から，教員と学生が意思疎通を図りつつ，一緒になって切磋琢磨し，相互に刺激を与えながら知的に成長する場を創り，学生が主体的に問題を発見し解を見いだしていく能動的学修（アクティブ・ラーニング）への転換が必要である」とされた。そして，用語集でアクティブ・ラーニングについて，「教員による一方的な講義形式の教育とは異なり，学修者の能動的な学修への参加を取り入れた教授・学習法の総称。学修者が能動的に学修することによって，認知的，倫理的，社会的能力，教養，知識，経験を含めた汎用的能力の育成を図る。発見学習，問題解決学習，体験学習，調査学習等が含まれるが，教室内でのグループ・ディスカッション，ディベート，グループ・ワーク等も有効なアクティブ・ラーニングの方法である」と説明された。また，大学教育改革を推進するための「大学教育再生加速プログラム」で，アクティブ・ラーニングがテーマのひとつとなり，2014年度は9校が選定された。それが，高等教育段階にとどまらず，初等中等教育段階でも重要性が認識され，注目を集めるようになってきた。2014年以降の中央教育審議会関連の文書を見ると明らかである。

○中央教育審議会（諮問）「初等中等教育における教育課程の基準等の在り方について」(2014)

「ある事柄に関する知識の伝達だけに偏らず，学ぶことと社会とのつながりをより意識した教育を行い，子供たちがそうした教育のプロセスを通じて，基礎的な知識・技能を習得するとともに，実社会や実生活の中でそれらを活用しながら，自ら課題を発見し，その解決に向けて主体的・協働的に探究し，学びの成果等を表現し，更に実践に生かしていけるようにすることが重要である」「そのために必要な力を子供たちに育むためには，『何を教えるか』という知識の質や量の改善はもちろんのこと，『どのように学ぶか』という，学びの質や深まりを重視することが必要であり，課題の発見と解決に向けて主体的・協働的に学ぶ学習（いわゆる「アクティブ・ラーニング」）や，そのための指導の方法等を充実させていく必要があります」として，カリキュラム・マネジメント，学習・指導方法，評価方法の観点から「アクティブ・ラーニング」の在り方が問われている。特に，高等学校教育について，「国家及び社会の責任ある形成者となるための教養と行動規範や，主体的に社会に参画し自立して社会生活を営むために必要な力を，実践的に身に付けるための新たな科目等の在り方」の検討が求められた。

○中央教育審議会教育課程企画特別部会論点整理（2015）

「次期改訂が目指す育成すべき資質・能力を育むためには，学びの量とともに，質や深まりが重要であり，子供たちが『どのように学ぶか』についても光を当てる必要があるとの認識のもと，『課題の発見・解決に向けた主体的・協働的な学び（いわゆる「アクティブ・ラーニング」)』について，これまでの議論等も踏まえつつ検討を重ねてきた」としたうえで，「アクティブ・ラーニング」に関して次のように言及された。

「『アクティブ・ラーニング』は，形式的に対話型を取り入れた授業や特定の指導の型を目指した技術の改善に留まるものではなく，子供たちの質の高い深い学びを引き出すことを意図するものであり，さらに，それを通してどのような資質・能力を育むかという観点から，学習の在り方そのものの問い直しを目指すものである」「『アクティブ・ラーニング』と『カリキュラム・マネジメント』は，授業改善や組織運営の改善など，学校の全体的な改善を行うための鍵となる二つの重要な概念として位置付けられるものであり，相互の連動を図り，機能させることが大切である。教育課程を核に，授業改善及び組織運営の改善に一体的・全体的に迫ることのできる組織文化の形成を図り，『アクティブ・ラーニング』と『カリキュラム・マネジメント』を連動させた学校経営の展開が，それぞれの学校や地域の実態を基に展開されることが求められる」。

そして，学習指導要領改訂の視点のひとつに，「アクティブ・ラーニング」の視点からの不断の授業改善が挙げられ，以下のように記された。

- 習得・活用・探究という学習プロセスの中で，問題発見・解決を念頭に置いた深い学びの　過程が実現できているかどうか
- 他者との協働や外界との相互作用を通じて，自らの考えを広げ深める，対話的な学びの過程が実現できているかどうか
- 子供たちが見通しを持って粘り強く取り組み，自らの学習活動を振り返って次につなげる，主体的な学びの過程が実現できているかどうか

○中央教育審議会答申「これからの学校教育を担う教員の資質能力の向上について―学び合い，高め合う教員育成コミュニティの構築に向けて―」(2015)

今日の変化の激しい国際社会を生き抜く人材を育成するために，アクティブ・ラーニングの視点から学習・指導方法，授業を改善していく必要があること，また，その人材育成に関わる教員について，教員研修そのものも，「講義形式の研修からより主体的・協働的な学びの要素を含んだ，いわばAL研修

（アクティブ・ラーニング型研修）ともいうべき研修への転換を図っていくことが重要である」とした。さらに，教員養成段階についても，「アクティブ・ラーニングに関する指導力や適切な評価方法は，全ての学校種の教員が身に付けるべき能力や技能であり，教職課程において，これらの育成が適切に行われるよう，児童生徒の深い理解を伴う学習過程やそのための各教科の指導法に関する授業等に取り入れていくことが必要である」「アクティブ・ラーニングの視点からの教育の充実のためには，教員養成課程における授業そのものを，課題探究的な内容や，学生同士で議論をして深め合うような内容としていくことも求められる」ことが記された。

○中央教育審議会答申「新しい時代の教育や地方創生の実現に向けた学校と地域の連携・協働の在り方と今後の推進方策について」(2015)

「高等学校等については，今後望まれる授業改善の視点である『アクティブ・ラーニング』の有効な展開の観点からも，地域学校協働本部との連携・協働体制の構築を進めることが重要である。こうした体制構築が進むことにより，高校生等が地域の商店街，企業，NPO等の団体，地方公共団体等と連携し，地域課題の解決に参画する取組が進めば，キャリア教育の推進や地域貢献にもつながるとともに，地域に愛着を持ち，自分が学んだ地域で働きながらその地域を活性化していくことにつながっていくことも期待される」ことが明示された。

○中央教育審議会初等中等教育分科会教育課程部会「次期学習指導要領等に向けたこれまでの審議のまとめ」(2016)

学習指導要領等の改善の方向性について，「主体的・対話的で深い学び」の実現（「アクティブ・ラーニング」の視点）を示した。その中で，「子供たちが，学習内容を人生や社会の在り方と結びつけて深く理解し，これからの時代に求められる資質・能力を身に付け，生涯にわたって能動的に学び続けたりすることができるようにするためには，子供たちが『どのように学ぶか』という学びの質が重要になる」こと，「子供たちそれぞれの興味や関心を基に，一人一人の個性に応じた多様で質の高い学びを引き出すことを意図するものであり，さらに，それを通してどのような資質・能力を育むかという観点から，学習の在り方そのものの問い直しを目指すものである」ことが示された。

この「主体的・対話的で深い学び」の実現（「アクティブ・ラーニング」の視点）は，中央教育審議会答申「幼稚園，小学校，中学校，高等学校及び特別支援学校の学習指導要領等の改善及び必要な方策等について」（2016）でも同様に強調されている。

第３節　参画とアクティブ・ラーニングの関係

こうした一連の政策文書を概観すると，「アクティブ・ラーニング」について，「能動的・主体的・協働的」がキーワードして用いられ，指導方法としての技術的な側面を強調するのではなく，学びの質の高さ・深さを重視していることがわかる。では，参画とアクティブ・ラーニングの関係を考察するにあたり，アクティブ・ラーニングの定義をもう少し吟味したい。松下[(5)]は，アクティブ・ラーニングの一般的な特徴として６点挙げている。

学生は授業を聴く以上の関わりをしていること／情報の伝達より学生のスキルの育成に重きが置かれていること／学生は高次の思考（分析，総合，評価）に関わっていること／学生は活動（例：読む，議論する，書く）に関与していること／学生が自分自身の態度や価値観を探究することに重きが置かれていること／認知プロセスの外化を伴うこと。

溝上[(6)(7)]は，アクティブ・ラーニングの定義を「一方向的な知識伝達型講義を聴くという（受動的）学習を乗り越える意味での，あらゆる能動的な学習のこと。能動的な学習には，書く・話す・発表するなどの活動への関与と，そこで生じる認知プロセスの外化を伴う」と示した。

両者の捉え方をみると，アクティブ・ラーニングの技術的な指導方法に関する説明に加えて，「認知プロセスの外化」が謳われている。この「認知プロセスの外化」こそ，参画とアクティブ・ラーニングの関係を考える際のポイントである。外化とは，辞書的な意味としては，「内部で生じる認知過程を観察可能な形で外界に表すこと。発話，メモ，図，ジェスチャ，文章化，モデル化，シミュレーションなど多様な手段がある。外界に固定されることで記憶を保持すると同時にそれ自体が操作の対象となることによって情報処理の負荷を軽減する。人は一般に自らの認知活動の中途結果を確認するために外化を行うが，それによって自身の認知活動の再吟味や他者との共有，新たな視点の獲得などのメリットが生まれるとする考え方もある」[8]とされる。さまざまな手段で外部へメッセージを発信し，そこから新たな考えを創造することと解釈されている。この外化を学習プロセスに即して捉えた論考がある。エンゲストローム[9]は，学習活動において，生徒が説明モデルを試行・批評・修正するプロセスを6ステップ（動機づけ，方向づけ，内化，外化，批評，統制）で捉えた。その中の外化について，「具体的な問題を解決し，周りの現実の変化に影響を及ぼし，革新を生じさせる際に，モデルをツールとして応用すること。外化は，モデルを検討し評価する上で決定的に重要である」「モデルは，具体的な課題を遂行し，周りの現実を変え，新しい解決を生み出すのに利用されなければならない。これが外化である」と説明した。一連の学習過程の中で，課題解決によって周囲に変化を与え，そこから，さらに新たな解決につなげることが外化であるという考え方が示された。

これらの見解から，外部に得られた知見を提示し，そこでの相互作用から知見を洗練させ，新たな価値を創造することが外化であると理解できる。この理論としての外化の効果を，実践的に検証した研究がある。思考内容の外化が問題解決過程に及ぼす影響について検討し，外化によって複数の情報統合から新規の情報生成の過程が促進されたことを明らかにしたもの[10][11]や「外化を促進するためには，学習者の行っている認知活動と親和性の高い表現を学習者に提供することが重要となる」[12]ことを示した論考である。

このような検証結果等から，学びの成果を，いかに自分のものとして，自分の言葉で，外へ発信することができるかが重要になるといえる。従来型の講義形式の学習方法では，知識・理解といった理論知の定着には有効であるが，それをいかに活用するのかといった実践知にまで高めることは容易ではない。その実践知の修得のために用いられる手法が，アクティブ・ラーニングの学習方法である。しかしながら，アクティブ・ラーニングによる学習成果を学級・学校といった，いわば“内”の中で共有するだけであっては不十分である。その学習成果を“外”へ発信して，現実社会の中で果たして有効であるのか，賛否両論さまざまな評価を受けながら，学習成果を検証し，改善につなげていくことが求められる。

学校におけるアクティブ・ラーニングの学習成果を学習者以外の市民と共有し，社会に関わっていくこと，これが社会に参画する第一歩であるといえる。アクティブ・ラーニングの認知プロセスの外化，これが参画の導入となるのである。その意味で，子どもの社会参画を推進するためには，外化を念頭に置いたアクティブ・ラーニングの充実が不可欠である。次世代教育推進センター（独立行政法人教職員支援機構）では，アクティブ・ラーニング等の指導法充実のために「新たな学びに関する教員の資質能力向上のためのプロジェクト」に取り組んでおり，その成果報告に期待し，注視していきたい。

注

⑴　ロジャー・ハート著/木下勇・田中治彦・南博文監修/IPA日本支部訳『子どもの参画―コミュニティづくりと身近な環境ケアへの参画のための理論と実践―』萌文社，2000，pp. 41-46.

⑵　ジーン・レイヴ，エティエンヌ・ウェンガー著/佐伯胖訳『状況に埋め込まれた学習―正統的周辺参加―』産業図書，1993，pp. 1-2.

⑶　林義樹「参画型教育の基礎理論」林義樹編『ラベルワークで進める参画型教育―学び手の発想を活かすアクティブ・ラーニングの理論・方法・実践―』ナカニシヤ出版，2015，pp. 202-205.

⑷　勝野頼彦「教育課程の編成に関する基礎的研究報告書5　社会の変化に対応する資質や能力を育成する教育課程編成の基本原理」2013，p. 91.

⑸　松下佳代「ディープ・アクティブラーニングへの誘い」松下佳代・京都大学高等教育研究開発推進センター編著『ディープ・アクティブラーニング―大学授業を深化させるために―』勁草書房，2015，pp. 1-3.

⑹　溝上慎一「アクティブラーニング論から見たディープ・アクティブラーニング」前掲⑸，pp. 31-32.

⑺　溝上慎一「アクティブラーニングとは」『アクティブラーニングと教授学習パラダイムの転換』東信堂，2014，pp. 6-23.

(8) 三宅ほなみ・白水始「外化」日本認知科学会『認知科学辞典』共立出版，2002，p. 105.
(9) ユーリア・エンゲストローム著/松下佳代/三輪建二監訳『変革を生む研修のデザイン―仕事を教える人への活動理論―』鳳書房，2010，pp. 42-47.
(10) 山崎治・三輪和久「外化による問題解決促進のメカニズム」『電子情報通信学会技術研究報告．ET，教育工学』99(161)，1999，pp. 65-70.
(11) 山崎治・三輪和久「外化による問題解決過程の変容」『認知科学』8(1)，2001，pp. 103-116.
(12) 平嶋宗「メタ認知の活性化支援」『人工知能学会誌』21(1)，2006，pp. 58-64.

おわりに

本書では，キャリア意識・規範意識・社会参画意識を涵養することが，高校生の市民性を育成するために有効であることを実証的に検証してきた。これからの市民を育てていくためには，市民性の育成が重要であることは，文部科学省等の政策動向や各種調査結果・研究成果等を鑑みても首肯できるであろう[(1)]。高校生の市民性を育成するためには，教師自身が市民性を獲得している必要があることはもちろん，高校生が市民性を獲得するために，どのような考え方の下で支援することが求められるか，そこに目を向けなければならない。すなわち，市民性育成のための教師の在り方が問われるのである。

広田[(2)]は，シティズンシップ教育を行う教師の力量について，「十分な研究や準備に時間をかけることができないと，シティズンシップ教育は，単なる知識の押しつけやボランティアとして，すぐに形骸化してしまう。旧来の知識獲得型の教科でも，もっと教師の自由度が認められて教師自身が周到な工夫をすれば，きっと生徒たちは深い社会理解・政治理解にたどりつくことが可能なはずだが，その余裕もなくなっているのが，今の教職である。教師たちにもっと『知識人』化してもらうための養成や支援のあり方が必要である」とした。国際比較調査[(3)]から，昨今の日本の教師を取り巻く環境が厳しいこと，中央教育審議会答申「チームとしての学校の在り方と今後の改善方策について」(2015)を概観しても，さまざまな支援が必要とされていることは周知のとおりである。また，次期学習指導要領改訂の動向を見据えても，これまで以上に高度・多様な資質・能力が求められようとしていることが推察される。その中で，市民性育成に取り組むために，教師には何が必要とされているのかを考察してみたい。

小玉[(4)]は，シティズンシップ教育のカリキュラム上の位置づけについて，取り組み事例の知見として，「社会科や総合的な学習の時間，道徳の時間などをシティズンシップ教育，特に政治的リテラシー教育のためのコアとなる時間として位置付け，そこに各教科をリンクさせて，教育課程全体を通じシティズンシップの養成を図る工夫がされている。このような教育課程の編成が可能となるためには，教職員集団の横の連携とネットワークが重要であるとともに，そうした連携を支え，バックアップする管理職の支援も不可欠である」ことを示した。また，シティズンシップ教育の阻害要因として，学校の資源・準備不足と教師の力量不足を挙げる論考[(5)]がある。これらの指摘を勘案すると，教育課程と教師集団の在り方がポイントになるのではないかと思われる。

教育課程に関しては，教育課程内外の諸活動の中で領域横断的に市民性を育成することを位置づけることが必要である。たとえば，日本学術会議[(6)]は，高校の市民教育は，「総合的な学習の時間」「特別活動」「部活動」が，有機的な実践活動として推進されていくことが必要であると謳っている。主権者教育の推進に関連して，高等学校で2015年度に３年生に実施した主権者教育の実施状況をみると，実施した課程全体での割合は，「特別活動」61.6%，「公民科」54.6%，「総合的な学習の時間」11.5%，「その他の時間」11.1%であった[(7)]。本書では，特別活動等の教科外活動における実践に着目してきたが，社会参画意識・キャリア意識の育成と関連がある「公共」等や総合的な学習の時間等の特質を活かした市民性の育成の在り方を熟慮することで，学びに深みと広がりが期待できる。

領域横断的に市民性に関する学習内容を構想すれば，自ずとそこでの学びのスタイルも従前と異なる部分が出てくる。「一人の教員から知識を一方的に一律に伝達するような方法ではなく，各人が主体的に考え，実践する過程を通じて，知識やスキルを磨く実践力が求められるようになる」[(8)]，市民性育成のためには「知識の再構築を他者との協同的な対話と創造的な思考による学びに変えていくという方法をとらなければならない」[(9)]といった見解があるように，教師は，従来型の座学による教育スタイルから脱却して，生徒が主体的に学び，他者との相互作用から新たな知識・気づきを獲得することが可能となるような学びの支援，すなわち，今日注目されているアクティブ・ラーニングを展開することが必要となる。このアクティブ・ラーニングに関しては，第Ⅳ部補論で確認したように，方法論としての理解・習得，そして学校内での実践にとどまることなく，その先，すなわち「外化」を意識することが重要である。「平成27年度公立高等学校における教育課程の編成・実施状況調査の結果について」(2016）では，アクティブ・ラーニングの視点からの授業改善に向けた取り組みの実施状況について，全日制高等学校で「実施していない」割合は普通科17.8%，専門学科26.4%，総合学科20.3%となっており，見方を変えれば，約７割～８割は，「実施している」「実施に向けた準備段階」「実施に向けた検討段階」のいずれかということである。この「外化」を重視した実施が期待される。

領域横断的に市民性教育を実践しようとすれば，当然，そこには複数の教師が関与することになる。教育目的を明確にしたうえで，実践することが前提となるはずである。また，市民性の育成は，決して特別に新しいことを始めようとしているわけではないが，既存の考え方・実践を見直し，編成し直そうとすると，改めて共通理解を図ることが求められる。この共通理解が不十分であると，共通実践が困難となったり，実践に温度差が生じたりする。越野[10]は，高等学校の特別活動における政治的市民性育成の実践事例を分析し，課題として，活動の教育的意義が教師間で十分に共有されていないこと，学校内での自治的活動が学校段階だけでとどまっていること，この２点を指摘した。まさに，共通理解・共通実践と「外化」である。

市民性を育むために練り上げた教育課程のもと，教師集団が一体となって実践することが，当たり前のように思われるが，この当たり前が最も重要であり，また，困難であるのかもしれない。ジョン・ロック[11]の言葉を想起されたい。彼は，観念について，「心は，言ってみれば文字をまったく欠いた白紙で，観念はすこしもないと想定しよう。どのようにして心は観念を備えるようになるか。人間の忙しく果てしない心重がほとんど限りなく心へ多様に描いてきた，あの膨大な貯えを心はどこからえるか。どこから心は理知的推理と知識のすべての材料をわがものにするか。これに対して，私は一語で経験からと答える」，いわゆる精神白紙説を唱えた[12]。

経験を通して学んだことは，良いことも悪いことも心に刻み込まれて，必ず残るのである。学習過程で不愉快な思いをすれば，時間の経過とともに忘れてしまったように思われても，なにかのきっかけでフラッシュバックから不適応状態に陥り得る可能性がある。他方，感動的な体験をしても，次第にその時の思いや気づきは薄れるかもしれないが，何かのきっかけで突然思い出され，学びの動機づけとなるかもしれない。その場しのぎの実践は厳に慎まなければならい，また，教育効果に過度の即効性を期待してもいけないのである。これは，市民性の育成に限ったことではないかもしれないが，常に意識する必要があるのではないかと思われる。

2017年8月

著　　者

注

(1)　小玉重夫「今こそシティズンシップ教育を」『教職研修』9月号，教育開発研究所，2015，pp. 22-23.

(2)　広田照幸『教育は何をなすべきか―能力・職業・市民―』岩波書店，2015，pp. 172-173.

(3)　国立教育政策研究所編『教員環境の国際比較』（OECD国際教員指導環境調査（TALIS）2013年調査結果報告書）明石書店，2014.

(4)　小玉重夫「近年のシティズンシップ教育の動向」『中等教育資料』平成26年12月号，学事出版，2014，pp. 10-15.

(5)　広田照幸「社会を創る『大人』を育てる高校教育」広田照幸監修北海道高等学校教育経営研究会編著『高校生を主権者に育てる―シティズンシップ教育を核とした主権者教育―』2015，学事出版，pp. 27-41.

(6)　日本学術会議　心理学・教育学委員会　市民性の涵養という観点から高校の社会科教育の在り方を考える分科会「提言　18歳を市民に―市民性の涵養をめざす高等学校公民科の改革―」2016.

(7)　文部科学省「『主権者教育の推進に関する検討チーム』最終まとめ～主権者として求められる力を育むために～」2016.

(8)　本多千明「市民性の育成を目指した社会参加学習―シティズンシップ教育の可能性―」『サピエンチア：英知大学論叢』45，2011，pp. 142-156.

(9)　橋本渉「市民性を育てる学びのフレームと構造」『シティズンシップの授業―市民性を育むための協同学習―』東洋館出版社，2014，p. 21.

⑽　越野章史「高等学校におけるシティズンシップ教育としての特別活動実践」『和歌山大学教育学部教育実践総合センター紀要』21，2011，pp. 125-134.

⑾　ジョン・ロック著大槻春彦訳『人間知性論㈠』岩波書店，1972，pp. 133-134.

⑿　前掲 ⑾の解説（p. 317）では，「人間の心から生得的ないっさいを追放してしまえば，心は，いわば白紙であり，タブラ・ラサ tabula rasa すなわち拭かれた書板である」とした。

索　引

た　行

は　行

や　行

著者紹介

林　幸克（はやし　ゆきよし）
1974年岐阜県生まれ。
明治大学文学部専任准教授。博士（学術）。剣道錬士七段。
名古屋学院大学講師・准教授，岐阜大学大学院教育学研究科准教授等を経て，2014年４月より現職。
〈専門〉特別活動論，生徒指導論，ボランティア学習論
〈主な所属学会〉日本特別活動学会（常任理事），日本生涯教育学会（評議員），日本学校教育学会，日本生徒指導学会など。
〈主著〉『高校生のボランティア学習』（単著，学事出版，2007），『高校教育におけるボランティア』（単著，学文社，2011），『高校生の部活動』（単著，学事出版，2012）など。

高校生の市民性の諸相　　明治大学人文科学研究所叢書

2017年９月15日　第一版第一刷発行

著　者――林　　幸　克
発行者――田　中　千津子
発行所――株式会社　学　文　社

〒153-0064　東京都目黒区下目黒３－６－１
電話(03)3715-1501　振替　00130-9-98842
http://www.gakubunsha.com

落丁，乱丁本は，本社にてお取替え致します。
定価は売上カード，カバーに表示してあります。
印刷／東光整版印刷㈱
（検印省略）

ISBN　978-4-7620-2740-6